Der Überweisungsvertrag im deutschen und im französischen Recht

Schriften zum Unternehmensrecht

Herausgegeben von Katja Langenbucher

Band 1

PETER LANG

Frankfurt am Main · Berlin · Bern · Bruxelles · New York · Oxford · Wien

Isabella Bernt

Der Überweisungsvertrag im deutschen und im französischen Recht

Eine Untersuchung zur Stellung des Kunden gegenüber der überweisenden Bank nach Umsetzung der Richtlinie 97/5/EG

PETER LANG
Europäischer Verlag der Wissenschaften

Bibliografische Information der Deutschen Nationalbibliothek
Die Deutsche Nationalbibliothek verzeichnet diese Publikation in der Deutschen Nationalbibliografie; detaillierte bibliografische Daten sind im Internet über <http://www.d-nb.de> abrufbar.

Zugl.: Marburg, Univ., Diss., 2006

D 4
ISSN 1861-325X
ISBN-10: 3-631-55799-X
ISBN-13: 978-3-631-55799-0

www.peterlang.de

Vorwort

Diese Arbeit wurde im Frühjahr 2006 vom Fachbereich Rechtswissenschaften der Philipps-Universität Marburg als Dissertation angenommen. Sie ist auf dem Stand von Dezember 2005.

Mein erster Dank gilt Frau Prof. Dr. Katja Langenbucher, die diese Arbeit betreut und mich dabei mit zahlreichen Anregungen und Ideen begleitet und unterstützt hat. Ihre Förderung und Beratung waren mir über den fachlichen Bereich hinaus eine persönliche Motivation und Unterstützung.

Herrn Prof. Dr. Georgios Gounalakis danke ich für die zügige Erstellung des Zweitgutachtens.

Herzlich bedanken darf ich mich bei Herrn Rouven Kober, der mir mit seinen Kenntnissen aus der täglichen Praxis der Banken und seiner Begeisterung für bankrechtliche Fragestellungen viele wertvolle Hinweise und Anregungen gegeben hat.

Mein ganz besonderer Dank gilt meinen Eltern, die mir die juristische Ausbildung ermöglicht haben.

München, Juli 2006 Isabella Bernt

Inhaltsverzeichnis

1. Kapitel. Einführung, Fragestellung und Gang der Untersuchung

§ 1. Einführung

Die EU-Kommission hat sich das ehrgeizige Ziel gesteckt, Europa zu einem einheitlichen Zahlungsverkehrsraum für bargeldlose Zahlungen, kurz Sepa (Single European Payment Area) zu machen[1]. Der Grund für dieses Unternehmen liegt in der einfachen Überlegung, dass für einen funktionierenden Binnenmarkt für Waren und Dienstleistungen preisgünstige, effiziente und sichere Zahlungsdienstleistungen unentbehrlich sind. Da Waren und Dienstleistungen in der Regel nur gegen Geld angeboten werden, ist der Abbau rechtlicher und tatsächlicher Hindernisse im Zahlungsverkehr für einen ungehinderten Handel im Binnenmarkt von ebenso großer Bedeutung wie Erleichterungen beim Austausch der Waren und Dienstleistungen selbst[2]. Stellen im Zahlungsverkehr Barzahlungen schon auf nationaler Ebene die Ausnahme dar, so gilt dies erst recht für den Bereich der grenzüberschreitenden Zahlungen. Im Vordergrund stehen heute bargeldlose Zahlungen, deren Abwicklung zum zentralen Massengeschäft der Banken geworden ist[3]. Im Jahr 2003 beispielsweise wurden im bargeldlosen Zahlungsverkehr in Deutschland fast 12,5 Mrd. Transaktionen durchgeführt[4]. Im gleichen Zeitraum hatte Frankreich 201 bargeldlose Zahlungen pro Einwohner zu verzeichnen, was bei ca. 60 Millionen Einwohnern ebenfalls einer Gesamtzahl von über 12 Mrd. entspricht[5]. Diese Entwicklung verwundert nicht, liegen die Vorteile des bargeldlosen Zahlungsverkehrs doch

---

[1] Mitteilung der Kommission an den Rat und das Europäische Parlament vom 2.12.2003, „Ein neuer Rechtsrahmen für den Zahlungsverkehr im Binnenmarkt" (Konsultationspapier) S. 1; „Ein Mega-Projekt für die Kreditwirtschaft", Bericht in der Frankfurter Allgemeinen Zeitung, Dienstag, 15.November 2005, S. 23.

[2] Mitteilung der Kommission an den Rat und das Europäische Parlament vom 2.12.2003, „Ein neuer Rechtsrahmen für den Zahlungsverkehr im Binnenmarkt" (Konsultationspapier) S. 3.

[3] *Schwintowski*, Bankrecht, § 7, Rz. 5.

[4] Dabei machten die Überweisung mit 5690,0 Mio. und die Lastschrift mit 5378,4 Mio. Transaktionen im Jahr je ca. 45% des deutschen bargeldlosen Zahlungsverkehrs aus, während das electronic cash mit 618,9 Mio., die Kreditkarte mit 612,4 Mio. und der Scheck mit 133,3 Mio. Transaktionen im Jahr zusammen nur ca. 10% erreichten (Bundesverband deutscher Banken, Jahresbericht Banken 2004, Statistikservice).

[5] In Frankreich sind die Bankkarte und - anders als in Deutschland - auch der Scheck (noch) die beliebtesten Zahlungsmittel, der Anteil der Überweisungen steigt jedoch und hat im Jahr 2004 bereits 15 % des gesamten bargeldlosen Zahlungsverkehrs ausgemacht. (Rapport de la Banque de France – 2003, zu finden unter: http://www.banque-france.fr/fr/publi/main.htm). Im Jahr 2004 lag die Überweisung im Hinblick auf die Anzahl der durchgeführten Transaktionen bei 15,6% und im Hinblick auf den Wert der Transaktionen bereits bei 35,1% (http://www.banque-france.fr/fr/sys_mone_fin/caract/page3.htm)

auf der Hand: er ist kostengünstig, bequem, schnell und insbesondere bei hohen Summen risikoärmer als die Barzahlung.

Um grenzüberschreitende bargeldlose Zahlungen wie auch den grenzüberschreitenden Wettbewerb der Kreditinstitute zu fördern, ist in den vergangenen Jahren viel geleistet worden. Zu den wichtigsten Neuerungen auf dem Weg zu einem einheitlichen Zahlungsverkehrsraum gehörten die Einführung des Euro, der Erlass der Richtlinie 89/646/EWG zur Koordinierung der Rechts- und Verwaltungsvorschriften über die Aufnahme und Ausübung der Tätigkeit der Kreditinstitute, die Einrichtung des Systems TARGET durch das Europäische System der Zentralbanken, der Erlass der Verordnung (EG) Nr. 2560/2001 über die grenzüberschreitende Zahlung in Euro und nicht zuletzt die Verabschiedung der Richtlinie (97/5/EG) über grenzüberschreitende Überweisungen[6]. Der jüngste durch die EU-Kommission in Angriff genommene Schritt auf dem Weg zu einem einheitlichen europäischen Zahlungsverkehrsraum ist die Entwicklung eines „neuen Rechtsrahmens für den Zahlungsverkehr im Binnenmarkt“, der den gesamten europäischen Massenzahlungsverkehrs umfassen soll, also innerstaatliche und grenzüberschreitende Transaktionen mit Ausnahme der Zahlungen in Drittländer. Ziel des Rechtsrahmens ist der Aufbau einer Zahlungsverkehrsinfrastruktur, die effiziente Zahlungsdienstleistungen, Wettbewerb zu gleichen Ausgangsbedingungen, angemessenen Schutz der Nutzer von Zahlungsdienstleistungen, Sicherheit des Zahlungsverkehrs und Rechtssicherheit für alle am Zahlungsverkehr Beteiligten ermöglicht. Im Mittelpunkt der geplanten Weiterentwicklung werden die Zahlungsmittel Überweisung, Lastschriftverfahren, Kartenzahlung und elektronische Zahlungen stehen[7]. Der neue Zahlungsverkehrsraum soll den Erwerb von Gütern und die Inanspruchnahme von Dienstleistungen, dabei nicht zuletzt von Zahlungsverkehrsdienstleistungen, über die Staatsgrenzen hinweg erleichtern. Denn nicht nur die grenzüberschreitenden Zahlungen, auch der grenzüberschreitende Wettbewerb der Kreditinstitute wird zunehmend gefördert. Durch die Harmonisierung des Bankaufsichtsrechts erleichtert, betreiben schon heute zahlreiche Banken Filialen und Repräsentan-

---

[6] Den letzten Impuls für die Ausarbeitung und den Erlass der Überweisungsrichtlinie gaben zwei Marktstudien von 1993 und 1994, die insbesondere auf erhebliche Defizite im Bereich der Transparenz der Bankkonditionen hinwiesen und belegten, dass die Gebühren für grenzüberschreitende Überweisungen nicht nur im Vergleich zu den nationalen Überweisungen extrem hoch waren, sondern auch in nahezu der Hälfte aller Fälle zumindest teilweise beim Empfänger der Überweisung abgezogen wurden, so dass dieser nicht den vollen Überweisungsbetrag erhielt. Die Durchschnittskosten einer Überweisung von 100 € betrugen nach der Studie von 1994 25,4 €. Nach der Studie von 1993 wurde bei 43 % der Überweisungen ein Gebührenabzug beim Empfänger vorgenommen. Vgl. dazu ausführlich: *Göbel,* WM 1997, 1832, 1833.

[7] Mitteilung der Kommission an den Rat und das Europäische Parlament vom 2.12.2003, „Ein neuer Rechtsrahmen für den Zahlungsverkehr im Binnenmarkt“ (Konsultationspapier) S. 13.

zen in verschiedenen europäischen Ländern und auch die Kunden orientieren sich über die Staatsgrenzen hinaus. Insbesondere seit Einführung des Online-Bankings ist es ohne weiteres möglich, Konten bei Banken in anderen Ländern zu unterhalten.

Das Zusammenspiel der Richtlinie für grenzüberschreitende Überweisungen und der Verordnung über die grenzüberschreitende Zahlung in Euro hat die Überweisung schon heute zu einem kostengünstigen, zuverlässigen und schnellen Zahlungsmittel gemacht, das man als einen Vorreiter in der Entwicklung grenzüberschreitender Zahlungsmittel bezeichnen kann. Durch die Verordnung ist sichergestellt, dass für grenzüberschreitende innergemeinschaftliche Überweisungen bis zu 50.000 € keine höheren Gebühren gefordert werden dürfen als für Überweisungen im Inland[8]. Die Richtlinie enthält für die genannten Überweisungen einheitliche Vorgaben hinsichtlich Transparenz, Ausführungsfristen und Haftung bei fehlerhaft oder nicht ausgeführten Überweisungen.

[8] Da das deutsche Überweisungssystem in hohem Maße effizient ist, lagen die Gebühren für Überweisungen in Deutschland deutlich unter dem europäischen Durchschnitt. Da eine solche Effizienz aber bei Überweisungen ins europäische Ausland noch nicht erreicht werden kann, hat die Angleichung der Gebühren in Deutschland dazu geführt, dass die tatsächlichen Kosten einer Auslandsüberweisung durch die Gebühren nicht abgedeckt werden können. Die Auslandsüberweisungen werden daher zumindest vorläufig durch Inlandszahlungen oder andere Bankgeschäfte quersubventioniert (*Heller/Escher-Weingart*, BuB 6/261).

§ 2. Fragestellung und Gang der Untersuchung

Im Hinblick auf die geplante Weiterentwicklung des Zahlungsverkehrs stellt sich die Frage, inwieweit es gelungen ist, durch die bisherigen Maßnahmen einheitliche und miteinander harmonierende Regelungen für Überweisungen und besonders für die Haftung bei fehlerhaft oder nicht ausgeführten Überweisungen zu schaffen und welche Unterschiede andererseits zwischen den Rechtsordnungen noch bestehen. Je besser es gelingt, die rechtlichen Ausgangsbedingungen in den einzelnen Ländern anzugleichen, desto leichter lassen sich grenzüberschreitende Zahlungsvorgänge abwickeln und gegebenenfalls auch Sekundäransprüche durchsetzen und desto mehr Rechtssicherheit ist für grenzüberschreitende Kunden-Bank-Beziehungen geboten.

Ziel dieser Arbeit ist es, die Stellung eines überweisenden Kunden gegenüber seinem Kreditinstitut nach der Umsetzung der Überweisungsrichtlinie in Deutschland und in Frankreich rechtsvergleichend zu untersuchen. Es besteht heute weitgehend Einigkeit, dass Rechtsvergleichung funktional zu betreiben ist[9]. Gegenüberzustellen sind daher jeweils die rechtlichen Lösungen für ein konkretes Sachproblem, wobei, losgelöst von den Systembegriffen der eigenen Rechtsordnung, zu untersuchen ist, welche Rechtsinstitute in den beiden Ländern die gleiche Funktion erfüllen. Einheitlicher Ausgangspunkt dieser Arbeit ist die Überweisungsrichtlinie und der darin enthaltene Begriff der (grenzüberschreitenden) Überweisung, der in Art. 2 f der Richtlinie 97/5/EG für alle europäischen Länder definiert ist, nämlich als Geschäftsvorgang, der auf Veranlassung eines Auftraggebers über ein Institut oder eine Zweigstelle (in einem Mitgliedstaat) zu dem Zweck durchgeführt wird, einem Begünstigten bei einem Institut oder einer Zweigstelle (in einem anderen Mitgliedstaat) einen Geldbetrag zur Verfügung zu stellen.

Zunächst soll ein Überblick über die Grundlagen des Rechts der Überweisung in Deutschland und Frankreich gegeben (2. Kapitel), sowie der Überweisungsvorgang in seiner rechtlichen Einordnung, seinen verschiedenen Ausführungsformen und seiner technischen Durchführung in beiden Ländern dargestellt werden (3. Kapitel). Sodann sollen die Rechte und Pflichten des überweisenden Kunden gegenüber seinem Kreditinstitut in beiden Rechtsordnungen untersucht und verglichen werden. Im Hinblick auf die Internationalisierung des Zahlungsverkehrs findet dabei auch die Frage nach dem auf den Überweisungsvertrag anwendbaren Recht Beachtung (4. Kapitel).

---

[9] *Zweigert / Kötz,* Einführung in die Rechtsvergleichung, S. 33; *Koch / Magnus / Winkler v. Mohrenfels,* IPR und Rechtsvergleichung, S. 190; *Brand,* JuS 2003,1082, 1086; *Haase,* JA 2005, 232, 235.

2. Kapitel. Die Grundlagen des Rechts der Überweisung

§ 1. Die Richtlinie 97/5/EG

Die nationalen Regelungen zum Recht grenzüberschreitender wie auch innerstaatlicher Überweisungen in Deutschland und Frankreich beruhen zu einem maßgeblichen Teil auf den Vorgaben der Richtlinie 97/5/EG des Europäischen Parlaments und des Rates vom 27. Januar 1997 über grenzüberschreitende Überweisungen[10]. Entsprechend dem Ziel der Richtlinie, die Dienstleistungen im Bereich des grenzüberschreitenden Überweisungsverkehrs zu verbessern und damit dessen Effizienz zu erhöhen[11], sollte europaweit ein für alle Institute verbindlicher Mindeststandard für grenzüberschreitende Überweisungen eingeführt werden. Die Richtlinie stellt daher bestimmte Anforderungen an die Information der Kunden vor und nach Durchführung einer Überweisung und setzt Fristen zur Ausführung von grenzüberschreitenden Überweisungen fest. Außerdem ist eine verschuldensunabhängige Haftung der Kreditinstitute bei nicht erfolgten Abwicklungen von Überweisungen vorgesehen und nicht zuletzt die Schaffung wirksamer Beschwerde- und Abhilfeverfahren zur Beilegung von Streitigkeiten.

I. Anwendungsbereich

Art. 1 der Überweisungsrichtlinie grenzt deren Anwendungsbereich in mehrfacher Hinsicht ein. Zum einen werden von der Richtlinie nur grenzüberschreitende Überweisungen erfasst, also nach der Definition des Art. 2 f der Richtlinie solche, bei denen das kontoführende Kreditinstitut oder die kontoführende Zweigstelle des Überweisenden und des Begünstigten ihren Sitz jeweils in verschiedenen Mitgliedstaaten haben. Unwesentlich ist dabei, ob der Überweisende und der Begünstigte selbst ihren Wohnsitz oder, wenn es sich um Unternehmen handelt, ihren Sitz in verschiedenen Staaten haben und auch, ob Überweisender und Begünstigter zwei verschiedene Personen sind oder Ersterer mit Letzterem identisch ist. Darüber hinaus muss es sich um eine Überweisung in Euro oder in einer anderen Währung eines der Mitgliedstaaten handeln, die den Gegenwert von 50.000 € nicht übersteigt und von einem Kreditinstitut oder einem anderen Institut ausgeführt wird, das gewerbsmäßig grenzüberschreitende Überweisungen ausführt. Die Festlegung eines Höchstbetrags von 50.000 € entspricht der Zielvorgabe in Erwägungsgrund 2 der Richtlinie, wonach die angestrebten Verbesserungen vor allem Privatpersonen sowie kleineren und mittleren Unternehmen zugute kommen sollen. Zweifellos gelten die Vorgaben der Richtlinie aber auch für Überweisungen von Großunternehmen, solange der Betrag der

---

[10] Richtlinie 97/5/EWG, Abl. 1997, L 43/25.

[11] Erwägungsgrund 6 der Richtlinie 97/5/EG.

Überweisung die Grenze von 50.000 € nicht überschreitet. Ausgenommen sind lediglich Kreditinstitute, Finanzinstitute und andere Institute, die gewerbsmäßig grenzüberschreitende Überweisungen ausführen. Was unter diesen Begriffen im Einzelnen zu verstehen ist, definiert Art. 2 a-d der Richtlinie.

II. Informationspflichten

Um den Kunden die Konditionen für grenzüberschreitende Überweisungen transparent zu machen, erlegen die Art. 3 und 4 der Überweisungsrichtlinie den Kreditinstituten umfangreiche Informationspflichten auf. So sind die tatsächlichen und möglichen Kunden vorab schriftlich und in leicht verständlicher Form mindestens über die Berechnungsmodalitäten aller zu zahlenden Provisionen und Gebühren, das vom Institut zugrunde gelegte Wertstellungsdatum, die bei der Umrechnung angewandten Referenzkurse und die zur Verfügung stehenden Beschwerde- und Abhilfeverfahren zu unterrichten. Außerdem sind für in Auftrag gegebene Überweisungen Beginn und Dauer der Frist anzugeben, die erforderlich ist, bis der Überweisungsbetrag dem Konto des Instituts des Begünstigten gutgeschrieben wird, sowie für eingehende Überweisungen die Frist, innerhalb derer die Gutschrift auf dem Konto des Begünstigten erfolgt. Fraglich ist, ob die Institute hierbei nur verpflichtet sind, die nach ihren Erfahrungswerten üblichen Regellaufzeiten der Überweisungen mitzuteilen[12] oder ob die jeweiligen Ausführungsfristen verbindlich anzugeben sind. Im Hinblick darauf, dass es sich hier lediglich um eine Information des Kunden handeln soll, die – aus Art. 5 der Richtlinie ersichtlich – von bindenden Vereinbarungen zu unterscheiden ist, muss davon ausgegangen werden, dass es ausreicht, unverbindlich die üblichen Regellaufzeiten anzugeben, die natürlich nicht über den gesetzlichen Höchstfristen liegen sollten. So machen denn auch einige Banken in ihren Informationen ausdrücklich unverbindliche Angaben zu den Laufzeiten von Überweisungen ins Ausland. Bei den europäischen Ländern liegen diese zwischen 3 und 4 Bankgeschäftstagen[13]. Mehrheitlich werden jedoch in den Preis- und Leistungsverzeichnissen und den Bedingungen für den Überweisungsverkehr der Banken verbindliche Höchstfristen angegeben, die in der Regel den gesetzlichen Fristen entsprechen[14].

---

[12] So *Göbel,* WM 1997, 1832, 1834; *Schneider,* Eu ZW 1997, 589, 591; *Bydlinski,* ÖBA 1998, 833, 838; *Gößmann / van Look,* WM 2000, Sonderbeilage 1, S. 6; *Casper,* MünchKomm BGB, Vor § 676 a, Rz. 12; *Ohler,* Europäische Kapital- und Zahlungsverkehrsfreiheit, Art. 3 ÜberweisungsRL, Rz. 9; *Koziol,* Der Überweisungsvertrag, S.11.

[13] Vgl. z.B. die Internetseite der Postbank: www.postbank.de „Länderinformationen".

[14] So Zif. II 2.1 Abs. 1, III 3.1 Abs. 1 der Überweisungsbedingungen, abgedruckt in ZBB 2002, 60, 61-63 sowie beispielsweise S. 29 und 34 der *convention de compte de dépôt, conditions générales,* der BNP PARIBAS Stand Januar 2005.

Nach Durchführung der Überweisung haben die Kreditinstitute ihren Kunden, sofern diese nicht ausdrücklich darauf verzichten, nach Art. 4 der Richtlinie eine Bezugsangabe, anhand deren der Kunde die grenzüberschreitende Überweisung bestimmen kann, den eigentlichen Überweisungsbetrag, den Betrag sämtlicher zu zahlender Gebühren und Provisionen sowie gegebenenfalls das Wertstellungsdatum und den angewandten Wechselkurs mitzuteilen. Hat der Überweisende verfügt, dass die Kosten der Überweisung ganz oder teilweise vom Begünstigten zu tragen sind, so ist dieser von seinem Institut darüber zu informieren.

Zu den Rechtsfolgen, die sich aus einer Verletzung der dargestellten Informationspflichten ergeben, enthält die Richtlinie keine Vorgaben. Darüber haben die jeweiligen nationalen Rechtsordnungen zu entscheiden[15].

III. Pflichten bei der Durchführung von Überweisungen

1. Verpflichtung zu verbindlichen Zusagen

Art. 5 der Überweisungsrichtlinie sieht eine Verpflichtung der Institute vor, auf Ersuchen des Kunden verbindliche Zusagen im Hinblick auf die Ausführungsfrist sowie die zu zahlenden Provisionen und Gebühren zu machen. Die Verpflichtung soll allerdings dann nicht bestehen, wenn das Institut „keine Geschäftsbeziehungen zu dem Kunden aufzunehmen" wünscht. Diese Regelung hat zu erheblichen Unklarheiten nicht zuletzt bei der Umsetzung der Richtlinie in nationales Recht geführt[16].

Unglücklich ist zunächst die Formulierung des letzten Halbsatzes. Zu einem „Kunden" bestehen nach dem gewöhnlichen Sprachgebrauch bereits Geschäftsbeziehungen, nicht aber zu einer Person, zu der das Institut „keine Geschäftsbeziehungen aufzunehmen" wünscht. Um diesen Widerspruch auflösen zu können, ist zu beachten, dass der Begriff „Kunde" gemäß Art. 2 j der Richtlinie je nach Zusammenhang den Auftraggeber oder den Begünstigten einer Überweisung bezeichnet. Es handelt sich also lediglich um einen Obergriff für den Auftraggeber und den Begünstigten[17], ohne dass damit eine Aussage dazu getroffen werden sollte, ob das ersuchte Institut bereits vertragliche Beziehungen – beispielsweise in Form eines Girovertrags – zu dem Betreffenden unterhält. Wie

---

[15] Zu den Informationspflichten im deutschen und französischen Recht s.u.: 4. Kapitel § 2 III 1 c) und 2 c).

[16] Siehe dazu unten: 4. Kapitel § 2 II 1 d); *Bydlinski* bezeichnet den Artikel gar als „krass misslungene Richtlinienvorgabe", die mangels normativen Gehalts nicht umsetzungsfähig sei, *Bydlinski*, ÖBA 1998, 833, 840.

[17] *Langenbucher*, Zahlungsverkehr, § 1 Rz. 4.

aus der Definition des Art. 2 f ersichtlich, erfasst die Richtlinie sowohl Überweisungen im Rahmen einer bestehenden Kontoverbindung als auch sogenannte Barüberweisungen, bei denen der Auftraggeber kein Konto bei dem überweisenden Institut unterhält. Unter dem Begriff des Kunden in Art. 5 ist also lediglich eine Person zu verstehen, die bei einem Institut eine Überweisung in Auftrag geben möchte.

Aber auch im Übrigen besteht über den Sinn und Inhalt von Art. 5 der Richtlinie wenig Klarheit. Die Schwierigkeiten ergeben sich daraus, dass Art. 5 festlegen soll, wann ein Institut zur Abgabe von verbindlichen Zusagen verpflichtet ist, in der Richtlinie aber nirgends geregelt ist, ob ein Institut verpflichtet ist, einen Überweisungsauftrag anzunehmen. Allerdings greift eine Verpflichtung zu bindenden Zusagen nicht weit, wenn das Institut den Überweisungsauftrag insgesamt ablehnen kann. Grundsätzlich sind drei Fallgruppen denkbar, von denen sich nur für zwei in Art.5 eine klare Antwort finden lässt.

Art. 5 stellt klar, dass das Institut keine verbindlichen Zusagen zu einer Überweisung machen muss, wenn es zu dem potentiellen Auftraggeber der Überweisung keinerlei Geschäftsbeziehungen unterhält und solche auch nicht aufnehmen möchte (erste Fallgruppe). Es handelt sich hier um die so genannten Barüberweisungen, bei welchen der Auftraggeber kein Konto bei dem Institut unterhält, das er um Ausführung der Überweisung ersucht. Dabei ergibt sich schon aus dem Grundsatz der Vertragsfreiheit, dass das Institut berechtigt ist, den Überweisungsauftrag und damit zugleich – wie Art. 5 bestätigt – die Abgabe verbindlicher Zusagen abzulehnen[18].

Aus Art. 5 geht außerdem hervor, dass das Institut, wenn es den Überweisungsauftrag ausführen möchte, auf Ersuchen des Auftraggebers verpflichtet ist, die in Art. 5 genannten verbindlichen Zusagen zu machen (zweite Fallgruppe)[19].

Problematisch ist allerdings die Konstellation, in der zwischen dem Auftraggeber der Überweisung und dem Institut bereits Geschäftsbeziehungen, beispielsweise in Form eines Girovertrags, bestehen, das Institut aber lieber den Überweisungsauftrag insgesamt ablehnen möchte, als die in Art. 5 vorgesehenen bindenden Zusagen zu machen, um die der Auftraggeber ersucht hat (dritte Fallgruppe). Hier kommt es nun darauf an, ob für das Institut die Möglichkeit besteht, einen Überweisungsauftrag abzulehnen. Dazu enthält Art. 5 jedoch gerade keine Aussage.

---

[18] *Wilkens*, MDR 1999, 1236, 1237, Fn. 13; *Langenbucher*, Zahlungsverkehr, § 1 Rz. 4.

[19] Insoweit geht der Regelungsgehalt des Art. 5 durchaus über die anhand der ersten Fallgruppe dargestellte Feststellung hinaus. Anders aber: *Langenbucher*, Zahlungsverkehr, § 1 Rz. 4.

Wie aus den Materialien zum deutschen Überweisungsgesetz ersichtlich, hat der deutsche Gesetzgeber Art. 5 der Überweisungsrichtlinie dahingehend interpretiert, dass das Kreditinstitut grundsätzlich nicht verpflichtet sein soll, einen Überweisungsauftrag anzunehmen[20]. Art. 5 wird dem entsprechend als Argument für die Aufgabe des Weisungsmodells und die Einführung eines Überweisungsvertrags herangezogen[21]. Gegen eine derartige Interpretation spricht jedoch, dass Gegenstand von Art. 5 nicht die Frage ist, ob ein Institut einen Überweisungsauftrag ablehnen kann, sondern die Frage, wann ein Institut bindende Zusagen zu einer Überweisung ablehnen kann. Zu Letzterem ergibt sich aus der eindeutigen Formulierung des Art. 5, dass das Institut die verbindlichen Zusagen nur dann ablehnen kann, wenn es keine Geschäftsbeziehungen zu dem Kunden aufnehmen will. Es heißt im Text der Richtlinie gerade nicht „es sei denn, es möchte den Überweisungsauftrag nicht annehmen", sondern „es sei denn, es wünscht keine *Geschäftsbeziehungen*" zu dem Auftraggeber „aufzunehmen". In der französischen wie auch in der englischen Fassung der Richtlinie wird dieser Halbsatz dadurch stärker betont als in der deutschen Fassung, dass er voran gestellt wird. So lautet die französische Fassung: *«Sauf s'il ne souhaite pas entrer en relation d'affaires avec un client, un établissement doit, à la demande de ce client, (...) s'engager sur le délai d'exécution de ce virement et sur les commissions et frais y relatifs»*. Keinesfalls lässt sich daher aus Art. 5 ableiten, das Institut sei grundsätzlich frei, einen Überweisungsauftrag abzulehnen.

Ganz im Gegensatz zu dem vom deutschen Gesetzgeber zugrunde gelegten Verständnis deutet vieles darauf hin, dass bei Schaffung der Richtlinie selbstverständlich davon ausgegangen wurde, dass es sich bei dem Überweisungsauftrag um eine Anweisung handelt, die das Institut grundsätzlich nicht ablehnen kann[22]. So definiert Art. 2 g den Auftrag für eine grenzüberschreitende Überwei-

---

[20] BT-Drucks. 14/745, S. 11. So auch *Casper,* MünchKomm BGB, Vor § 676 a, Rz. 12, der davon ausgeht, dass das Institut, wenn es sich zu bindenden Zusagen nicht in der Lage sieht, den einzelnen Überweisungsvertrag ablehnen muss; *Gößmann / van Look,* WM 2000, Sonderbeilage 1, S. 6, der Art. 5 der Richtlinie ebenfalls dahingehend versteht, dass das Institut eine Überweisung ablehnen kann, wenn es keine bindenden Zusagen machen kann oder will; dem folgend, *Koziol,* Der Überweisungsvertrag, S. 12.
Der französische Gesetzgeber sah sich dagegen durch Art. 5 der Richtlinie nicht gehalten, die in Frankreich bestehende Regelung zu ändern. Im französischen Recht stellt der Überweisungsauftrag zwar einen Vertrag dar, für dessen Zustandekommen die (konkludente) Zustimmung des Kreditinstituts erforderlich ist, das Institut ist jedoch aufgrund der mit dem Kunden geschlossenen *convention de compte* verpflichtet, den Antrag des Kunden auf Abschluss des Überweisungsauftrags anzunehmen (siehe dazu unten: 4. Kapitel §2 II 2).

[21] BT-Drucks. 14/745, S. 11.

[22] *Schimansky,* Bankrechts-Handbuch, Band I, § 49, Rz. 1b; *Langenbucher,* Zahlungsverkehr, § 1 Rz. 3.

sung als eine „unbedingt erteilte Anweisung" des Auftraggebers[23]. In Art. 2 l der Überweisungsrichtlinie ist zwar vom Tag der „Annahme" die Rede. Die in diesem Artikel enthaltene Definition zeigt aber, dass mit „Annahme" hier keine Vertragsannahme durch das Institut gemeint ist[24]. Als Tag der Annahme wird in Art. 2 l der Tag definiert, an dem der Auftraggeber sämtliche von einem Institut für die Ausführung einer grenzüberschreitenden Überweisung gestellten Bedingungen hinsichtlich der finanziellen Deckung und der für die Ausführung des Auftrags erforderlichen Informationen erfüllt. Sind diese Voraussetzungen erfüllt, so beginnt nach Art. 6 Abs. 1 S. 2 die fünftägige Ausführungsfrist zu laufen. Dabei wird als selbstverständlich vorausgesetzt, dass das Institut die Überweisung bei Vorliegen dieser Voraussetzungen ausführt. Für eine solche Interpretation der Regelungen der Überweisungsrichtlinie sprechen schließlich auch die Erwägungsgründe. Wenn es Ziel der Richtlinie ist, den Überweisungsverkehr effizienter zu gestalten und die Ausführungsfristen zu verkürzen, so kann es nicht im Sinne der Richtlinie sein, den Instituten die generelle Möglichkeit einzuräumen, Überweisungsverträge abzulehnen oder den Beginn der Ausführungsfrist durch eine verzögerte Annahme des Auftrags hinauszuschieben[25]. Es ist also davon auszugehen, dass in der Richtlinie zwar nicht ausdrücklich geregelt, aber doch grundsätzlich vorausgesetzt wurde, dass Überweisungsaufträge nicht abgelehnt werden können, sofern die Bedingungen des Instituts eingehalten werden.

Legt man dieses Vorverständnis zugrunde, so bereitet die Interpretation der Regelung des Art. 5 der Überweisungsrichtlinie keine Schwierigkeiten mehr. Kann nämlich ein Institut Überweisungsaufträge, bei denen sämtliche für die Ausführung der Überweisung vom Institut aufgestellten Bedingungen erfüllt sind, nicht ablehnen, so existiert die hier als dritte Fallgruppe aufgeführte Alternative nicht. Das Institut ist bei Vorliegen der Voraussetzungen nach Art. 2 l zur Ausführung der Überweisung und auf ein entsprechendes Ersuchen des Kunden hin, nach Art. 5 auch zu bindenden Zusagen verpflichtet. Nur wenn noch keine Geschäftsbeziehungen zu dem Kunden bestehen und das Institut solche auch nicht aufnehmen will, kann es beides, Überweisungsauftrag und verbindliche Zusagen, ablehnen.

Problematisch ist dabei freilich, dass „Geschäftsbeziehungen" ein weiter Begriff ist. Gerade im Hinblick auf die Vielfalt von Dienstleistungen, die heute von

---

[23] *Schimansky*, Bankrechts-Handbuch, Band I, § 49, Rz. 1b, der in Fn. 2 außerdem darauf hinweist, dass auch die Zahlungssicherungs-Richtlinie (98/26/EG vom 19.Mai 1998 – ABL L 166/45) als „Zahlungsauftrag" eine „Weisung" zur Übertragung eines Geldbetrags ansieht (Art: 2 i der Richtlinie 98/26/EG).

[24] *Langenbucher*, Zahlungsverkehr, § 1 Rz. 3.

[25] Siehe dazu unten: 4. Kapitel § 2 II a c) und d) ee).

Kreditinstituten angeboten werden, müssen Geschäftsbeziehungen nicht zwangsläufig darin bestehen, dass der Auftraggeber ein Konto bei dem ersuchten Institut unterhält, über das üblicherweise auch Überweisungen abgewickelt werden. Es ist aber zweifelhaft, ob eine Pflicht zur Ausführung von Überweisungen auch dann bestehen soll, wenn der Kunde bei dem betreffenden Institut beispielsweise eine Lebensversicherung abgeschlossen hat. Eine Pflicht zur Durchführung von Überweisungen kann vielmehr sinnvoll nur dann bestehen, wenn die Geschäftsbeziehungen gerade auf einem Vertrag zur Führung eines Kontos beruhen, über dessen Guthaben der Kunde grundsätzlich auch im Wege einer Überweisung verfügen kann.

Die praktische Relevanz der Anordnung des Art. 5 relativiert sich allerdings dadurch, dass über den Inhalt der Zusagen keine Regelung getroffen wurde. Ein Institut kann daher auf ein entsprechendes Ersuchen hin, die gesetzlichen Höchstfristen und die üblichen Kosten bindend zusagen und auf diese Weise kein Risiko eingehen. Insofern hat die Frage nach dem Sinn der Regelung durchaus ihre Berechtigung[26].

2. Ausführungsfristen

Sofern eine Frist nicht vereinbart wird, muss nach Art. 6 Abs. 1 S. 2 der Überweisungsbetrag spätestens am Ende des fünften Bankgeschäftstags nach dem Tag der Annahme des Auftrags für die grenzüberschreitende Überweisung dem Konto des Instituts des Begünstigten gutgeschrieben werden. Wird dieser Zeitraum überschritten oder eine vereinbarte Frist versäumt, so hat das Institut des Überweisenden Zinsen für den Zeitraum zwischen dem Ablauf der vereinbarten Frist bzw. dem fünften Bankgeschäftstag nach der Annahme des Auftrags und dem Zeitpunkt zu zahlen, zu dem der Betrag dem Konto des Instituts des Begünstigten gutgeschrieben wird. Dies gilt unabhängig davon, ob das Institut des Überweisenden die Verzögerung zu verantworten hat oder nicht. Liegt die Verantwortung für die Verspätung allerdings bei einem der zwischengeschalteten Institute, so hat dieses dem Institut des Überweisenden nach dem Wortlaut der Richtlinie „eine Entschädigung zu zahlen". Bei dieser Entschädigung kann es sich sinnvoll nur um den Betrag handeln, zu dessen Zahlung das Institut des Überweisenden diesem, aufgrund der Verspätung der Überweisung, verpflichtet ist.

Ist der Überweisungsbetrag auf dem Konto des Instituts des Begünstigten eingegangen, so ist dieses nach Art. 6 Abs. 2 verpflichtet, den Überweisungsbetrag innerhalb der mit seinem Kunden vereinbarten Frist und mangels Vereinbarung spätestens am Ende des auf den Eingang des Betrags folgenden Bankge-

---

[26] *Bydlinski,* ÖBA 1998, 833, 840.

schäftstags dem Begünstigten zur Verfügung zu stellen. Überschreitet das Institut des Begünstigten diese Frist, so hat es dem Begünstigten den Zeitraum der Überschreitung zu verzinsen.

Die Verpflichtung zur Zinszahlung entfällt nach Art.6 Abs. 3 der Richtlinie nur dann, wenn die Institute nachweisen können, dass der Überweisende oder der Begünstigte die Verzögerung zu verantworten haben. Den Nachweis dafür muss das Institut erbringen, das sich auf den Ausschluss nach Art. 6 Abs. 3 beruft.

3. Kein Abzug von Gebühren

Alle an der Überweisung beteiligten Institute sind nach Art. 7 der Richtlinie grundsätzlich verpflichtet, die Überweisung in voller Höhe auszuführen, den Überweisungsbetrag also ohne Abzug von Gebühren weiterzuleiten. Etwas anderes gilt nur, wenn der Auftraggeber verfügt hat, dass die Gebühren ganz oder teilweise vom Begünstigten getragen werden sollen.

Erhält der Begünstigte nicht den vollen Überweisungsbetrag, so ist grundsätzlich das überweisende Institut auf Ersuchen des Überweisenden nach Art. 7 Abs. 2 der Richtlinie verpflichtet, den Fehlbetrag auf eigene Kosten nach Wahl des Kunden dem Begünstigten zu überweisen oder ihm selbst gutzuschreiben. Dies gilt auch dann, wenn der Abzug von einem zwischengeschalteten Institut vorgenommen wurde. Das verantwortliche zwischengeschaltete Institut hat allerdings nach Art. 7 Abs. 2 UA 2 der Richtlinie den abgezogenen Betrag auf eigene Kosten dem überweisenden Institut oder wenn dieses eine entsprechende Anweisung erteilt, dem Begünstigten zu überweisen. Kann das überweisende Institut dagegen nachweisen, dass die Verantwortung für den Abzug beim Institut des Begünstigten liegt, so trifft nach Art. 7 Abs. 3 der Richtlinie dieses die Verpflichtung, den Fehlbetrag dem Begünstigten auf eigene Kosten gutzuschreiben.

4. Erstattungspflicht bei Nichtabwicklung der Überweisung

Ist der Überweisungsbetrag nach Ablauf der vereinbarten oder der in Art. 6 Abs. 1 UA 2 der Richtlinie vorgesehenen Frist dem Konto des Instituts des Begünstigten nicht gutgeschrieben worden, so kann der Überweisende nach Art. 8 Abs. 1 der Richtlinie von seinem Institut die Rückerstattung des Überweisungsbetrags bis zu einer Höhe von 12 500 € verlangen (so genannte Money-back-Garantie). Mit der Geltendmachung dieses Anspruchs setzt der Überweisende eine Frist von vierzehn Bankgeschäftstagen in Lauf. Wird der Überweisungsbetrag in dieser Zeit dem Konto des Begünstigten gutgeschrieben, so entfällt der Erstattungsanspruch des Überweisenden. Ansonsten sind dem Konto des Überweisenden der Überweisungsbetrag selbst, Zinsen für die Zeit von der Erteilung des Überweisungsauftrags bis zum Zeitpunkt der Rückerstattung sowie alle vom Überweisenden für die Überweisung entrichteten Gebühren noch innerhalb der vierzehn Bankgeschäftstage nach Geltendmachung des Anspruchs wieder gutzuschreiben. Dies gilt unabhängig davon, ob das Institut des Überweisenden den Fehler zu verantworten hat.

Art. 8 Abs. 1 UA 3 der Richtlinie sieht vor, dass in der Kette der zur Ausführung der Überweisung hintereinander geschalteten Institute jeweils das mit der Weiterleitung des Betrags beauftragte Institut dem beauftragenden Institut den Überweisungsbetrag einschließlich Zinsen und Gebühren zu erstatten hat. Die Kette endet bei dem zwischengeschalteten Institut, das dem nächsten eine fehlerhafte oder unvollständige Weisung erteilt hat. Das Institut, das eine fehlerhafte oder unvollständige Weisung erhalten hat, muss sich lediglich im Rahmen des Möglichen um die Erstattung des Überweisungsbetrags bemühen. Auf diese Weise soll sichergestellt werden, dass ein möglicher Schaden das Institut trifft, das die Nichtausführung der Überweisung verursacht hat.

Die Pflicht des Instituts des Überweisenden, den Überweisungsbetrag zu erstatten, besteht nach Art. 8 Abs. 3 der Richtlinie nicht, wenn die Überweisung nicht abgewickelt worden ist, weil der Überweisende gegenüber seinem Institut fehlerhafte oder unvollständige Angaben gemacht hat oder wenn ein vom Überweisenden ausdrücklich bestimmtes zwischengeschaltetes Institut die Überweisung nicht ausgeführt hat. In diesem Fall haben sich die beteiligten Institute lediglich im Rahmen des Möglichen um die Erstattung des Überweisungsbetrags zu bemühen.

Wurde die Überweisung nicht ausgeführt, weil ein zwischengeschaltetes Institut, das der Begünstigte bestimmt hat, die Überweisung nicht ordnungsgemäß weitergeleitet hat, so entfällt nach Art. 8 Abs. 2 die Pflicht des Instituts des Überweisenden zur Rückerstattung ebenfalls. In diesem Fall ist das ausdrücklich bestimmte Institut verpflichtet, dem Begünstigten den Überweisungsbetrag bis zu einer Höhe von 12 500 € zur Verfügung zu stellen.

5. Haftungsausschluss bei höherer Gewalt

Die an der Überweisung beteiligten Institute sind von den Verpflichtungen der Richtlinie 97/5/EG befreit, wenn sie sich auf höhere Gewalt berufen können. Der Begriff der höheren Gewalt wird in Art. 9 der Richtlinie definiert als ungewöhnliche und unvorhersehbare Ereignisse, auf die derjenige, der sich auf höhere Gewalt beruft, keinen Einfluss hat und deren Folgen trotz Anwendung der gebotenen Sorgfalt nicht hätten vermieden werden können[27].

---

[27] Zur Frage, welche Ereignisse unter dem Bergriff der höheren Gewalt fallen, s.u.: 4. Kapitel § 3 II 1 d).

IV. Beilegung von Streitigkeiten

Schließlich verpflichtet die Richtlinie in ihrem Art. 10 die Mitgliedstaaten, das Vorhandensein angemessener und wirksamer Beschwerde- und Abhilfeverfahren zur Beilegung etwaiger Streitigkeiten zwischen einem Überweisenden und seinem Institut bzw. zwischen einem Begünstigten und seinem Institut zu gewährleisten.

V. Keine abschließende Regelung durch die Richtlinie

Alle in der Richtlinie aufgeführten Ansprüche bestehen unbeschadet etwaiger sonstiger Forderungen. Insbesondere verschuldensabhängige Schadensersatzansprüche sowie bereicherungsrechtliche Rückabwicklungsansprüche sollten durch die neuen Regelungen nicht ausgeschlossen werden. Zwar wurde durch die Richtlinie ein Mindeststandard vorgegeben, der nach der Umsetzung in allen Mitgliedstaaten gewährleistet sein soll, es ist den Mitgliedsstaaten jedoch unbenommen, die Kunden gegenüber den Regelungen der Richtlinie besser zu stellen.

§ 2. Die Grundlagen des Rechts der Überweisung im deutschen Recht

I. Rechtsquellen des Überweisungsrechts

Die Umsetzung der Richtlinie 97/5/EG über grenzüberschreitende Überweisungen nahm der deutsche Gesetzgeber zum Anlass, das Überweisungsrecht über den Anwendungsbereich der Richtlinie hinaus durch das Überweisungsgesetz vom 21. Juli 1999[28] in den Vorschriften der §§ 676 a ff. BGB umfassend zu regeln. Dieses Vorgehen bot sich schon deshalb an, weil das Recht der Überweisung bis dahin praktisch gesetzlich nicht geregelt war. Die Überweisung wurde als Teil des Girovertrags verstanden, der als spezieller Geschäftsbesorgungsvertrag in § 675 BGB a.F. eine gesetzliche Grundlage hatte. Letztere erschöpfte sich jedoch in einer Verweisung in das Auftragsrecht, das die Rechtsverhältnisse der Beteiligten einer Überweisung nur ansatzweise regelte[29]. Rechte und Pflichten der an der Überweisung Beteiligten ergaben sich ganz überwiegend aus den allgemeinen Geschäftsbedingungen der Kreditinstitute und den in der Rechtsprechung des Bundesgerichtshof zur Überprüfung dieser AGB entwickelten Rechtsgrundsätzen, so dass ein legislativer Rahmen für die Einfügung der durch die Richtlinie gebotenen Normen fehlte[30]. Hinzu kam, dass die in der Richtlinie vorgesehenen Regelungen für den Kunden in vieler Hinsicht günstiger waren als die in Deutschland richterrechtlich entwickelten Grundsätze[31]. Nach dem Willen des Gesetzgebers sollten die vorteilhaften Neuerungen auch Inländern zugute kommen, um eine entsprechende Benachteiligung zu vermeiden[32]. Die Umsetzung der Richtlinie erfolgte durch die Schaffung eines einheitlich für in- und ausländische Überweisungen geltenden Überweisungsrechts, das unter dem Untertitel „Geschäftsbesorgungsvertrag" in das Bürgerliche Gesetzbuch integriert wurde. Auch grenzüberschreitende Überweisungen in Nicht-EU-Länder wie die Schweiz oder die USA werden von der deutschen Regelung erfasst, sofern deutsches Recht anwendbar ist[33].

---

[28] BGBl I 1999, S. 1642.

[29] *Kümpel*, Bank- und Kapitalmarktrecht, Rz. 4.107.

[30] BT-Drucks. 14/745, S. 8 f.

[31] So musste sich der Kunde im Fall einer schuldhaft nicht ausgeführten Überweisung beispielsweise an das zwischengeschaltete Kreditinstitut halten, das die Nichtausführung zu vertreten hatte. Die Schwierigkeiten herauszufinden, welchem von mehreren zwischengeschalteten Instituten der maßgebliche Fehler unterlaufen ist, erspart die Überweisungsrichtlinie dem Kunden, indem sie in Art. 8 eine Erstattungspflicht des erstbeauftragten Kreditinstituts für nicht abgewickelte Überweisungen vorsieht.

[32] BR-Drucks. 163/99, S. 18: zwar wäre eine Inländerbenachteiligung EG-rechtlich nicht zu beanstanden, es gab jedoch keinen sachlichen Grund für eine solche Unterscheidung, insbesondere, wenn man berücksichtigt, dass das Haftungsrisiko für die Banken bei Inlandsüberweisungen geringer ist als bei grenzüberschreitenden Überweisungen.

[33] *Claussen*, Bank- und Börsenrecht, § 7 Rz. 12, unter Verweis auf BR-Drucks. 163/99, S. 20.

Nahezu zeitgleich mit der Richtlinie über grenzüberschreitende Überweisungen war die Richtlinie 98/26/EG des Europäischen Parlaments und des Rates vom 19. Mai 1998 über die Wirksamkeit von Abrechnungen in Zahlungs- sowie Wertpapierliefer- und abrechnungssystemen umzusetzen[34]. Soweit deren Bestimmungen Überweisungen betrafen, wurden sie bei der Kodifikation des Rechts der Überweisung ebenfalls berücksichtigt[35].

Neben den nationalen Vorschriften sind heute außerdem die Bestimmungen der Verordnung (EG) Nr. 2560/2001 des Europäischen Parlaments und des Rates vom 19. Dezember 2001 über grenzüberschreitende Zahlungen in Euro[36] zu beachten, die gerade auch grenzüberschreitende *Überweisungen* betreffen[37]. Kernstück der Verordnung ist der in Art. 3 normierte Grundsatz der Gebührengleichheit für innerstaatliche und grenzüberschreitende Zahlungen[38].

II. Die Systematik der §§ 675a ff BGB

Die Regelungssystematik der in den §§ 676 a ff BGB neu geschaffenen besonderen Geschäftsbesorgungsverträge ist am zeitlichen Ablauf des Überweisungsvorgangs orientiert[39]. Dieser wurde in drei Abschnitte gegliedert, denen jeweils ein Vertragstyp zugeordnet ist[40].

So finden sich in den §§ 676 a ff BGB zunächst die Vorschriften zum Überweisungsvertrag, aus dem sich die Ansprüche des Überweisenden gegen das überweisende Kreditinstitut ergeben, darauf folgt in den §§ 676 d und e BGB der Zahlungsvertrag, der das Vertragsverhältnis der in die Überweisung eingeschalteten Kreditinstitute untereinander regelt. Den Abschluss bildet der Girovertrag (676 f BGB), dem die Ansprüche des Begünstigten gegen sein Kreditinstitut zugeordnet sind, darunter insbesondere der Anspruch auf Gutschrift des Überweisungsbetrags.

Aus dieser Zuordnung ergibt sich, dass der Girovertrag als letzter geregelt ist, obwohl er als Rahmenvertrag zwischen dem Kunden und seinem Kreditinstitut die Grundlage für Überweisungen (wie für alle übrigen Einzelgeschäfte des bar-

---

[34] Richtlinie 98/26/EG, Abl. 1998, L 166/45.
[35] Siehe dazu unten: 4. Kapitel § 2 V 1 c).
[36] Verordnung (EG) Nr. 2560,/2001, Abl. 2001, L 344/13.
[37] Art. 2 lit. a Zif. i der Verordnung EG Nr. 2560/2001 nennt die grenzüberschreitende Überweisung als ersten Unterfall der grenzüberschreitenden Zahlung.
[38] Vgl. dazu unten: 4. Kapitel § 2 IV 1.
[39] BT-Drucks. 14/745, S. 17; *Gößmann / van Look*, WM 2000, Sonderbeilage 1, S. 14.
[40] *Gesman-Nuissl*, JA 2000, 465, 466; *Schulz*, ZBB 1999, 287, 289.

geldlosen Zahlungsverkehrs) darstellt[41] und damit eigentlich besser am Anfang gestanden hätte[42]. Die in Art. 3 und 4 der Richtlinie über grenzüberschreitende Überweisungen vorgesehenen Informationspflichten der Kreditinstitute wurden in § 675 a BGB unter dem Kapitel „Allgemeines“ vor die Klammer gezogen.

---

41 Einzige Ausnahme ist der seltene Fall der Barüberweisung, für die der Überweisende nicht über ein Konto bei der überweisenden Bank verfügen muss (s.u.: 3. Kapitel, § 2, I).

42 *Gößmann / van Look*, WM 2000, Sonderbeilage 1, S. 15; *Hadding*, 50 Jahre Bundesgerichtshof, Band II, 425, 439 f.

§ 3. Die Grundlagen des Recht der Überweisung im französischen Recht

I. Rechtsquellen des privaten Bankrechts

Das zentrale Gesetzbuch für bankrechtliche Regelungen in Frankreich ist der *Code monétaire et financier* (abgekürzt: C. mon. fin.). Er wurde durch das Gesetz L. n° 99-1071 vom 16.12.1999 geschaffen, das am 14.12.2000 in Kraft trat, und beruht auf einer Zusammenfassung verschiedener Einzelgesetze, darunter insbesondere das Bankgesetz L. n° 84-46 vom 24.01.1984, das hauptsächlich Regelungen zum Bankwesen und zur Bankaufsicht zum Gegenstand hatte[43].

Für das Verhältnis der Kreditinstitute zu ihren Kunden existierten dagegen lange Zeit nahezu keinerlei spezialgesetzliche Regelungen, ging man doch davon aus, dass hier grundsätzlich Vertragsfreiheit herrsche und die allgemeinen Regeln des Schuld- und Vertragsrechts ausreichend seien[44]. Auch heute noch ist das Verhältnis zwischen Kunden und Kreditinstituten grundsätzlich durch privatrechtliche Verträge geregelt, die dem allgemeinen Zivil- und Handelsrecht unterliegen[45]. Innerhalb der letzten Jahre wurde die Vertragsfreiheit allerdings zugunsten der Kunden zunehmend gesetzlich eingeschränkt[46], namentlich durch die *loi MURCEF*, die eine erhöhte Transparenz der Tarife und einer Verbesserung des Gleichgewichts der Beziehungen zwischen Kunden und Banken durchsetzen sollte[47].

Auch im Bereich des Bankrechts werden, wie dies in Frankreich üblich ist, die Parlamentsgesetze *(lois)* oft durch Verordnungen der Exekutive (*décrets* des Präsidenten oder des Premierministers und *arrêtés* der Fachminister), die Ausführungsbestimmungen zu den Parlamentsgesetzen beinhalten, ergänzt und konkretisiert[48]. So ist nach Art. 611-1 C. mon. fin. der Wirtschaftsminister ermächtigt, in *arrêtés* ausführende Bestimmungen zur Ausübung der Tätigkeit

---

[43] *Ripert / Roblot,*, Droit commercial, tome 2, Rz. 2276; *Bonneau,* Droit bancaire, Rz. 9; *Gavalda / Gavalda / Stoufflet,* Droit bancaire, Rz. 18.

[44] *Stoufflet,* RD bancaire et financier, janvier / février 2002, 36.

[45] *Gavalda / Stoufflet,* Droit bancaire, Rz. 18 und Rz. 199-1 ; *Ripert / Roblot,* Droit commercial, tome 2, Rz. 2278.

[46] *Gavalda / Stoufflet,* Droit bancaire, Rz. 18.

[47] *Daigre*: « Le droit de la consommation fait ainsi son entrée dans le droit bancaire. », *Daigre,* JCP 2002, I, 117. Ausführlich zur Loi *MURCEF*: *Avena-Robardet,* D. 2002, 186; *Stoufflet,* RD bancaire et financier, janvier / février 2002, 36 ff.

[48] Von besonderer Bedeutung sind beispielsweise die beiden *décrets* vom 24. Juli 1984, die das erste Bankgesetz von 1984 ergänzen.

der Banken zu treffen[49]. Die Ermächtigung umfasst insbesondere auch Regelungen im Verhältnis der Kreditinstitute zu ihren Kunden[50].

Vorrangig vor dem nationalen Recht sind selbstverständlich auch in Frankreich die unmittelbar anwendbaren Rechtsakte der EU auf dem Gebiet des privaten Bankrechts zu beachten[51], wie die Verordnung (EG) Nr. 2560/2001 des Europäischen Parlaments und des Rates vom 19. Dezember 2001 über grenzüberschreitende Zahlungen in Euro[52].

II. Rechtsquellen des Überweisungsrechts

Auch in Frankreich wurde die Überweisung zunächst durch die Praxis entwickelt, ohne dass der Gesetzgeber spezialgesetzliche Regelungen geschaffen hätte[53]. Zwar existierten spezielle Regelungen zu anderen bargeldlosen Zahlungsmitteln, wie zum Beispiel dem Scheck[54], das Überweisungsrecht unterlag jedoch grundsätzlich den Regeln des allgemeinen Zivilrechts[55].

Die Umsetzung der Richtlinie 97/5/EG erfolgte in der für die französische Gesetzgebung allgemein üblichen Weise, durch ein Zusammenspiel aus formellem Parlamentsgesetz *(loi)* und einer Verordnung der Exekutive, in diesem Fall einem *arrêté*, der Ausführungsbestimmungen zu dem Gesetz beinhaltet. Zunächst wurde also durch Art. 78 des Gesetzes n° 99-532 vom 25. Juni 1999[56] in das Ge-

---

[49] Früher oblag es dem *Comité de la réglementation bancaire et financière* (CRBF), die sogenannten *conditions de banque* zu erlassen, die Regelungen zur Ausübung der Tätigkeit der Banken enthielten. Mit der loi n° 2003-706 du 1er août 2003 wurde dieses Komitee jedoch aufgelöst und an dessen Stelle der Wirtschaftsminister ermächtigt, derartige Regelungen in Form von *arrêtés* zu erlassen. Das CRBF wurde durch das *comité consultatif de la législation et de la réglementation financière* ersetzt (Art. 614-1 C. mon. fin.), dessen Stellungnahme nun in jedem Rechtssetzungsverfahren im Bereich des Bankrechts eingeholt werden muss (Art. 614-2 C. mon. fin.).

[50] Art. 611-1 C. mon. fin.: *« Le ministre chargé de l'économie arrête les règles concernant notamment 1.(....) 4 . Les conditions des opérations que peuvent effectuer les établissements de crédit, en particulier dans leurs relations avec la clientèle, (...) »*.

[51] *Avena-Robardet*, D. 2002, 186.

[52] Verordnung (EG) Nr. 2560,/2001, Abl. 2001, L 344/13.

[53] Lamy, Droit du financement, Rz. 2455; *Favre-Bulle*, in Das Recht der grenzüberschreitenden Überweisung, S. 37, 68; *Cabrillac*, Le chèque et le virement, 367 ; *Cabrillac / Rive-Lange*, Encyclopédie Juridique, Commercial V, virement, Rz. 1; *Bonneau*, Droit bancaire, Rz. 433; *Gavalda / Stoufflet*, Instrument de paiement et de crédit, Rz. 470.

[54] Art. L 131 C. mon. fin.; Lamy, Droit du financement, 2455.

[55] *Favre-Bulle*, in Das Recht der grenzüberschreitenden Überweisung, S. 37, 68; *Gavalda / Stoufflet*, Instrument de paiement et de crédit, Rz. 470.

[56] Loi n° 99-532 du 25185185 juin 1999 relative à l'épargne et à la sécurité financière, D. 1999, II, 317.

setz n° 84-46 vom 24. Januar 1984[57] nach dessen Art. 93-2 ein Art. 93-3 eingefügt. Dieser Art. 93-3, heute Art. L 133-1 C. mon. fin., trifft grundsätzliche Regelungen für zu spät sowie nicht oder nicht vollständig ausgeführte Überweisungen, die Kreditinstitute auf Anordnung oder zugunsten ihrer Kunden ausführen. Die Regelung der Einzelheiten, wie zum Beispiel die Berechnung der Höhe des Schadensersatzes, waren nach Art. 78 Nr. 5 des Gesetzes n° 84-46 durch ein *règlement* des *Comité de la réglementation bancaire et financière* zu treffen[58]. Das benannte Komitee erließ daher das *règlement* n° 99-09[59], das durch den *arrêté* vom 21. Juli 1999[60] bestätigt wurde und am 14. August 1999 in Kraft trat. Das *règlement* enthält in seinen Art. 3-7 nähere Bestimmungen zur Informationspflicht der Kreditinstitute und in seinen Art. 8-10 nähere Bestimmungen zu verspätet sowie zu nicht oder nicht vollständig ausgeführten Überweisungen.

Anders als in Deutschland, hat der französische Gesetzgeber die Umsetzung der Richtlinie nicht zum Anlass genommen, das nationale Überweisungsrecht umfassend zu kodifizieren. Er beschränkte sich allerdings auch nicht darauf, die Vorgaben der Richtlinie nur für grenzüberschreitende Überweisungen umzusetzen, sondern dehnte den Anwendungsbereich der neuen Regelungen auch auf im Inland ausgeführte Überweisungen aus, sofern sie in einer Währung eines der Mitgliedsstaaten ausgewiesen sind und den Betrag von 50.000 € nicht überschreiten[61]. Die neuen Regelungen finden nach Art. L. 133-1 C. mon. fin. Anwendung, wenn ein Kreditinstitut, ein Kapitalanlageunternehmen, eine französische Zweigniederlassung eines ausländischen Kreditinstituts, eines ausländischen Kapitalanlageunternehmens oder eines ausländischen Finanzunterneh-

[57] Loi n° 84-46 du 24 janvier 1984 relative à l'activité et au contrôle des établissements de crédit, D, 1984, II, 148.

[58] Die Ermächtigung zum Erlass von weiteren Ausführungsbestimmungen liegt heute freilich beim Wirtschaftsminister (s.o.: 2. Kapitel § 3 I Fn. 49).

[59] Règlement n° 99-09 pris pour l'application de l'article 93-3 de la loi n° 84-46 du 24 janvier 1984 modifiée relative aux virements effectués au sein de l'espace économique européen, abgedruckt nach Art. L. 133-1 C. mon. fin. in Code Dalloz Expert, Code de la commerce 2006.

[60] Arrêté du 21 juillet 1999, portant homologation de règlements du Comité de la réglementation bancaire et financière, Journal Officiel, 27 juillet, p. 11159.

[61] Lamy, Droit du financement, Rz. 2455; *Crédot / Gérard,* RD bancaire et de la bourse, septembre / octobre 1999, 183; *Schmidt,* S. 40; a.A.: (Anwendbarkeit nur bei grenzüberschreitenden Überweisungen) *Jeantin/Le Cannu,* Droit commercial, Rz. 168, p. 112. Dagegen spricht jedoch Art. 5 des *règlement* n° 99-09, wonach bei der Übermittlung der in Art. 3 und 4 des *arrêté* vorgesehenen Informationen durch die Kreditinstitute jeweils zu kennzeichnen ist, ob es sich um eine nationale oder eine grenzüberschreitende Überweisung innerhalb des europäischen Wirtschaftsraumes handelt. Daraus geht hervor, dass die neuen Regelungen auch für nationale Überweisungen gelten.

mens[62], der *Trésor public* (oberste französische Finanzbehörde), die Post, die *Banque de France*, das *Institut d'émission des départements d'outre-mer* (Währungsbank der überseeischen Departements), das *Institut d'émission d'outre-mer* (überseeische Währungsbank) und die *Caisse des dépôts et consignation* (franz. Hinterlegungs- und Konsignationszentralkasse) innerhalb des Europäischen Wirtschaftsraumes auf Anweisung oder zu Gunsten ihrer Kunden Überweisungen in der Währung eines der Länder des Europäischen Wirtschaftsraumes tätigen. Anders als im deutschen Recht sind die neuen Regelungen nicht auf Überweisungen in Nicht-EU-Länder anwendbar.

III. Die convention de compte

Die zwischen dem Kreditinstitut und dem Kunden geschlossene *convention de compte* regelt die Einrichtung des Kontos und stellt den Rahmenvertrag, für die von dem kontoführenden Institut zur Nutzung des Kontos angebotenen Dienstleistungen dar[63]. Alle weiteren Operationen, die das Kreditinstitut für den Inhaber des Kontos tätigt, werden aufgrund von einzelnen Verträgen, in der Regel Aufträgen, erbracht, die sich in den Rahmen der *convention de compte* einfügen[64]. Der Vertrag zur Eröffnung des Kontos, ebenso wie Form- und Beweisvorschriften unterliegen grundsätzlich dem allgemeinen Zivilrecht[65]. Die Kontoeröffnung durch Verbraucher hat jedoch, nach Art. L. 312-1-1 C. mon. fin., der durch das Gesetz L. n° 2004-1484 vom 30. Dezember 2004 eingeführt wurde, schriftlich zu erfolgen [66]. Jede Person mit Wohnsitz in Frankreich hat ein in Art. L. 312-1 C. mon. fin. gesetzlich festgeschriebenes Recht auf ein Konto

---

[62] Der Begriff des Finanzunternehmens *(établissement financier)* wird in Art. L. 511-21 Nr. 4 C. mon. fin. näher definiert, als ein Unternehmen, das nicht über eine Genehmigung als Kreditinstitut verfügt, aber dennoch gewerbsmäßig Geschäfte ausführt, die mit Bankgeschäften im Zusammenhang stehen.

[63] *Bonneau,* Droit bancaire, Rz. 326; *Grua,* Les contrats bancaires de base de la pratique bancaire, Rz. 63.

[64] *Bonneau,* Droit bancaire, Rz. 429 und 431; *Gavalda / Stoufflet,* Droit bancaire, Rz. 201.

[65] *Bauerreis / Neumann,* Handbuch zum deutschen und europäischen Bankrecht, § 65, Rz. 24; *Bonneau,* Droit bancaire, Rz. 355.

[66] Art. 312-1-1 C. mon. fin. wurde ursprünglich schon durch die l*oi MURCEF* n° 2001-1168 du 11 déc. 2001 eingefügt. Der Conseil d'État wies jedoch in einer Stellungnahme die neuen Regelungen für bereits existierende Konten zurück. Die *loi MURCEF* wurde daher auf Vorschlag des Wirtschafts- und Finanzministers durch Art. 77 Abs. 1 L. n° 2003-706 (JO 2. août 2003) für 18 Monate bis Juni 2004 außer Kraft gesetzt. Im Gegenzug dazu unterzeichneten die führenden französischen Banken eine Charta, in der sie sich verpflichteten, die in der *loi MURCEF* vorgesehenen wesentlichen Verpflichtungen gegenüber ihren Kunden, insbesondere in Bezug auf Transparenz und Information einzuhalten. Die Charta wurde ihrerseits schließlich durch die Einfügung des überarbeiteten Art. L. 312-1-1 C. mon. fin. Ende 2004 abgelöst.

und eine Grundversorgung an Bankdienstleistungen. Zu dieser Grundversorgung gehören nach dem *décret* n° 2001-45 vom 17. Januar 2001 unter anderem die Möglichkeit, durch Überweisung zu zahlen, und die Pflicht der Kreditinstitute, eingehende Überweisungen dem Konto des Kunden gutzuschreiben.

Zwar wird in Frankreich grundsätzlich noch zwischen Einlagenkonto *(compte de dépôt)* und Kontokorrentkonto *(compte courant)* unterschieden, die tatsächlichen Unterschiede zwischen den beiden Formen des Kontos verwischen allerdings zunehmend, so dass der Sinn der terminologischen Unterscheidung in Frage gestellt wird[67]. Für die vorliegende Untersuchung kommt es auf die Unterscheidung letztlich nicht an, da Überweisungen von beiden Formen des Kontos möglich sind[68].

---

[67] *Bonneau,* Droit bancaire, Rz. 330 ff, 354; *Belot,* Revue de jurisprudence commerciale 1985, 41, 42; Die Schwierigkeiten dieser Unterscheidung zeigten sich nicht zuletzt in der jüngsten Gesetzgebung. So sah der Gesetzgeber die in Art. 312-1-1 C. mon. fin. eingeführten Schriftform zunächst ausdrücklich nur für die Eröffnung eines *compte de dépôt* vor, wohl in der Annahme, dass Kontokorrentkonten in der Regel von Geschäftsleuten genutzt würden, die den Schutz der *loi MURCEF* nicht benötigten. Die Literatur kritisierte diese Regelung mit den Argumenten, dass durchaus auch Verbraucher ein Kontokorrentkonto eröffnen können und die Unterscheidung zwischen den beiden Formen des Kontos nicht immer eindeutig sei (*Stoufflet,* RD Bancaire et Financier janvier / février 2002, 36, 37; *Gavalda / Stoufflet*, Droit bancaire, Rz. 222). Dem folgend wurde in dem zur Ausführung dieser Vorschrift erlassenen *arrêté* vom 08.03.2005 festgelegt, dass der Begriff *„compte de dépôt"* hier auch die *„comptes courants postaux"* erfassen solle, sofern sie von einem Verbraucher eröffnet werden (Art. 1 Abs. 2 des *arrêté* du 8 mars 2005, J.O. n° 63 du 16 mars 2005, p. 4494).

[68] Vgl. Art. 1 *décret* n° 2001-45 vom 17.01.2001, wonach die Ausführung von Überweisungsaufträgen sowie die Gutschrift eingegangener Überweisungen zu den *services bancaires de base* gehören, die mit der Eröffnung eines *compte de dépôt* anzubieten sind.

3. Kapitel. Der Überweisungsvorgang

Nach der Definition des Art. 2 f der Richtlinie 97/5/EG handelt es sich bei der Überweisung um einen Geschäftsvorgang, der auf Veranlassung eines Auftraggebers über ein Kreditinstitut zu dem Zweck durchgeführt wird, einem Begünstigten bei einem Kreditinstitut einen Geldbetrag zur Verfügung zu stellen. In Frankreich wie in Deutschland geht man davon aus, dass die Überweisung durch einen zwischen Überweisendem und überweisendem Kreditinstitut geschlossenen schuldrechtlichen Vertrag, in Deutschland dem Überweisungsvertrag, in Frankreich dem *ordre de virement,* veranlasst und durch einen davon zu unterscheidenden Geschäftsvorgang *(exécution de virement)* ausgeführt wird.

Während in Deutschland die vom Gesetzgeber bei Umsetzung der Richtlinie gewählte Rechtsfigur des Überweisungsvertrags, also der schuldrechtliche Verpflichtungsvertrag im Mittelpunkt heftiger Diskussionen stand[69], ist in Frankreich nicht der Überweisungsauftrag (*ordre de virement),* sondern vor allem die rechtliche Einordnung der durch den Auftrag veranlassten Ausführung der Überweisung (*exécution du virement*) umstritten[70].

§ 1. Die rechtliche Einordnung des Überweisungsvorgangs

Da die rechtliche Einordnung des Überweisungsvorgangs insbesondere im französischen Recht Auswirkungen auf mögliche Ansprüche des Überweisenden bei nicht ordnungsgemäß ausgeführten Überweisungen hat, soll sie an dieser Stelle vorab dargestellt werden.

I. In Deutschland

Während die Barzahlung durch Übereignung gesetzlicher Zahlungsmittel erfolgt[71], wird bei der bargeldlosen Zahlung Buchgeld von Konto zu Konto übertragen. Die Durchführung der Überweisung erfolgt durch mindestens zwei Buchungen, der Belastung des Kontos des Überweisenden und der Gutschrift des Überweisungsbetrags auf dem Konto des Empfängers. Dabei wird nicht etwa die Guthabenforderung vom Überweisenden auf den Empfänger übertragen, vielmehr erhält der Überweisungsempfänger originär eine selbständige Guthabenforderung gegen sein Kreditinstitut[72].

---

[69] S.u.: 4. Kapitel § 2 I 1.

[70] Ausführlich zu den verschiedenen Ansichten: *Vasseur,* in Rechtsprobleme der Auslandsüberweisung, S. 258 ff.

[71] BGHZ 98, 24, 28; *Hadding / Häuser,* MünchKomm HGB, ZahlungsV A3.

[72] *Hadding / Häuser,* MünchKomm HGB, ZahlungsV A6; *Schimansky,* Bankrechts-Handbuch, Band I, § 47 Rz. 29.

Die Gutschrift selbst ist ein abstraktes Schuldversprechen (§§ 780, 781 BGB) der Bank gegenüber dem Kontoinhaber, gerichtet auf die Auszahlung des Gutschriftsbetrages[73]. Von dem Anspruch aus Gutschrift zu unterscheiden ist der Anspruch des Empfängers *auf* Gutschrift, der in § 676 f BGB normiert ist und sich als Hauptleistungspflicht aus dem Girovertrag ergibt[74]. Der Zeitpunkt der Entstehung des Anspruchs auf Gutschrift hängt von der Art der Überweisung ab. Bei institutsübergreifenden sowie bei institutsinternen, aber filialübergreifenden Überweisungen entsteht der Anspruch auf Gutschrift mit dem Eingang des Überweisungsbetrags auf dem Eingangskonto des Empfängerinstituts. Bei Hausüberweisungen entsteht er dagegen mit der Belastungsbuchung beim Überweisenden. Erfüllungswirkung im Verhältnis Überweisender und Überweisungsempfänger hat erst die vorbehaltslose Gutschrift auf dem Konto des Empfängers[75].

Mit der Belastungsbuchung macht die Bank ihren Anspruch auf Vorschuss bzw. Aufwendungsersatz gemäß §§ 669, 670, 675 Abs. 1 BGB gegen den Überweisenden geltend[76]. Der Ersatzanspruch der überweisenden Bank wird mit der Guthabenforderung des Überweisenden verrechnet, wodurch letztere gemindert wird[77]. Die Belastungsbuchung wird daher als reiner Realakt mit deklaratorischer Bedeutung eingestuft, der den Ersatzanspruch der Bank nicht erst begründet, sondern lediglich wiedergibt[78]. Allerdings kann in der Belastungsbuchung das konkludente Verlangen nach Vorschusserteilung gesehen werden[79]. Bestand der Anspruch auf Vorschuss- bzw. Aufwendungsersatz nicht, weil ein wirksames Angebot des Kunden auf Abschluss eines Überweisungsvertrags nicht vorlag, so hat der Kunde einen Anspruch auf rückwirkende Beseitigung der Fehlbuchung[80].

---

[73] St. Rechtsprechung seit BGHZ 6, 124; BGH NJW 1991, 2140, 2141; BGHZ 103, 146; *Canaris,* Bankvertragsrecht, Rz. 415; *Einsele,* WM 1999, 1801ff; *Meder,* JZ 2003, 443; *Sprau,* Palandt, § 676 f Rz. 10; *Casper,* MünchKomm BGB, § 676 f, Rz. 9.

[74] *Casper,* MünchKomm BGB, § 676 f, Rz. 8.

[75] *Nobbe,* WM 2001, Sonderbeilage Nr. 4 S. 21; *Weber,* Recht des Zahlungsverkehrs, S. 27 f; a.A. *Gößmann / van Look,* WM 2000, Sonderbeilage Nr. 1, S. 21; *Langenbucher,* Zahlungsverkehr, Rz. 129: Erfüllung bereits mit Eingang des Überweisungsbetrags auf dem Konto der Empfängerbank. Zur Erfüllungswirkung im französischen Recht s.u.: 4. Kapitel § 2 III 1 a).

[76] BGH, NJW 2005, 1771, 1772; *Canaris,* Bankvertragsrecht, Rz. 343; *Schimansky,* Bankrechts-Handbuch, Band I, § 47 Rz. 28; *Casper,* MünchKomm BGB, § 676 a, Rz. 33.

[77] *Canaris,* Bankvertragsrecht, Rz. 344.

[78] *Canaris,* Bankvertragsrecht, Rz. 345; *Schimansky,* Bankrechts-Handbuch, Band I, § 47 Rz. 28; BGH, BKR 2003, 641, 642; OLG München, NJOZ 2003, 1080, 1081.

[79] *Canaris,* Bankvertragsrecht, 345; Problematisch ist dies allerdings in Fällen der Nachdisposition, vgl. BGH, NJW 2005, 1772; s.u.: Fn.: 304.

[80] *Langenbucher,* Zahlungsverkehr, Rz. 16; *Canaris,* Bankvertragsrecht, Rz. 366; *Schimansky,* Bankrechts-Handbuch, Band I, § 47 Rz. 28.

II. In Frankreich

1. Theorie der *délégation*

Das Guthaben auf einem Konto wird auch in Frankreich rechtlich als Forderung des Kontoinhabers gegen die Bank eingeordnet[81]. Die herrschende Lehre ging daher früher davon aus, dass es sich bei der Überweisung um eine *délégation* handelt. Durch die *délégation* stellte nach dieser Ansicht der Überweisende *(délégant)* dem Überweisungsempfänger *(délégataire)* einen anderen Schuldner *(délégué)*, nämlich das überweisende Kreditinstitut. Ziel einer *délégation* ist eine Schuldumwandlung *(novation)* dergestalt, dass ein neuer Schuldner an die Stelle des alten tritt (Art. 1271 Abs. 2, 1275 CC)[82]. Gegen dieses Modell wurde jedoch vorgebracht, dass eine solche Schuldumwandlung gemäß Art. 1275 voraussetze, dass der Gläubiger (Überweisungsempfänger) den ursprünglichen Schuldner (Überweisenden) ausdrücklich von seiner Zahlungspflicht entlaste, eine solche ausdrückliche Entlastung jedoch bei der Überweisung in der Praxis niemals erteilt wird[83]. Außerdem sei dieses Modell dann sinnentleert, wenn es sich bei Überweisendem und Überweisungsempfänger um die gleiche Person handelt[84].

2. Einordnung als Übertragung von Buchgeld durch ein reines *jeu d'écriture*

Heute geht die herrschende Lehre zwar immer noch grundsätzlich davon aus, dass ein Guthaben auf einem Konto eine Forderung darstellt[85]. Diese Forderung weist jedoch insofern Besonderheiten auf, als sie die Funktion von Geld übernehmen soll: sie stellt Buchgeld dar[86]. Eine Überweisung ist daher nach heute herrschender Lehre grundsätzlich nichts weiter, als eine bestimmte Art und

---

[81] *Cabrillac / Rive-Lange,* Encyclopédie Juridique, Commercial V, virement, Rz. 16.

[82] Die Novation umfasst gemäß Art 1271 CC drei Fälle: die vertragliche Ersetzung einer Schuld durch eine andere, die Ersetzung des ursprünglichen Schuldners durch einen neuen oder die Ersetzung des ursprünglichen Gläubigers durch einen neuen.

[83] *Cabrillac / Rive-Lange,* Encyclopédie Juridique, Commercial V, virement, Rz. 21 ; *Piedelièvre,* Instruments de crédit et de paiement, Rz. 368.

[84] Lamy, Droit du financement, 2454 ; *Ripert / Roblot,* Droit commercial, tome 2, Rz. 2309 ; *Piedelièvre,* Instruments de crédit et de paiement, Rz. 368.

[85] Cass com. 03.06.1997, D. 1999 somm. comm. 104, obs. *Piedelièvre*; *Francois,* Anm. zu Cass com. 03.06.1997, D. 1998, jur. 61,63; Cass. com. 4.2.2003, D. 2003, 1230, obs. *Liénhard; Ripert / Roblot,* Droit commercial, Rz. 2361; *Lassalas,* in Mélanges AEDBF-France II, S. 235, 249; im Ergebnis auch: *Grua,* D. 1998, 259; 260.

[86] *Cabrillac / Rive-Lange,* Encyclopédie Juridique, Commercial V, virement, Rz. 24; *Mattout,* Droit bancaire international, Rz. 370 sieht Buchgeld als eine von mehreren möglichen Erscheinungsformen von Geld an und bezeichnet die rechtliche Einordnung von Buchgeld als Forderung als « *purement artificiel* », anders dagegen *Grua,* D. 1998, 259, 261, der gerade den Forderungscharakter betont und eine « *métamorphose* » dieser Forderung in Geld ablehnt; ausführlich zur Einordnung von Buchgeld: *Lassalas*, in Mélanges AEDBF-France II, S. 235 f.

Weise Buchgeld zu übertragen, veranlasst durch den Überweisungsauftrag[87]. Sie ermöglicht die Übertragung eines bestimmten Geldwertes durch ein reines *jeu d'écriture*, nämlich durch Abbuchung auf dem einen und Gutschrift auf dem anderen Konto[88]. Die Durchführung ist damit ein rein technischer Vorgang verschiedener Buchungen, nicht – wie im Erklärungsmodell der *délégation* – eine rechtsgeschäftliche Übertragung einer Forderung. Der Empfänger einer Überweisung soll möglichst die gleiche rechtliche Stellung erhalten wie der Empfänger von Bargeld[89]. An die Stelle der Übergabe von Scheinen oder Münzen, die einen bestimmten Wert verkörpern, tritt jedoch bei der Übertragung von Buchgeld die Buchung, die dazu führt, dass der Empfänger Inhaber einer Forderung wird, die ihrerseits die Funktion von Geld erfüllt[90] Die so entstandene Forderung des Empfängers gegen seine Bank ist von möglichen Einwendungen im Verhältnis des Empfängers zum Überweisenden, im Verhältnis zwischengeschalteter Banken und im Verhältnis des Überweisenden zu seiner Bank unabhängig[91]. Sie unterliegt lediglich den Bedingungen der zwischen dem Empfänger und seiner Bank geschlossenen *convention de compte*.

In der Rechtsprechung wie auch teilweise in der Literatur zeichnet sich eine Tendenz ab, Buchgeld im Hinblick auf die Übertragung körperlichen Gegenständen gleichzustellen und die Überweisung dem gemäß an den sachenrechtlichen Vorgang der Übereignung von Bargeld anzulehnen[92]. So wurde schon früh entschieden, dass eine Handschenkung von Geld auch im Wege der Überweisung möglich ist, obwohl zur Wirksamkeit einer Handschenkung die tatsächliche Übergabe des geschenkten Objekts notwendig ist (Art. 931 ff C.c.)[93]. In

---

[87] *Ripert / Roblot*, Droit commercial, Tome 2, Rz. 2308; *Pérochon / Bonhomme*, Entreprises en difficulté, Instruments de crédit et de paiement, Rz. 856.

[88] *Mestre / Pancrazi*, Droit Commercial, 964; Lamy, Droit du financement, 2454.

[89] *Cabrillac / Rive-Lange*, Encyclopédie Juridique, Commercial V, virement, Rz. 26, 137; *Vasseur*, Recht und Praxis der Auslandsüberweisung in Frankreich, S. 252, 259.

[90] Rennes, 09.05.1946, D. 1947, 55; *Cabrillac / Rive-Lange*, Encyclopédie Juridique, Commercial V, virement, Rz. 95, 109; *Ripert / Roblot*, Droit commercial, tome 2, Rz. 2312; *Favre-Bulle*, in Das Recht der genzüberschreitenden Überweisung, S. 37, 69.

[91] *Cabrillac / Rive-Lange*, Encyclopédie Juridique, Commercial V, virement, Rz. 142 f.; *Jeantin / Le Cannu*, Instruments de paiement et de crédit, Rz. 173; *Mattout*, Droit bancaire international, Rz.370; *Pérochon / Bonhomme*, Entreprises en difficulté, Instruments de crédit et de paiement, Rz. 862; *Favre-Bulle*, in Das Recht der grenzüberschreitenden Überweisung, S. 37, 69.

[92] *François*, Anm. zu Cass com. 03. juin 1997, D. 1998 jur. 61, 62: *« S'il s'agit d'espèces, le transfert de propriété s'opérera par tradition et, s'il s'agit de monnaie scripturale, par virement de la somme au crédit d'un compte ouvert au nom du créancier, virement qui équivaut en effet à une tradition d'espèce, c'est-à-dire à un transfert de la propriété d'unités monétaires. »*

[93] Rennes, 09.05.1946, D. 1947, 55 note A.C., danach ist die doppelte Buchung als *« une véritable tradition de la somme d'argent »* anzusehen; Cass. 1re civ., 30 mars 1999, Bull. civ.

einer jüngeren Entscheidung ist zu lesen, dass die Richtigkeit der Behauptung desjenigen, der behauptet, eine Sache im Wege der Handschenkung erhalten zu haben, vermutet wird, wenn er sich im Besitz der Sache befindet[94]. Bei der „Sache" handelt es sich um eine durch Überweisung erlangtes Guthaben auf dem Konto des Überweisungsempfängers[95]. Teilweise wird gar davon ausgegangen, dass der Überweisungsbetrag bereits mit der Abbuchung vom Konto des Überweisenden in das Eigentum des Empfängers übergeht[96]. Dennoch hat im Verhältnis Überweisender und Empfänger erst die Gutschrift des Überweisungsbetrags auf dem Konto des Empfängers Erfüllungswirkung[97].

Die kontoführenden Banken werden nach herrschender Meinung als Verwahrer des bei ihnen eingezahlten Geldes angesehen, wenn auch eine im Code civil nicht vorgesehene unregelmäßige Verwahrung angenommen wird, die den Verwahrer lediglich dazu verpflichtet, Sachen gleicher Menge, Art und Güte, nicht dagegen die identische Sache, zurückzugeben[98]. Hier geht die wohl herrschende Meinung davon aus, dass die auf dem Konto verwahrten Gelder nicht im Eigentum des Kunden, sondern in dem der Bank stehen, was freilich einen gewissen Widerspruch mit der oben dargestellten Annäherung von Buchgeld an körperliche Gegenstände bedeutet[99]. Mit der Einzahlung von Geld auf ein Konto

---

1999, I, n° 112; *Martin*, Anm. zu Cass. 1re civ., 30 mars 1999, D. 2000, somm. comm. S. 457: « (…) *la possibilité du don en cause postule la nature corporelle de la monnaie scripturale.* »

94 Die Beweisregel ergibt sich aus Art. 2297 C.c. « *En fait de meubles, la possession vaut titre.* ». Zwar hat das Gericht diesen Artikel in diesem Fall nicht per Nummer genannt, die angewandte Beweisregel leitet sich jedoch daraus ab. In einem früheren Urteil, wurden denn auch für die Anwendung der gleichen Beweisregel die Art. 2297 und 1315 C.c. zitiert (Cass. 1er civ., 13 octobre 1982, Bull. civ. I, n°287).

95 Cass. 1re civ., 30 mars 1999, D. 2000 somm. comm. 457, obs. *Martin;* JCP 2000, II, n°10274 obs. *Cagnoli;*

96 *Cabrillac / Rive-Lange*, Encyclopédie Juridique, Commercial V, virement, Rz. 100, 106; *Pérochon / Bonhomme*, Entreprises en difficulté, Instruments de crédit et de paiement, Rz. 856; *Piedelièvre*, Instruments de crédit et de paiement, Rz. 371. Kritisch jedoch: *Grua*, Les contrats de base de la pratique bancaire, Rz. 136.

97 *Cabrillac / Rive-Lange*, Encyclopédie Juridique, Commercial V, virement, Rz. 107; siehe dazu unten: 4. Kapitel § 2 III 2 a).

98 *Cabrillac / Rive-Lange*, Encyclopédie Juridique, Commercial V, virement, Rz. 145; *Grua*, D. 1996, chr. 172, 175; *derselbe*, D. 1998, chr. 259; *Ripert / Roblot*, Droit commercial, tome 2, Rz. 2357, 2361; *Schmidt*, Risikostrukturen des Überweisungsverkehrs im französischen Recht, S. 21. Auch die Empfängerbank nimmt nach dieser Ansicht die bei ihr eingehenden überwiesenen Gelder unmittelbar für den Empfänger in Verwahrung (*Cabrillac / Rive-Lange*, Encyclopédie Juridique, Commercial V, virement, Rz. 141).

99 Zum Streit, ob das Eigentum an den Geldern auf einem Konto der Bank oder dem Kunden zusteht, vgl.: *François*, Anm. zu Cass. com. 03 juin 1997, D. 1998, jur. 61; Cass. com. 04 février 2003, D. 2003, jur. 1230; obs. *Lienhard*, wonach im Falle der Insolvenz hinterlegte Gelder nicht im Wege der *revendication* herausverlangt werden können, sondern als Forderung im Rahmen des Insolvenzverfahrens geltend zu machen ist.

entsteht eine Rückzahlungsforderung des Kontoinhabers gegen die kontoführende Bank aus dem Verwahrungsvertrag. Mit der Durchführung einer Überweisung erfüllt die überweisende Bank daher nicht nur den Überweisungsauftrag *(ordre de virement)* sondern gleichzeitig auch – zumindest teilweise, nämlich in der Höhe des Überweisungsbetrags – ihre in Art. 1937 C.c. festgelegte Pflicht, die hinterlegten Gelder entweder an denjenigen, der sie in Verwahrung gegeben hat, oder an eine von diesem bezeichnete Person zurückzuzahlen[100]. Im Hinblick auf diese Einordnung vertritt *Grua* die Ansicht, dass zum einen schon der Überweisungsauftrag rechtlich nicht als *mandat* einzuordnen sei, sondern als eine im Rahmen des Verwahrungsvertrags erteilte Bestimmung eines Dritten, an den ein Teil der verwahrten Gelder ausgezahlt werden sollte und zum anderen, dass sich alle Probleme der rechtlichen Einordnung der Übertragung von Buchgeld allein mit der Konstruktion des *dépôt* lösen ließen[101].

III. Zwischenergebnis

Die Schwierigkeiten, die sich in Frankreich bei der rechtlichen Einordnung von auf einem Bankkonto eingezahlten Geldern ergeben, hat das deutsche Recht mit dem Rechtsinstitut des abstrakten Schuldanerkenntnisses gelöst. Während also in Deutschland nicht nur das Verpflichtungsgeschäft, sondern auch dessen Ausführung mit einer rein schuldrechtlichen Konzeption erfasst wird, ist die Einordnung des Überweisungsvorgangs im französischen Recht umstritten und weitgehend undurchsichtig. Es entsteht der Eindruck, dass in verschiedenen Fallkonstellationen jeweils unterschiedliche Aspekte der Eigenschaften des Buchgelds in den Vordergrund gerückt werden, ohne dass ein in sich stimmiges Konzept besteht. Gemeinsam ist den Modellen beider Länder, dass der Übertragungsvorgang von den jeweiligen Vertragsverhältnissen zwischen dem Überweisenden und dem Überweisungsempfänger, zwischen dem Überweisenden und der überweisenden Bank sowie zwischen den möglicherweise zwischengeschalteten Banken unabhängig ist. Die durch die Gutschrift geschaffene Forderung des Empfängers unterliegt nach dem Recht beider Länder nur den zwischen ihm und seinem Kreditinstitut im Rahmen des Kontoführungsvertrags vereinbarten Vertragsbedingungen.

---

[100] *Bonneau*, Droit bancaire, Rz. 432; *Ripert / Roblot*, Droit commercial, Rz. 2309; *Pérochon / Bonhomme*, Entreprises en difficulté, Instruments de crédit et de paiement, Rz. 856.

[101] *Grua*, D. 1996, chr. 172, 175 : « *Si on imagine que plusieurs personnes ont du vin en dépôt dans un même barrique et que l'un des déposant demande au dépositaire de transférer une partie de ce qui lui revient à un autre déposant, l'opération sera régie exactement par les mêmes règles que le virement bancaire. Et personne ne songera à élaborer une théorie du vin scriptural.* ».

§ 2. Die verschiedenen Arten der Überweisung

I. In Deutschland

Das Gesetz unterscheidet verschiedene Arten der Überweisung. Zunächst wird zwischen der in § 676 a Abs. 1 S. 1 BGB geregelten institutsinternen Überweisung und der in § 676 a Abs. 1 S. 2 BGB geregelten institutsübergreifenden Überweisung differenziert. Während bei Ersterer der Überweisende und der Überweisungsempfänger ihr Girokonto jeweils bei demselben Kreditinstitut unterhalten, soll bei der institutsübergreifenden Überweisung die Gutschrift auf dem Konto des Begünstigten bei einem anderen Kreditinstitut erfolgen. Möglich ist auch eine Überweisung zwischen zwei Konten derselben Person.

In § 676 a Abs. 1 S. 3 BGB ist die so genannte Barüberweisung ausdrücklich geregelt, die in der Praxis allerdings die Ausnahme darstellt. Dabei handelt es sich um eine Überweisung, bei welcher der Überweisende, der selbst kein Konto bei dem beauftragten Kreditinstitut unterhält, dem beauftragten Kreditinstituts den zu überweisenden Geldbetrag in bar zur Verfügung stellt[102]. Bei der Barüberweisung werden die Vertragsbeziehungen zwischen Überweisendem und überweisendem Kreditinstitut allein durch den Überweisungsvertrag begründet. Praktischer Regelfall ist dagegen die Konto-zu-Konto-Überweisung, bei der zwischen Überweisendem und dem überweisenden Kreditinstitut bereits durch den Abschluss eines Girovertrags eine vertragliche Verbindung begründet wurde und der Überweisungsbetrag von dem bestehenden Konto des Überweisenden geleistet wird[103]. Der Girovertrag verpflichtet gemäß § 676 f BGB das Kreditinstitut, für den Kunden ein Konto einzurichten, eingehende Zahlungen auf dem Konto gutzuschreiben und abgeschlossene Überweisungsverträge zu Lasten des Kontos abzuwickeln. Trotz dieser Einbindung in den Rahmen des Girovertrags stellt der Überweisungsvertrag aber auch im Fall der Konto-zu-Konto-Überweisung einen selbständigen Vertrag dar[104].

Unklar ist, ob auch dann eine unter die Regelungen der §§ 676 a ff BGB fallende Überweisung vorliegt, wenn der Betrag dem Empfänger in bar ausbezahlt werden soll[105]. Keine Überweisung, sondern ein Auszahlungsauftrag liegt jeden-

---

[102] BR-DruckS. 163/99, S. 24.

[103] *Hopt*, Baumbach/Hopt, (7) C/2.

[104] *Heller/Escher-Weingart*, BuB, Band 3, Rz. 6/30a.

[105] Aus BT-Drucks. 14/745 S. 13 ersichtlich, sollte ursprünglich von § 676 a BGB auch die Überweisung zur Barauszahlung erfasst werden; dagegen jedoch *Schmalenbach*, Bamberger/Roth, § 676 a Rz. 5S. 13, mit Verweis auf den Wortlaut des § 676 a Abs. 1 S.1 BGB sowie *Sprau*, Palandt, § 676 a, Rz. 2 und *Schimansky*, Bankrechts-Handbuch, Band I, § 49, Rz. 54.

falls dann vor, wenn der Kunde die kontoführende Filiale seines Kreditinstituts beauftragt, einen Betrag unmittelbar an einen bestimmten Empfänger in bar auszuzahlen. Dieser Fall hat durch das Überweisungsgesetz keine Neuregelung erfahren. Es gilt daher kein Überweisungs-, sondern Auftragsrecht[106]. Soll der Überweisungsbetrag dagegen vom Institut des Überweisenden an eine andere Filiale oder ein anderes Kreditinstitut übermittelt werden, das seinerseits den Betrag einer bestimmten Person in bar zur Verfügung stellt, so liegt es durchaus nahe, im Verhältnis des auftraggebenden Kunden zu seiner Bank die Regelungen des Überweisungsrechts anzuwenden[107]. Im Hinblick auf die Übermittlung des Überweisungsbetrags an das Empfängerinstitut, ist für die Beteiligten unerheblich, ob dieses den Betrag nach Erhalt an einen Empfänger auszahlt oder diesem auf einem Konto gutschreibt.

II. In Frankreich

Auch in Frankreich werden institutsinterne und institutsübergreifende Überweisungen unterschieden. Barüberweisungen sind im Gesetz dagegen nicht vorgesehen, vielmehr wird grundsätzlich davon ausgegangen, dass eine Überweisung nur möglich ist, wenn Überweisender und Empfänger jeweils über ein Bankkonto verfügen[108]. Überweisungen sind allerdings wie in Deutschland nicht nur zugunsten eines Dritten, sondern auch auf ein anderes Konto desselben Inhabers möglich[109].

Keine Überweisung, sondern eine besondere Form der Lastschrift stellen die in Frankreich ebenfalls viel verwendeten TIP *(titre interbancaire de paiement)* dar. Dabei handelt es sich um einen Zahlungsauftrag, den der Gläubiger ausfüllt und dem Schuldner zur Unterschrift zuleitet. Letzterer sendet den TIP unterschrieben und mit einem Ausführungsdatum versehen an eine Zentrale *(centre de traitement des TIP)*, die den angegebenen Betrag im Wege der Lastschrift bei der Bank des Schuldners einzieht[110].

---

[106] *Schimansky*, Bankrechts-Handbuch, Band I, § 49, Rz. 54; *Hopt*, Baumbach/Hopt, BankGesch, (7) C/2.

[107] So wohl auch *Hopt*, Baumbach/Hopt, BankGesch, (7) C/2 und im Ergebnis auch: *Bydlinski*, WM 1999, 1046, 1047 f, der vorschlägt, das neue Überweisungsrecht auf den Auszahlungs-auftrag jedenfalls analog anzuwenden, da die Existenz eines Kontos des Begünstigten zwar nach dem Wortlaut der Richtlinie, nicht aber nach deren inhaltlichen Wertungen voraus-gesetzt würde.

[108] *Cabrillac / Rive-Lange*, Encyclopédie Juridique, Commercial V, virement, Rz. 14, 36.

[109] *Gavalda / Stoufflet*, Droit Bancaire, Rz. 239; *Cabrillac / Rive-Lange*, Encyclopédie Juridique, Commercial V, virement, Rz. 36;*Gavalda / Stoufflet*, Instrument de paiement et de crédit, Rz. 469.

[110] *Bonneau*, Droit bancaire, Rz. 439; Lamy, Droit du financement, Rz. 2471.

§ 3. Die technische Ausführung der Überweisung

I. In Deutschland

Zur Ausführung selbst innerdeutscher Überweisungen ist in der Mehrzahl der Fälle die Einschaltung sogenannter zwischengeschalteter Kreditinstitute notwendig. Zwar kommt es vor, dass Überweisender und Empfänger ihr Konto bei demselben Kreditinstitut haben, so dass die Übertragung des Überweisungsbetrags ohne Einschaltung weiterer Banken erfolgen kann. In diesem Fall erfolgt die Verrechnung bei einer hausinternen Überweisung durch einfache Umbuchung und bei filialübergreifenden Überweisungen in der Regel durch ein eigenes elektronisches Verrechnungsnetz des Kreditinstituts (sog. Clearingstelle)[111]. Haben aber Überweisender und Empfänger ihre Konten bei verschiedenen Banken (sog. institutsübergreifende oder außerbetriebliche Überweisung), so ist zu unterscheiden. Eine direkte Übertragung des Überweisungsbetrags von einer zur anderen Bank ist möglich, wenn zwischen den Instituten eine gegenseitige Kontoverbindung besteht. Ist dies nicht der Fall, so muss die Übertragung entweder über eine Rechenzentrale erfolgen, zu der beide Institute Beziehungen unterhalten oder, wenn keine derartige Verbindung besteht, über eine Korrespondenzbank, bei der beide Kreditinstitute jeweils ein Konto unterhalten.

Da eine Verarbeitung der Zahlungsanweisungen über wenige zentrale Stellen auf Dauer insgesamt kostengünstiger ist, wird an deren Ausbau gearbeitet, während die Direktverbindungen der Banken zunehmend reduziert werden[112]. In Deutschland existieren, entsprechend den verschiedenen Organisationsstrukturen der Kreditinstitute, neben der Deutschen Bundesbank mit ihren Hauptverwaltungen (Landeszentralbanken) und einer Vielzahl von Zweigstellen, verschiedene Gironetze mit jeweils eigenen Clearingstellen, wie zum Beispiel das Gironetz der Sparkassen mit regionalen Landesbanken/Girozentralen und der Deutschen Girozentrale/Deutsche Kommunalbank (1999 fusioniert mit der DekaBank) für die Sparkassen, das Gironetz der Kreditgenossenschaften mit regionalen Zentralbanken und der Deutschen Zentralgenossenschaftsbank (DZ-Bank) für die Genossenschaftsbanken und schließlich die Girosysteme der Privatbanken[113].

---

[111] *Weber*, Recht des Zahlungsverkehrs, S. 74.

[112] Nach einem Bericht der Frankfurter Allgemeinen Zeitung vom Dienstag den 15.11.2005, S. 23, werden Überweisungen derzeit jedoch noch überwiegend über einen bilateralen Datenaustausch angewickelt. Das lässt sich damit erklären, dass die Kreditinstitute für die Inanspruchnahme z.B. der zentralen Verrechnungssysteme der Deutschen Bank Gebühren entrichten müssen, so dass derzeit die bilaterale Verrechnung auf die einzelne Überweisung gesehen noch günstiger ist.

[113] *Kümpel*, Bank- und Kapitalmarktrecht, Rz. 4.244; *Claussen*, Bank- und Börsenrecht, S. 20 und 28; *Weber*, Recht des Zahlungsverkehrs, S. 83.

Sind überweisendes und empfangendes Kreditinstitut Mitglied desselben Gironetzes, so können Überweisungen darüber verrechnet werden. Sind die Institute dagegen nicht durch ein Gironetz verbunden, so können sie die Dienstleistungen der Deutschen Bundesbank in Anspruch nehmen. Die Deutsche Bundesbank, zu deren gesetzlichen Aufgaben nach § 3 S. 2 BBkG die Abwicklung des Zahlungsverkehrs gehört, führt für inländische Kreditinstitute Girokonten und leitet die von den Kreditinstituten zur Ausführung eingereichten Überweisungen weiter[114]. Die Bankleitzahl eines Kreditinstituts ist nichts weiter als die Girokontonummer des Kontos eines Instituts bei der Deutschen Bundesbank. Diese wird im Bereich des Zahlungsverkehrs nicht hoheitlich, sondern aufgrund von privatrechtlichen Giroverträgen tätig[115].

Zwischen den bei der Durchführung einer Überweisung eingeschalteten Banken bestehen jeweils selbständige und zweiseitige Verträge, die seit Inkrafttreten des Überweisungsgesetzes in § 676 d BGB eine Regelung erfahren haben[116]. Die zwischengeschalteten Banken sind daher nicht bloße Boten, sondern nehmen selbst girovertragliche Pflichten wahr[117].

Die Verrechnung der überwiesenen Beträge bei den Korrespondenzbanken erfolgt ganz überwiegend durch Zahlungsverkehrssysteme, in deren Rahmen gegenseitige Forderungen saldiert werden. Die Verrechnung der zugunsten und zulasten der Konten der Kreditinstitute eingehenden Zahlungen bei der Deutschen Bundesbank erfolgt für den Massenzahlungsverkehr durch das Zahlungsverkehrsverfahren EMZ und für den Individualzahlungsverkehr durch RTGS^plus[118].

Im Hinblick auf das ständig steigende Volumen des bargeldlosen Zahlungsverkehrs und die verhältnismäßig hohen Kosten, die sich aus der Bearbeitung von Belegen ergeben, werden die Verfahren für eine beleglose Abwicklung des Zahlungsverkehrs immer weiter verfeinert. So werden heute beleghaft eingereichte Überweisungen bei den überweisenden Kreditinstituten eingescannt oder manuell erfasst und damit in einen beleglosen Auftrag umgewandelt (EZÜ Ver-

---

[114] Die AGB der Bundesbank enthalten in Abschnitt II die Bedingungen zur Ausführung eingereichter Überweisungen.

[115] *Nobbe,* WM 2001 Sonderbeilage 4, S. 18.

[116] *Hadding / Häuser,* MünchKomm HGB, ZahlungsV, A19; *Gößmann / van Look,* WM 2000, Sonderbeilage 1, S. 44; ebenso allerdings noch zum alten Recht: BGH, NJW 2003, 1389; unrichtig daher OLG Hamm, WM 1997, 1523 mit kritischer Anmerkung *Häuser,* WuB I D 1.-6.97.

[117] *Hadding / Häuser,* MünchKomm HGB, ZahlungsV, A19.

[118] Internetseite der Deutschen Bundesbank: http://www.bundesbank.de

fahren). Die Daten werden in Clearing-Verfahren auf Magnetbändern, Disketten oder über Datenfernübermittlung ausgetauscht[119].

II. In Frankreich

Die technische Ausführung der Überweisungen in Frankreich ist der deutschen sehr ähnlich. Hausinterne Überweisungen werden durch einfache Umbuchung ausgeführt, filialübergreifende Überweisungen in der Regel über institutsinterne Verrechnungsstellen. Institutsübergreifende inländische Kundenüberweisungen werden dagegen entweder unmittelbar über Korrespondenzkonten verrechnet, welche die Banken wechselseitig unterhalten oder aber über das *Système interbancaire de télécompensation (SIT)* abgewickelt[120].

Das SIT wurde 1992 geschaffen und ist seit Juli 2002 das einzige Zahlungsverkehrssystem für die Abwicklung von Kundenzahlungen in Frankreich[121]. Es ermöglicht den Kreditinstituten einen kontinuierlichen Austausch von Zahlungsanweisungen allein auf elektronischem Wege[122]. Die über SIT errechneten Netto-Unterschiedsbeträge zwischen den Kreditinstituten werden über Zahlungsverkehrssysteme für Großbetragszahlungen abgewickelt[123]. Dafür stehen zwei Zahlungsverkehrssysteme zur Verfügung, das *PNS (Paris Net Settlement)* und das *TBF (Transferts Banque de France).*

Während die Verwaltung von *PNS* der *CRI (Centrale des règlements interbancaire)*, einer Gesellschaft, die von der Banque de France und neun großen Kreditinstituten gehalten wird, obliegt, wird *TBF* von der Banque de France betrieben. Bei beiden Systemen handelt es sich um Echtzeitsysteme, die über spezielle Konten der Teilnehmer abgewickelt werden. TBF stellt dabei das Bindeglied des nationalen französischen Zahlungsverkehrs zum europäischen Zahlungsverkehrssystem TARGET dar. Über TBF können die teilnehmenden Kreditinstitute grenzüberschreitende Überweisungen in Euro zu den gleichen Bedingungen abwickeln wie nationale Überweisungen. Die Systeme TBF und PNS sind dergestalt miteinander verknüpft, dass die Teilnehmer die Möglichkeit haben, zu jeder Zeit liquide Beträge von einem in das andere System zu verschieben[124].

---

[119] *Heller / Escher-Weingart,* BuB, 6/54; ausführlich zu den Abwicklungstechniken, *Hadding/ Häuser,* MünchKomm HGB, ZahlungsV A 30 ff.

[120] Früher erfolgte die Verrechnung institutsübergreifender Überweisungen über die sog. *Chambres de compensation* der Banque de France, die bereits im Jahr 1872 in Paris gegründet wurden. Die letzte dieser Verrechnungsstellen wurde jedoch am 8. März 2002 aufgelöst.

[121] *Gavalda / Stoufflet,* Instruments de paiement et de crédit, Rz. 496.

[122] *Gavalda / Stoufflet,* Droit bancaire, Rz. 158-1.

[123] http://www.banque-france.fr; *Bonneau,* Droit bancaire, Rz. 817.

[124] http://www.banque-france.fr

III. Grenzüberschreitende Systeme

Zur Abwicklung des grenzüberschreitenden Zahlungsverkehrs stehen bereits heute verschiedene Clearingsysteme zur Verfügung, an deren Fortentwicklung und Verbesserung stetig gearbeitet wird. So werden grenzüberschreitende Überweisungen in Euro innerhalb des EU / EWR-Raums mehrheitlich über das Trans-European Automated Realtime Gross Settlement Express Tranfer System (TARGET) ausgeführt. Dieses System setzt sich aus 15 nationalen Echtzeit-Bruttozahlungssystemen (RTGS-Systemen) und dem Zahlungsverkehrsmechanismus der Europäischen Zentralbank zusammen und ermöglicht so die Abwicklung grenzüberschreitender Zahlungen[125]. Eine privatwirtschaftliche Alternative zu TARGET stellt EURO 1 dar, dem ca. 70 Großbanken angeschlossen sind. Dabei handelt es sich um ein Nettoverrechnungssystem, über das insbesondere höhere Beträge abgewickelt werden.

Das Zahlungsverkehrssystem Straight Through Euro Payment (STEP) ermöglicht seit dem 20.11.2000 die vereinfachte Abwicklung von grenzüberschreitenden Überweisungen kleiner Beträge. Dabei handelt es sich um ein von 93 teilnehmenden Banken im Rahmen der European Banking Association (EBA) verwendetes Clearingsystem[126]. Erst am 28.4.2003 wurde STEP2 eingeführt, das zur vollautomatischen Abwicklung von Massenüberweisungen entwickelt wurde. Um über STEP2 verarbeitet zu werden, darf der Überweisungsbetrag 12 500 € nicht überschreiten, die Überweisung muss eine gültige IBAN und einen gütigen BIC sowie den Gebührenschlüssel „SHA" (share) enthalten. Durch die automatische Verrechnung in einer europaweiten Clearingzentrale (Pan European Automated Clearing House PE-ACH) sollen Kosten gespart und die Überweisungen beschleunigt werden. Dabei übernimmt STEP2 allerdings bislang nur das Clearing, also die Entgegennahme, Sortierung, Verrechnung und Auslieferung der Zahlungsinformationen, während die Übertragung der Geldbeträge in bestehenden Systemen wir TARGET, EURO1 oder STEP1 erfolgt.

Von den Zahlungsverkehrssystemen zu unterscheiden sind Systeme, die lediglich der schnellen Übermittlung von Mitteilungen zwischen Finanzinstitutionen dienen. Ein solches Kommunikationssystem wird zum Beispiel von SWIFT (Society for Worldwide Interbank Financial Telecommunikations) angeboten. Dabei handelt es sich um eine Genossenschaft belgischen Rechts mit Mitgliedern aus dem internationalen Bankensektor. Über SWIFT werden nur Nachrichten übermittelt, jedoch kein Geld transferiert. Der größte Teil der zur Durchführung grenzüberschreitender Transaktionen notwendigen Mitteilungen wird heute über SWIFT übermittelt[127].

---

[125] http://www.bundesbank.de/zahlungsverkehr/zahlungsverkehr_target_merkmale.php
[126] *Gavalda / Stoufflet,* Instruments de paiement et de crédit, Rz. 468.
[127] *Hoffmann,* WM 2002, S. 1517, 1519.

4.Kapitel. Die Stellung des Kunden gegenüber der überweisenden Bank

§ 1. Das auf Überweisungen mit Auslandsbezug anwendbare Recht

I. Nach deutschem Kollisionsrecht

1. Vorliegen eines Auslandsbezugs

Weist ein privatrechtlicher Sachverhalt Auslandsbezug auf, so muss ein Gericht, nachdem es seine internationale Zuständigkeit festgestellt hat, zunächst klären, welches Recht auf den Sachverhalt Anwendung findet[128]. Fraglich ist allerdings, wann ein Auslandsbezug vorliegt, der das Aufwerfen der Frage nach dem anwendbaren Recht rechtfertigt. Die Kollisionsnormen geben durch ihre Anknüpfungsmerkmale Anhaltspunkte dafür, welchen Merkmalen im Hinblick auf den Auslandsbezug Bedeutung zuzumessen ist[129]. So ist beispielsweise aus Art. 28 Abs. 2 S. 1 EGBGB ersichtlich, dass die Tatsache, dass die Vertragsparteien ihren gewöhnlichen Aufenthalt bzw. ihre Hauptniederlassung in verschiedenen Ländern haben, einen Auslandsbezug begründen kann. Nicht maßgeblich ist dagegen, ob das Merkmal, das den Auslandsbezug begründet, tatsächlich entscheidungserheblich wird. Die tatsächliche Relevanz ist erst im Rahmen der Anwendung der einzelnen Kollisionsnorm zu prüfen[130]. Um festzustellen, dass ein Sachverhalt Auslandsbezug aufweist, muss es vielmehr ausreichen, dass gewisse Merkmale bei der IPR-Prüfung entscheidungserheblich werden könnten[131].

---

[128] Umstritten ist, ob sich die Frage nach dem anwendbaren Recht theoretisch bei jedem privatrechtlichen Sachverhalt unabhängig von dessen nationalen oder internationalen Bezügen stellt, aber für den Fall, dass der Sachverhalt keinen Auslandsbezug aufweist, keinerlei Probleme aufwirft und daher keiner Erörterung bedarf (so *v. Hoffmann / Thorn*, Internationales Privatrecht, § 1 Rz. 21-23; *Kropholler*, Internationales Privatrecht, S. 7; *Kegel / Schurig*, Internationales Privatrecht, S. 6 f) oder ob sich die Frage nach dem anwendbaren Recht von vornherein nur bei Sachverhalten mit Auslandsbezug stellt, während bei unproblematisch reinen Inlandsfällen eine kollisionsrechtliche Subsumtion nicht stattfindet (so *Heldrich*, Palandt, Art. 3 EGBGB, Rz. 2; *Looschelders*, Internationales Privatrecht, Art. 3 Rz. 3; *Siehr*, Internationales Privatrecht, S. 359). Für letztere Ansicht spricht die Legaldefinition des Art. 3 Abs. 1 S. 1 EGBGB, nach dessen Wortlaut das Internationale Privatrecht (IPR) „bei Sachverhalten mit einer Verbindung zum Recht eines ausländischen Staates" bestimmt, welche Rechtsordnungen anzuwenden sind. Das *Ergebnis* beider Ansichten ist allerdings das gleiche: Die Anwendung des deutschen IPR auf einen reinen Inlandssachverhalt führt immer zur Anwendung deutschen Rechts und es herrscht Einigkeit darüber, dass in diesen Fällen eine Durchführung der IPR-Prüfung überflüssig ist (*Rauscher*, Internationales Privatrecht, S. 2).

[129] *Siehr*, Internationales Privatrecht, S. 359.

[130] *v. Hoffmann / Thorn*, Internationales Privatrecht, § 1 Rz. 21-22.

[131] *Looschelders*, Internationales Privatrecht, Art. 3, Rz.4; *Rauscher*, Internationales Privatrecht, S. 2; *Heldrich*, Palandt, Art. 3 EGBGB Rz. 4: an die Art der Auslandsbeziehung dürften

Haben der Überweisende und das überweisende Institut, ihren gewöhnlichen Aufenthalt bzw. ihre Hauptniederlassung in verschiedenen Ländern, so ist demnach ein Auslandsbezug ohne weiteres gegeben. Aber auch bei grenzüberschreitenden Überweisungen, ist im Hinblick darauf, dass die an der Ausführung der Überweisung beteiligten Kreditinstitute ihren Sitz in verschiedenen Ländern haben, die Frage nach dem auf den Sachverhalt anwendbaren Recht auch in Bezug auf das Vertragsverhältnis zwischen dem überweisenden Kunden und dem überweisenden Kreditinstitut gerechtfertigt. Ob diese Tatsache bei Anwendung der Kollisionsnormen schließlich tatsächlich entscheidungserheblich wird, ist an dieser Stelle nicht von Bedeutung.

2. Gesonderte Anknüpfung der einzelnen Verträge

Die Ausführung der Überweisung erfolgt durch eine Kette von Verträgen. Sie beginnt mit dem Vertragsverhältnis zwischen dem Auftraggeber und dem überweisenden Kreditinstitut und endet mit dem Vertragsverhältnis zwischen dem Begünstigten und dessen Kreditinstitut. Ob und wie viele Verträge zwischen diese beiden Vertragsverhältnisse geschaltet sind, hängt davon ab, ob es sich um filial- oder institutsinterne bzw. um institutsübergreifende Überweisungen handelt[132]. Wie aus den Art. 27 f EGBGB ersichtlich, stellt jeder der Verträge einen eigenen Anknüpfungsgegenstand dar. Die Frage nach dem anwendbaren Recht ist daher für jedes Vertragsverhältnis innerhalb der Vertragskette gesondert zu entscheiden[133].

a) Kein Gesamtstatut durch akzessorische Anknüpfung

Zwar gab es Bestrebungen, einen der zur Durchführung einer grenzüberschreitenden Überweisung notwendigen Verträge, als „Hauptvertrag" zu definieren und im Wege einer akzessorischen Anknüpfung auf alle übrigen, mit der Überweisung zusammenhängenden Verträge einheitlich das für den Hauptvertrag ermittelte Recht anzuwenden[134]. Dem kann jedoch nicht gefolgt werden. Zwar mag diese Lösung dazu führen, dass Spannungen und Brüche, die sich möglicherweise aus der Anwendung verschiedener Rechtsordnungen ergeben, vermieden werden[135], Ziel des Internationalen Privatrechts ist es aber, auf jeden

---

keine strengen Anforderungen gestellt werden. *Schneider,* WM 1999, 2189, 2190 stellt dagegen statt auf den Auslandsbezug darauf ab, ob ein grenzüberschreitenden Sachverhalt vorliegt. Das ist jedoch gemäß Art. 3 EGBGB aus deutscher Sicht nicht ganz korrekt.

[132] S.o.: 3. Kapitel § 2 I.

[133] *Einsele,* AcP 1999 (199), 145, 165; *Schneider,* WM 1999, 2189, 2191; *Casper,* MünchKomm BGB, § 676 e, Rz.18.

[134] *Von der Seipen,* Das anwendbare Recht beim grenzüberschreitenden Überweisungsverkehr aus deutscher Sicht, in Rechtsprobleme der Auslandsüberweisung, S. 89.

[135] So *von der Seipen,* Das anwendbare Recht beim grenzüberschreitenden Überweisungsverkehr aus deutscher Sicht, in Rechtsprobleme der Auslandsüberweisung, S. 91.

Sachverhalt das Recht anzuwenden, das mit diesem Sachverhalt am engsten verbunden ist[136]. Das Internationale Privatrecht geht dabei von der prinzipiellen Gleichwertigkeit aller Rechtsordnungen aus[137]. Es geht daher nicht darum, eine Rechtsordnung zu finden, die das vorhandene Problem sachlich am besten löst, sondern es ist schlicht die Rechtsordnung zu ermitteln, die mit dem jeweiligen Sachverhalt, sei es räumlich, sachlich oder persönlich, am engsten verbunden ist. Das bedeutet, dass das Internationale Privatrecht auf jeden Sachverhalt die Rechtsordnung des Staates anwenden möchte, dem ein Sachverhalt z.B. aufgrund des Ortes eines maßgeblichen Ereignisses, des Inhalts einer Erklärung oder des Aufenthalts oder der Herkunft einer der beteiligten Parteien zuzurechnen ist[138]. Da bei einer grenzüberschreitenden Überweisung mehrere Verträge mit verschiedenen Kreditinstituten geschlossen werden, die ihren Sitz in verschiedenen Ländern haben, kann das Recht der engsten Verbindung nicht für alle Rechtsverhältnisse ein einheitliches sein[139].

Eine einheitliche Anknüpfung würde außerdem voraussetzen, dass es möglich wäre zu bestimmen, welcher der Verträge aus der Kette der für den ganzen Überweisungsvorgang maßgebliche Hauptvertrag sei. Nach dem für diesen Vertrag ermittelten Recht würden sich alle übrigen Verträge richten. Selbst *von der Seipen* räumt ein, dass eine eindeutige Lösung dafür nicht ersichtlich ist. Die grenzüberschreitende Überweisung wird durch eine Kette von Verträgen ausgeführt, von denen keiner den übrigen übergeordnet ist[140].

---

[136] *Looschelders,* Internationales Privatrecht, Übersicht, Rz. 16.

[137] *Looschelders,* Internationales Privatrecht, Übersicht, Rz. 19.

[138] *Kegel/Schurig,* Internationales Privatrecht, S. 131 und *Looschelders,* Internationales Privatrecht, Übersicht, Rz. 17 gehen davon aus, dass eine möglichst enge räumliche Verbindung erreicht werden sollte, während *Kropholler,* Internationales Privatrecht und *Einsele,* AcP 1999 (199), 145, 165 den sachlichen oder persönlichen Zusammenhang für maßgeblich erachten. Der tatsächliche Unterschied zwischen diesen Ansichten ist allerdings gering, gehen doch *Kegel/Schurig* davon aus, dass sich der „räumliche Zusammenhang" mit einem Staat auch daraus ergeben kann, dass ein Beteiligter der Rechtsordnung dieses Staates (zum Beispiel aufgrund seiner Herkunft) eng verbunden ist. Letztlich finden sich alle drei genannten Elemente in den Kollisionsnormen wieder und es hängt von der Art des Sachverhalts ab, ob sich die engste Verbindung aus dem Ort des Geschehens, der Herkunft der Personen oder dem Inhalt einer Vereinbarung ergibt. So geht das EGBGB beispielsweise davon aus, dass für die Voraussetzungen der Eheschließung die Staatsangehörigkeit der Beteiligten (Art. 13 Abs. 1 EGBGB), für die unerlaubte Handlung hingegen der Ort der Handlung (Art. 40 Abs. 1 S. 1 EGBGB) wesentlich ist.

[139] *Einsele,* AcP 1999 (199), 145, 165.

[140] *Von der Seipen* schlägt vor, den Vertrag des Begünstigten mit seinem Kreditinstitut als Hauptvertrag anzusehen, da dies den Wertungen des Art. 28 Abs. 2 EGBGB entspreche. Danach würde die Bank des Begünstigten auf den ganzen Vorgang bezogen die charakteristische Leistung erbringen (Das anwendbare Recht beim grenzüberschreitenden Überweisungsverkehr aus deutscher Sicht, in Rechtsprobleme der Auslandsüberweisung, S. 93).

Schließlich scheitert eine akzessorische Anknüpfung in der Praxis daran, dass davon ausgegangen werden muss, dass nahezu alle Kreditinstitute, jedenfalls im Verhältnis zu ihren Kunden, durch die Einbeziehung Allgemeiner Geschäftsbedingungen eine Rechtswahl treffen[141], die nach Art. 28 EGBGB der objektiven Anknüpfung vorgeht.

b) Kein Gesamtstatut nach der Lehre vom Netzvertrag

Ein einheitliches Statut für alle grenzüberschreitenden, bargeldlosen Zahlungsvorgänge könnte dann anzunehmen sein, wenn man auf materiell-rechtlicher Ebene der Lehre vom Netzvertrag folgte[142]. Nach dieser Lehre ist die Kette von Einzelverträgen, auf denen bargeldlose Zahlungsvorgänge beruhen, in das Gesamtsystem eines sogenannten Netzvertrags eingebettet, das alle am bargeldlosen Zahlungsverkehr Beteiligten vertraglich verbindet[143]. Mit dem Abschluss eines Überweisungsvertrags wird der Überweisende Mitglied dieses Netzes mit der Folge, dass er im Falle einer ihn schädigenden Störung des Zahlungsablaufs direkte vertragliche Ansprüche gegen jedes Mitglied des Netzes geltend machen kann, das für die Störung verantwortlich ist. Eine Abwicklung der Sekundäransprüche über eine Kette von Beteiligten wird so vermieden[144]. Als dogmatische Begründung für das Zustandekommen des Netzvertrags wird angeführt, dass in jedem zwischen zwei am bargeldlosen Zahlungsverkehr Beteiligten geschlossenen Vertrag eine konkludente Bevollmächtigung des Vertragspartners enthalten sei, mit allen gegenwärtigen und zukünftigen Netzbeteiligten zu kontrahieren[145]. Zwar würde ein entsprechender Wille nicht artikuliert, jedoch sei die objektive Interessenlage der Beteiligten ausreichend, um im Wege ergänzender Vertragsauslegung vertragliche Ansprüche zu begründen[146]. Die Lehre vom Netzvertrag wird heute jedoch ganz überwiegend abgelehnt, insbesondere weil die Konstruktion des Netzvertrags auf reiner Fiktion beruht[147]. Spätestens seit der Einführung der §§ 676 a ff BGB, die von einem Vertragsschluss allein zwischen Überweisendem und überweisendem

---

Typisch für eine Überweisung ist jedoch die Übertragung des Überweisungsbetrags, was gegen eine Ausrichtung des Gesamtvorgangs gerade am Gutschriftsanspruch des Begünstigten spricht.

[141] Siehe dazu unten: 4. Kapitel § 1 I 6) aa).

[142] So *Kienle*, Die fehlerhafte Banküberweisung im internationalen Rechtsverkehr, S. 202, der die Lehre vom Netzvertrag jedoch ablehnt und diese „schon im materiellen Recht nicht durchsetzungsfähige Figur“ daher nicht „auf der Ebene des internationalen Privatrechts“ fortsetzen möchte.

[143] *Möschel*, AcP 186 (1986), S. 187, 211 und 235.

[144] *Rohe*, Netzverträge, S. 86 f.

[145] *Rohe*, Netzverträge, S. 171.

[146] *Rohe*, Netzverträge, S. 167.

[147] *Canaris*, Bankvertragsrecht, Rz. 393; *Langenbucher*, Die Risikozuordnung im bargeldlosen Zahlungsverkehr, S. 102, mit zahlreichen weiteren Nachweisen.

Kreditinstitut sowie grundsätzlich von einer Abwicklung von Schadensfällen innerhalb des jeweiligen Einzelvertrags ausgehen, ist das Modell des Netzvertrags als positiv-rechtlich überholt anzusehen[148].

Da der Lehre vom Netzvertrag auf der Ebene des Sachrechts nicht gefolgt wird, erübrigt sich im Grunde die Frage nach dem anwendbaren Recht. Selbst wenn man aber die Konstruktion eines Netzvertrags befürworten wollte, könnte allein aus der Tatsache, dass danach die jeweiligen Einzelverträge der an einer Banküberweisung Beteiligten in ein vertragliches Verbundsystem eingebettet sind, nicht ohne weiteres geschlossen werden, dass damit für die jeweiligen vertraglichen Beziehungen der Mitglieder dieses (im Falle der grenzüberschreitenden Überweisung über die Staatsgrenzen hinausreichenden) Verbunds das gleiche Recht gilt. Diese Lösung liefe den Grundgedanken des IPR, für jede einzelvertragliche Beziehung das Recht der engsten Verbindung zu finden, genau entgegen[149].

Damit ist festzuhalten, dass für jedes Vertragsverhältnis, das bei Abwicklung einer Überweisung entsteht, und damit auch für das Vertragsverhältnis zwischen dem überweisenden Kunden und der überweisenden Bank, die Frage nach dem anwendbaren Recht gesondert zu entscheiden ist.

3. Kein materielles Einheitsrecht

Die kollisionsrechtliche Frage nach der anwendbaren Rechtsordnung erübrigt sich, wenn auf den betroffenen Sachverhalt materielles Einheitsrecht Anwendung findet[150]. Im Bereich des Schuldvertragsrechts ist dabei an das Wiener UN-Übereinkommens über Verträge über den internationalen Warenkauf (CISG) zu denken. Da dieses Übereinkommen allerdings, wie der Name vermuten lässt, nach seinem Art. 1 Abs. 1 S. 1 EGBGB nur auf Kaufverträge über Waren Anwendung findet, ist vorliegend schon der sachliche Anwendungsbereich nicht eröffnet.

Kein materielles Einheitsrecht schaffen die europäischen Richtlinien, hier insbesondere die Richtlinie 97/5/EG des Europäischen Parlaments und des Rates vom 27. Januar 1997 über grenzüberschreitende Überweisungen. Zwar ist die Angleichung der in ihrem Regelungsbereich liegenden Rechtsvorschriften in den verschiedenen Mitgliedstaaten Ziel jeder Richtlinie, die Harmonisierung erfolgt in der Regel aber auf der Ebene eines Minimalstandards. Da die Mitgliedsstaa-

---

[148] *Hoffmann,* WM 2001, 881, 887; *Langenbucher,* Zahlungsverkehr, S. 33; *Kienle,* Die fehlerhafte Banküberweisung im internationalen Rechtsverkehr, S. 205.
[149] S.o. zur akzessorischen Anknüpfung: 4. Kapitel § 1 I 2. a).
[150] *Rauscher,* Internationales Privatrecht, S. 234.

ten oberhalb dieses Standards in der Umsetzung der Richtlinien über Spielraum verfügen, ergeben sich erhebliche Unterschiede zwischen den einzelnen Rechtsordnungen[151]. Auch im Anwendungsbereich von Richtlinien muss daher das Kollisionsrecht über das auf den konkreten Sachverhalt anwendbare Recht entscheiden[152].

4. Verordnung über grenzüberschreitende Zahlungen in Euro

Die Verordnung (EG) Nr. 2560/2001 bestimmt, als in allen Staaten der EG unmittelbar geltendes sekundäres Gemeinschaftsrecht, ihren Anwendungsbereich selbst. Art. 3 Abs. 2 S. 2 EGBGB hat insofern bloße Hinweisfunktion[153]. Maßgeblich ist daher nur, ob der Anwendungsbereich der Verordnung eröffnet ist, nicht ob die Verordnung in der Rechtsordnung des Vertragsstatuts (das theoretisch ja durch Rechtswahl auch das Recht eines Nicht-Mitgliedsstaats sein kann) Wirksamkeit genießt[154]. Als zwingendes Gemeinschaftsrecht setzt sich die Verordnung innerhalb ihres Anwendungsbereich auch gegenüber einer Rechtswahl der Parteien durch[155].

5. Anwendbarkeit der Art. 27 ff EGBGB

Kommt es zur Anwendung von Kollisionsrecht, so richtet sich gemäß Art. 3 Abs. 1 S. 1 EGBGB aus deutscher Sicht die Frage nach dem auf einen Sachverhalt mit Auslandsbezug anwendbaren Recht grundsätzlich nach den Vorschriften des EGBGB. Nach Art. 3 Abs. 2 S. 1 EGBGB gehen allerdings völkerrechtliche Vereinbarungen, soweit sie unmittelbar anwendbares innerstaatliches Recht geworden sind, den Vorschriften des EGBGB vor. Zu denken ist hier an das Römische EWG-Übereinkommen über das auf vertragliche Schuldverhältnisse anzuwendende Recht vom 19.6.1980[156]. Dabei handelt es sich nicht um einen Rechtsakt der EG, sondern um ein völkerrechtliches Übereinkommen, dem Staaten, die der EU beitreten, nur dann unterworfen sind, wenn sie auch dem Übereinkommen beitreten[157]. Deutschland hat allerdings die Vorschriften des Übereinkommens mit Ausnahme des Art. 7 Abs. 1 im Wesentlichen unverändert in die Art. 27 bis 37 EGBGB übernommen und gleichzeitig den zulässigen Vorbehalt erklärt, dass die Bestimmungen des Übereinkommens in Deutschland

---

[151] *Siehr,* Internationales Privatrecht, S. 372.
[152] *Looschelders,* Internationales Privatrecht, Übersicht Rz. 11; *Siehr,* Internationales Privatrecht, S. 363; a.A. *Schwolow,* Internationale Entwicklungslinien im Recht der Auslandsüberweisung, S. 44: kollisionsrechtliche Bestimmungen seien im Geltungsbereich der Richtlinie nicht notwendig, da durch die Umsetzung „gleichwertiges nationales Recht" entstünde.
[153] *Sonnenberger,* MünchKomm BGB, Art. 3 EGBGB, Rz. 16.
[154] *Hoffmann,* WM 2002, 1517, 1527.
[155] *Hoffmann,* WM 2002, 1517, 1527.
[156] BGBl. 1986 II 810.
[157] *Rauscher,* Internationales Privatrecht, S. 237.

nicht unmittelbar anzuwenden sind. Aus diesem Grund ist Art. 3 Abs. 2 S. 1 EGBGB hier ausnahmsweise nicht einschlägig und es sind allein die Vorschriften der Art. 27 ff EGBGB anwendbar, wenn auch ihr staatsvertraglicher Ursprung gemäß Art. 36 EGBGB bei der Auslegung zu berücksichtigen ist[158]. Das Vorhaben, das Übereinkommen durch eine EG-Verordnung zu ersetzen, die zum einen in allen Mitgliedstaaten unmittelbar anwendbar wäre und zum anderen der Auslegungskompetenz des EuGH unterläge, ist noch nicht zum Abschluss gekommen. Die Kommission hat dazu am 14.1.2003 ein Grünbuch vorgelegt. Bis zum Inkrafttreten einer solchen Verordnung bleibt es in Deutschland bei der Anwendbarkeit der Art. 27 ff EGBGB.

6. Freie Rechtswahl

Nach Art. 27 Abs. 1 S. 1 EGBGB unterliegt der Vertrag grundsätzlich dem von den Parteien gewählten Recht. Art. 27 Abs. 1 S. 2 EGBGB stellt lediglich klar, dass die Rechtswahl durch ausdrückliche oder konkludente Einigung erfolgen muss.

a) Rechtswahl deutscher Kreditinstitute in ihren AGB

Da über die Vorgaben des Art. 27 Abs. 1 S. 2 BGB hinausgehende Anforderungen im Hinblick auf eine wirksame Vereinbarung der Rechtswahl nicht bestehen, kann diese grundsätzlich auch in Allgemeinen Geschäftbedingungen erfolgen. So enthalten denn auch die von den deutschen Kreditinstituten verwandten AGB-Banken sowie die AGB-Sparkassen jeweils in Nr. 6 Abs. 1 Rechtswahlklauseln zugunsten deutschen Rechts.

Ob eine wirksame Einbeziehung vorliegt, beurteilt sich nach dem gewählten Recht, da gemäß Art. 27 Abs. 4 i.V.m. 31 Abs. 1 EGBGB das Zustandekommen und die Wirksamkeit des Vertrags oder einer seiner Bestimmungen sich nach dem Recht bestimmt, das anzuwenden wäre, wenn die Bestimmung wirksam wäre. Hier bedeutet dies, dass die Einbeziehung nach deutschem Recht zu prüfen ist, da aufgrund der Klausel Nr. 6 der AGB deutsches Recht anwendbar wäre, wenn eine wirksame Einbeziehung vorläge.

In der überwiegenden Anzahl der Fälle wird die Einbeziehung bereits bei dem mit der Eröffnung eines Kontos verbundenen Abschluss eines Girovertrags erfolgen. Da es sich hierbei um einen Rahmenvertrag handelt, in den alle

---

158 Eine Auslegungskompetenz des EuGH besteht nicht, da es sich bei dem Übereinkommen um einen völkerrechtlichen Vertrag handelt und die beiden Auslegungsprotokolle (Jame/ Hausmann Nr. 71 und 72) bislang noch nicht in Kraft getreten sind. *Kropholler*, Internationales Privatrecht, S. 449; *Looschelders*, Internationales Privatrecht, Vorbem. Zu Art. 27-37 Rz. 2, 3; *Martiny*, MünchKomm BGB, Vor Art. 27 EGBGB Rz. 14; *Rauscher*, Internationales Privatrecht, S. 237.

übrigen Verträge eingebettet werden, gilt die getroffene Rechtswahl – wie in Nr. 1 der AGB Banken ausdrücklich vorgesehen – für die gesamte Geschäftsverbindung zwischen dem Kunden und den inländischen Geschäftsstellen der Bank und damit auch für die einzelnen Überweisungsverträge[159]. Die Zulässigkeit einer solchen Rahmenvereinbarung ergibt sich aus § 305 Abs. 3 BGB. Danach ist die Vereinbarung bestimmter AGB für eine bestimmte Art von Rechtsgeschäften bereits im Voraus möglich. Genügt diese im Voraus geschlossene Vereinbarung den Voraussetzungen des § 305 Abs. 2 BGB, so werden die AGB Bestandteil aller im Voraus bezeichneten Geschäfte, ohne dass die Voraussetzungen des Abs. 2 in jedem der weiteren Verträge eingehalten werden müssen[160].

Besteht, wie bei der Barüberweisung, zwischen den Vertragsparteien ausnahmsweise kein Girovertrag, so wird die Rechtswahl in der Regel mit Abschluss des Überweisungsvertrags getroffen. Solange nichts anderes vereinbart wird, ist davon auszugehen, dass die AGB der Banken in jeden zwischen Kreditinstitut und Kunden geschlossenen Vertrag einbezogen werden. Die Sonderbedingungen für den Überweisungsverkehr gelten lediglich zusätzlich neben den AGB[161].

Um eine wirksame Einbeziehung zu gewährleisten, sind im deutschen Recht im nichtkaufmännischen Geschäftsverkehr die AGB gemäß § 305 Abs. 2 BGB dem Vertragspartner so zugänglich zu machen, dass die Möglichkeit der Kenntnisnahme besteht. Dies ist in der Regel dadurch gewährleistet, dass die AGB in den Geschäfträumen der Banken zur Einsicht zur Verfügung stehen und den Kunden auf Wunsch ausgehändigt werden. Bei Vertragsschlüssen via Internet ist es ausreichend, dass ein, möglichst mit einem Hyperlink versehener, Hinweis auf die AGB eingeblendet wird und der Kunde die Möglichkeit hat, sie durch Herunterladen zu kopieren[162]. Spricht der Kunde kein Deutsch, so kann grundsätzlich nicht davon ausgegangen werden, dass er die Möglichkeit hat, von den AGB Kenntnis zu nehmen[163]. In diesem Fall müssen die AGB dem Kunden in einer Sprache ausgehändigt oder mündlich verständlich gemacht werden, die er – jedenfalls nach dem Anschein der Vertragsverhandlungen – verstehen kann[164]. Erfolgen die Vertragsverhandlungen und der Vertragsschluss jedoch in deut-

[159] *Hoffmann,* ZBB 2000, 391, 395, der gleichzeitig vorschlägt, bei Vorliegen eines Girovertrags die einzelnen Überweisungsverträge generell akzessorisch an das für den Girovertrag maßgebliche Recht anzuknüpfen.
[160] *Basedow,* MünchKomm BGB, § 2 AGBG Rz. 40.
[161] Nr. 1 Abs. 1 S. 2 der AGB Banken, Nr. 1 Abs. 2 S. 2 AGB Sparkassen.
[162] *Heinrichs,* Palandt, § 305, Rz. 38; *Mehrings,* BB 98, 2373, 2378 f.
[163] *Spellenberg,* MünchKomm BGB, Art. 31 EGBGB, Rz. 37.
[164] *Spellenberg,* MünchKomm BGB, Art. 31 EGBGB, Rz. 40.

scher Sprache, so ist auch ein auf Deutsch abgefasster Hinweis und ein deutscher AGB-Text als ausreichend anzusehen[165]. Gleiches muss gelten, wenn ein Kunde auf einer in deutscher Sprache verfassten Internetseite einen auf Deutsch abgefassten Vertrag abschließt. In diesem Fall trägt der Kunde, der sich auf die deutsche Sprache als Verhandlungs- und Vertragssprache eingelassen hat, das Verständigungsrisiko.

Bei einem Vertragsschluss mit einem Unternehmer finden die besonderen Einbeziehungsvoraussetzungen des § 305 Abs. 2 und 3 BGB nach § 310 Abs. 1 S. 1 keine Anwendung. Zur Einbeziehung genügt daher jede, gegebenenfalls auch stillschweigende, Willensübereinstimmung[166]. Sind die Voraussetzungen der Nr. 1 und 2 des § 305 Abs. 2 BGB erfüllt, so darf davon ausgegangen werden, dass der Kunde mit der Annahme des Angebots auf Abschluss des Vertrags konkludent auch sein Einverständnis mit den AGB erklärt.

Ist die Rechtswahl wirksam zustande gekommen, so richten sich die Haupt- und Nebenpflichten ebenso wie die Folgen der Nichterfüllung, das Erlöschen der Verpflichtung, die Beweislast und gesetzliche Vermutungen (Art. 32 EGBGB) sowie in Frage kommende Sekundäransprüche nach dem gewählten Recht.

b) Rechtswahl ausländischer Kreditinstitute mit Zweigniederlassung oder Repräsentanz in Deutschland

Auf dem deutschen Markt finden sich neben den deutschen Kreditinstituten zunehmend auch Zweigniederlassungen und Repräsentanzen ausländischer Banken[167]. Für europäische Kreditinstitute wurde die Ausübung ihrer Tätigkeit in anderen EU-Ländern durch die weitgehende Harmonisierung des Bankaufsichtsrechts in den letzten Jahren zunehmend erleichtert, nicht zuletzt durch die Zweite Bankrechtskoordinierungsrichtlinie[168], durch die das Herkunftslandprinzip eingeführt wurde, das besagt, dass Kreditinstitute, die in ihrem Heimatstaat eine Zulassung erhalten haben, berechtig sind, in jedem Land der EU ihre Tätigkeit auszuüben[169]. Die AGB der deutschen Zweigniederlassung ausländischer europäischer Banken enthalten im Rahmen des Privatkundengeschäfts häufig

---

[165] BGHZ 87, 112, 115; *Schäfer*, JZ 2003, 879; *Heinrichs*, Palandt, § 305, Rz. 42.

[166] *Heinrichs*, Palandt, § 310, Rz. 4.

[167] Im Unterschied zu den Zweigstellen handelt es sich bei Repräsentanzen um Vertretungen der Haupthäuser, die keine erlaubnispflichtige Tätigkeit ausüben, insbesondere keine Geschäfte vermitteln oder abschließen. Ihre Aufgabe besteht in der Regel darin, Werbung zu betreiben, Informationen zu geben und Kunden zu betreuen, vgl.: *Fischer*, Bankrechts-Handbuch, Band III, § 127, Rz. 51.

[168] Zweite Richtlinie 89/299/EWG des Rates vom 15.12.1989 zur Koordinierung der Rechts- und Verwaltungsvorschriften über die Aufnahme und Ausübung der Tätigkeit der Kreditinstitute zur Änderung der Richtlinie 77/780/EWR, Abl Nr. L 386/1.

[169] Vgl. Art. 18 Abs. 1 der Richtlinie 89/646/EWG.

Rechtswahlklauseln zugunsten deutschen Rechts[170], so dass für die Rechtswahl das oben Gesagte gilt. Gerade solche Banken, die nur für Geschäftskunden tätig sind, sehen in ihren AGB aber durchaus Rechtswahlklauseln zugunsten des Rechts des Sitzes der Hauptniederlassung ihrer Bank vor[171]. In diesem Fall beurteilt sich die Wirksamkeit und das Zustandekommen der Rechtswahl nach dem gewählten Recht des Staates der Hauptniederlassung.

7. Grenzen der Rechtswahl

Ebenso wie im materiellen Sachrecht die Vertragsautonomie der Parteien den verschiedensten Beschränkungen unterliegt, so sind die Vertragsparteien auch in der Wahl des auf ihre Geschäftsbeziehungen anwendbaren Rechts nicht immer völlig frei.

a) Art. 27 Abs. 3 EGBGB

Ist ein Sachverhalt zum Zeitpunkt der Rechtswahl nur mit einem Staat verbunden, so lässt gemäß Art. 27 Abs. 3 EGBGB die Wahl des Rechts eines anderen Staats die Anwendbarkeit der zwingenden Bestimmungen des Staates, von dessen Recht durch die Wahl abgewichen werden soll, unberührt. Unter zwingenden Bestimmungen sind dabei nach der Legaldefinition des Art. 27 Abs. 3 EGBGB alle Bestimmungen zu verstehen, von denen nach dem Recht des Staates, mit dem der Sachverhalt verbunden ist, nicht durch Vertrag abgewichen werden kann. Bei Vorliegen der Voraussetzungen des Art. 27 Abs. 3 EGBGB können folglich nur die dispositiven Normen durch Rechtswahl abbedungen werden[172]. Für das deutsche Recht der Überweisung würde das bedeuten, dass jedenfalls zum Nachteil des Überweisenden von den Bestimmungen der §§ 675 Abs. 1, 676 a, 676 b und 676 c Abs. 1 BGB durch Rechtswahl nur abgewichen werden könnte, wenn eine der Ziffern des § 676 c Abs. 3 BGB eingreift, der Überweisende also ein Kreditinstitut ist, der Betrag der Überweisung 75 000 € übersteigt oder dem Konto eines Kreditinstituts mit Sitz außerhalb der EU oder des EWR gutgeschrieben werden soll.

Voraussetzung ist allerdings, dass der fragliche Sachverhalt zum Zeitpunkt der Rechtswahl nur mit einem Staat verbunden ist. Für Überweisungen, die im Rahmen eines Girovertrags in Auftrag gegeben werden, kommt es daher in der Regel auf den Zeitpunkt des Abschlusses des Girovertrags an, da in dessen Rahmen die Rechtswahl für alle weiteren auf dem Girovertrag beruhenden Verträge vereinbart wurde. Ein Binnensachverhalt im Sinn des Art. 27 Abs. 3

---

[170] Z.B. die AGB der Garantie Bank Hauptniederlassung Niederlande, Zweigniederlassung Düsseldorf.

[171] Z.B. die AGB der Danske Bank, Hauptniederlassung Dänemark, Zweigniederlassung Hamburg.

[172] *v. Hoffmann / Thorn*, Internationales Privatrecht, § 10, Rz. 29.

EGBGB liegt dann nicht vor, wenn im Hinblick auf das konkrete Geschäft Umstände von kollisionsrechtlicher Bedeutung und einigem Gewicht einen Bezug zum Ausland herstellen[173]. Anhaltspunkte dafür, welche Umstände einen hinreichenden Auslandsbezug begründen, gibt Art. 28 EGBGB. So können insbesondere der gewöhnliche Aufenthalt bzw. der Sitz der Parteien, der Erfüllungsort, gegebenenfalls auch der Abschlussort relevant werden. Auch wenn beispielsweise ein Großkunde mit der deutschen Filiale einer dänischen Bank einen Kontoführungsvertrag über ein in Deutschland geführtes Fremdwährungskonto abschließt, um darüber seinen grenzüberschreitenden Zahlungsverkehr nach Dänemark abzuwickeln, kann ein ausreichender Auslandsbezug bejaht werden, so dass auch auf Überweisungen mit Beträgen unter 75 000 € das gewählte dänische Recht zur Anwendung kommt[174]. Ist die Vertragswährung im Rahmen des Art. 28 EGBGB bei Austauschverträgen schon als – wenn auch nur schwacher – Hinweis auf das Recht dieser Währung zu werten[175], so ist bei einem Vertrag über eine Kontoführung darin durchaus ein hinreichender Auslandsbezug nach Art. 27 Abs. 3 EGBGB zu sehen. Wird aber beispielsweise zwischen einer Filiale eines französischen Kreditinstituts mit Sitz in Deutschland und einem deutschen Kunden mit gewöhnlichem Aufenthalt oder im Falle einer juristischen Person mit Sitz in Deutschland im Rahmen eines Kontoführungsvertrags eine Rahmen-Rechtswahl zugunsten französischen Rechts getroffen, so sind jedenfalls für innerdeutsche Überweisungen unter 75 000 € die deutschen zwingenden Bestimmungen des Überweisungsrechts dennoch anwendbar. Allein die Tatsache, dass die Hauptniederlassung des Kreditinstituts ihren Sitz in Frankreich hat, kann nicht ausreichen, um einen Binnensachverhalt auszuschließen. Für den Kunden ist dies durchaus erheblich, da er zum Beispiel bei Überweisungen zwischen 50 000 und 75 000 € den Garantiebetrag von 12 500 € der so genannten „Money-back-Garantie" nur nach deutschem, nicht aber nach französischem Überweisungsrecht erhält[176].

b) Art. 29 EGBGB

Schließlich ist zu klären, ob die Regelungen des deutschen Überweisungsrechts von Art. 29 EGBGB erfasst werden. Diese Norm dient dazu, den innerstaatli-

---

[173] *Martiny*, MünchKomm BGB, Art. 27 EGBGB, Rz. 78.

[174] *Hoffmann*, ZBB, 391, 392.

[175] *Martiny*, MünchKomm BGB, Art. 28 EGBGB, Rz. 86.

[176] Selbst wenn später im Rahmen des Girovertrags ein Überweisungsvertrag geschlossen wird, der eine Überweisung auf ein Konto eines Kreditinstituts mit Sitz in Frankreich zum Gegenstand hat, bleibt es bei der Anwendbarkeit des deutschen Überweisungsrechts, da nach Art. 27 Abs. 3 EGBGB maßgeblich ist, ob zum Zeitpunkt der Rechtswahl, also bei Abschluss des Girovertrags ein hinreichender Auslandsbezug vorhanden war. War dies nicht der Fall, so bleibt auch für die Folgeverträge die Einschränkung der Rechtswahl nach Art. 27 Abs. 3 EGBGB bestehen.

chen Verbraucherschutz auf der Ebene des Kollisionsrechts durchzusetzen[177]. So darf nach Art. 29 Abs. 1 EGBGB bei bestimmten Verträgen mit einem Verbraucher eine Rechtswahl nicht dazu führen, dass diesem der durch die zwingenden Bestimmungen des Rechts des Staates, in dem er seinen gewöhnlichen Aufenthalt hat, gewährte Schutz entzogen wird, sofern der Vertrag in einer der, in den Nr. 1-3 des Abs. 1 beschriebenen, Situationen zustande gekommen ist.

aa) Verbraucherschutzvorschriften

Dabei ist zunächst zu prüfen, ob es sich bei den Vorschriften des deutschen Überweisungsrechts um Verbraucherschutzvorschriften i.S.d. Art. 29 EGBGB handelt. Darunter fallen alle Vorschriften, die dem Schutz des schwächeren Vertragsteils dienen und nicht durch Parteivereinbarung abdingbar sind. Dabei kommt es nicht darauf an, ob die Vorschriften ausdrücklich auf die Verbrauchereigenschaft abstellen oder ob sie auch für Vertragsparteien gelten, die nicht Verbraucher sind[178].

Für eine Einordnung der Vorschriften der §§ 675 Abs. 1, 676 a, 676 b und 676 c Abs. 1 BGB als Verbraucherschutzvorschriften in diesem Sinn spricht, dass diese unabdingbar sind, wenn zwischen den Parteien ein wirtschaftliches Ungleichgewicht besteht[179]. Dagegen kann von den Vorschriften gemäß § 676 c Abs. 3 BGB zum Nachteil des Überweisenden abgewichen werden, wenn Auftraggeber der Überweisung ein Kreditinstitut und damit ein ebenbürtiger Vertragspartner ist, der Überweisungsbetrag 75 000 € übersteigt, was in der Regel nur der Fall sein wird, wenn es sich bei dem Überweisenden um ein größeres Unternehmen handelt[180], oder wenn eine grenzüberschreitende Überweisung in einen Drittstaat vorgenommen werden soll und die weitgehenden Rechte des Kunden dem Kreditinstitut im Hinblick auf die erschwerte Durchsetzung von Rückgriffsrechten gegen außereuropäische Kreditinstitute daher nicht zumutbar sind. Ein Abweichen von den Vorschriften ist immer möglich, wenn es für den Kunden vorteilhaft ist. Anhand der Ausnahmen wird deutlich, was sich auch aus Erwägungsgrund 2 der Richtlinie ablesen lässt, nämlich dass Sinn und Zweck des neuen Überweisungsrechts die Sicherung der Rechte der Privatkunden sowie der kleinen und mittleren Unternehmen ist und damit letztlich der Schutz der

---

[177] *Looschelders*, Internationales Privatrecht, Art. 29, Rz. 3.

[178] *Martiny*, MünchKomm BGB, Art. 29 EGBGB, Rz. 35; *Mäsch*, Rechtswahlfreiheit und Verbraucherschutz, S. 15.

[179] *Hoffmann*, ZBB, 2000, 391, 392; nach *Herresthal*, Europarechtliche Bezüge des Privatrechts, § 2 Rz. 165 tritt bei Betrachtung der Regelungen der §§ 676 a ff BGB „der Schutz des Bankkunden als Grundgedanke deutlich hervor".

[180] BT-Drucks. 14/1301, S. 17 zur Begründung der Erhöhung des Überweisungsbetrags in § 676 c Abs. 2 Nr. 3 BGB: „Auf diesem Weg soll lückenlos sichergestellt werden, dass eine Freizeichnung bei Verbraucherverträgen nicht möglich ist".

schwächeren Vertragspartei[181]. Es handelt sich folglich um Verbraucherschutzvorschriften i.S.d. Art. 29 EGBGB[182].

bb) Das für das Vorliegen der Voraussetzungen maßgebliche Vertragsverhältnis

Im Hinblick auf das Vorliegen der sachlichen, persönlichen und situativen Voraussetzungen ist fraglich, ob für den Regelfall der Überweisung im Rahmen eines Giroverhältnisses auf den einzelnen Überweisungsvertrag oder aber auf den Girovertrag als Rahmenvertrag abzustellen ist. Für Letzteres spricht, dass die Rechtswahl auch für alle weiteren auf dem Girovertrag beruhenden Verträge einheitlich bei Abschluss des Girovertrags getroffen wird. Damit fänden, wenn bei Abschluss des Girovertrags die Voraussetzungen des Art. 29 Abs. 1 EGBGB erfüllt sind, die zwingenden Verbraucherschutzbestimmungen des Aufenthaltstaates, trotz einer abweichenden Rechtswahl, nicht nur für den Girovertrag, sondern auch für alle Überweisungsverträge, die auf dem Girovertrag beruhen und auf die sich daher die im Girovertrag getroffene Rechtswahl erstreckt, Anwendung, und zwar unabhängig davon, ob die Voraussetzungen des Art. 29 Abs. 1 EBGB bei Abschluss des einzelnen Überweisungsvertrags erfüllt wären[183]. Gegen diese Lösung spricht allerdings, dass der Überweisungsvertrag trotz seiner, zugegeben engen, wirtschaftlichen und rechtlichen Verknüpfung mit dem Girovertrag nach dem heute geltenden Recht einen eigenständigen Vertrag darstellt, der unter Umständen unter völlig anderen Bedingungen zustande kommt als der zugrunde liegende Girovertrag. So mag beispielsweise ein Unternehmer ausnahmsweise sein grundsätzlich für seine privaten Geschäfte eingerichtetes Konto zu einer geschäftlichen Überweisung nutzen. In diesem Fall handelt er zwar bei Abschluss des Girovertrags als Verbraucher, die Überweisung ist jedoch eine geschäftliche, so dass kein Grund für eine kollisionsrechtliche Durchsetzung von Verbraucherschutzbestimmungen besteht. Gerade im Hinblick darauf, dass der Gesetzgeber die Durchbrechung der grundsätzlichen Parteiautonomie nur in den in Art. 29 Abs. 1 EGBGB eng umschriebenen Situationen als gerechtfertigt angesehen hat, ist davon auszugehen, dass alle Voraussetzungen der Norm unmittelbar bei Abschluss des einzelnen Vertrags vorliegen müssen, auch wenn dieser in einen Rahmenvertrag gebettet ist, der möglicherweise unter anderen Voraussetzungen zustande gekommen ist.

cc) Sachlicher, persönlicher und situativer Anwendungsbereich

Der sachliche Anwendungsbereich des Art. 29 Abs. 1 EGBGB ist ohne weiteres eröffnet, da die Durchführung einer Überweisung die Erbringung einer Dienstleistung im Sinne des Art. 29 Abs. 1 EGBGB darstellt. Der Begriff der

---

181 *Hoffmann,* WM 2001, 881, 887 f.

182 So auch *Hadding,* Bankrechts-Handbuch, Band I, § 51, Rz. 2.

183 So *Hoffmann,* ZBB 2000, 391, 396.

Dienstleistung ist hier weit auszulegen und erfasst nicht nur Werk- und Dienst-, sondern auch Geschäftsbesorgungsverträge[184]. Der Überweisungsauftrag, der im deutschen Recht als Geschäftsbesorgungsvertrag mit werkvertraglichen Elementen eingeordnet wird[185], fällt daher darunter.

Ob der Überweisende als Verbraucher anzusehen ist, richtet sich jeweils nach dem Zweck des einzelnen Geschäfts[186]. Die einzelne Überweisung darf daher keiner beruflichen oder gewerblichen Tätigkeit des Überweisenden zugeordnet sein. Damit ist auf der Ebene des Kollisionsrechts zwischen Überweisungen, die zu geschäftlichen Zwecken ausgeführt werden, und solchen, die der Abwicklung rein privater Geschäfte dienen, zu unterscheiden.

Der Überweisungsvertrag müsste schließlich in einer der in Art. 29 Abs. 1 Nr. 1 oder 2 EGBGB vorgesehenen Abschlusssituationen zustande gekommen sein. Art. 29 Abs. 1 Nr. 3 EGBGB kommt nicht in Betracht, da diese Norm nur den Verkauf von Waren betrifft. Die Voraussetzungen der Ziffer 2 sind ohne weiteres erfüllt, sofern eine inländische Repräsentanz oder aber eine deutsche Zweigniederlassung einer Bank mit Hauptsitz im Ausland einen schriftlichen Überweisungsauftrag eines Verbrauchers mit gewöhnlichem Aufenthalt in Deutschland entgegennimmt[187]. Wird der Überweisungsauftrag dagegen per Post oder auf elektronischem Wege ins Ausland oder an die deutsche Zweigniederlassung übermittelt, so muss nach Zif. 1 dem Überweisungsauftrag ein Vertragsangebot oder eine Werbung im Aufenthaltsstaat des Verbrauchers vorausgegangen sein[188]. Dabei ist es ausreichend, wenn sich die Werbung auf den Abschluss eines Girovertrags bezogen hat, in dessen Rahmen dann Überweisungen vorgenommen werden[189]. Die Werbung, die heute dank moderner Telekommunikation (Internet, Satelliten- und Kabelfernsehen) leicht über die

---

[184] *Martiny,* MünchKomm BGB, Art. 29 EGBGB, Rz. 11; *Lorenz,* IPRax 1994, 429, 430.

[185] Siehe dazu unten: 4. Kapitel § 2 III 1 a).

[186] *Martiny,* MünchKomm BGB, Art. 29 EGBGB, Rz. 5; *v. Hoffmanm / Thorn,* Internationales Privatrecht, § 10, Rz. 68.

[187] Nimmt allerdings beispielsweise die deutsche Repräsentanz einer französischen Bank eine Überweisung zugunsten eines Kontos bei dieser oder einer anderen französischen Bank entgegen, so handelt es sich nicht um eine grenzüberschreitende Überweisung im Sinne des Art. 2 f der Überweisungsrichtlinie, da dafür der Sitz der Institute oder Zweigstellen ausschlaggebend ist, nicht der gewöhnliche Aufenthalt des Überweisenden und des Empfängers.

[188] Im Falle einer unmittelbaren Übersendung des Vertragsangebots an die Hauptniederlassung im Ausland liegt wiederum, wenn die Überweisung ein Konto im Land der Hauptniederlassung der Bank zum Ziel hat, keine grenzüberschreitende Überweisung vor.

[189] *Martiny,* MünchKomm BGB, Art. 29 EGBGB, Rz. 19; *v. Hoffmann,* Soergel, Art. 29 EGBGB, Rz. 17: ausreichend ist eine Absatztätigkeit im Lande des Verbrauchers, wobei sich die Werbung nicht auf das erworbene Produkt bezogen haben und auch ein ursächlicher Zusammenhang zwischen der Vertriebstätigkeit und dem Vertragsschluss nicht bestehen muss.

Staatsgrenzen hinausreicht, muss nicht speziell auf das Land des Verbrauchers zugeschnitten sein. Es genügt vielmehr, wenn sie den Verbraucher durch ein in seinem Aufenthaltsland verbreitetes Medium erreicht[190].

dd) Die Ausnahmeregelung des Art. 29 Abs. 4 EGBGB

Allerdings darf die Ausnahmeregelung des Abs. 4 nicht übersehen werden, wonach die vorherigen Absätze des Art. 29 EGBGB nicht gelten, wenn die dem Verbraucher geschuldeten Dienstleistungen ausschließlich in einem andern als dem Staat erbracht werden müssen, in dem der Verbraucher seinen gewöhnlichen Aufenthalt hat. Diese Ausnahme greift in den dargestellten Fällen immer dann, wenn die Bank keine Niederlassung im Land des Verbrauchers hat und die Überweisung auf ein Konto bei einem Kreditinstitut erfolgt, das seinen Sitz nicht im Staat des Verbrauchers hat[191]. Wird die Überweisung dagegen bei einer im Aufenthaltsstaat des Verbrauchers eröffneten Zweigniederlassung eingereicht, die sie in Ausland weiterleitet, so wird die Leistung nicht nur in einem anderen als dem Aufenthaltsstaat des Verbrauchers erbracht. Gleiches muss jedenfalls im Verhältnis von Deutschland und Frankreich gelten, wenn ein Verbraucher mit gewöhnlichem Aufenthalt in Deutschland ein französisches Kreditinstitut mit einer Überweisung auf ein Konto in Deutschland beauftragt, da in beiden Rechtsordnungen davon ausgegangen wird, dass die Verpflichtung der überweisenden Bank sich nicht auf die Weiterleitung des Überweisungsbetrages beschränkt, sondern vielmehr der Eingang des Überweisungsbetrags auf dem Konto des Kreditinstituts des Begünstigten geschuldet ist.

Liegen alle Voraussetzungen vor, so sind nach Art. 29 Abs. 1 EGBGB die §§ 675, 676 a, 676 b und 676 c Abs. 1 BGB trotz der Wahl des Rechts eines anderen Staates anwendbar, sofern sie für den Verbraucher günstiger sind als das gewählte Recht[192]. Da beispielweise die §§ 676 a-c BGB für Überweisungen bis zu einem Betrag von 75 000 € gelten, während die Regelungen des Art. L. 133-1 C. mon. fin. entsprechend den Vorgaben der Richtlinie nur für Überweisungen bis zu einem Betrag von 50 000 € anwendbar sind, darf bei einer Überweisung eines Betrags von über 50 000 € einem Verbraucher, der seinen gewöhnlichen Aufenthalt in Deutschland hat, bei Vorliegen der Voraussetzungen des Art. 29 Abs. 1 BGB, der Schutz der §§ 676 a ff BGB durch die Wahl französischen Rechts nicht entzogen werden. Nachdem es sich bei Art. 29 EGBGB um eine allseitige Kollisionsnorm handelt, gilt dessen Regelung grundsätzlich auch für

---

[190] *Pfeiffer*, NJW 1997, 1207, 1214; *Kronke*, RIW 1996, 985, 988; *Martiny*, MünchKomm BGB, Art. 29 EGBGB Rz. 20; *v. Hoffmann*, Soergel, Art. 29 EGBGB, Rz. 18.

[191] *v. Hoffmann*, Soergel Art. 29 EGBGB, Rz. 26. (Bankdienstleistungen, die vollständig am Sitz der ausländischen Bank zu erfüllen sind.).

[192] Zum Grundsatz des günstigeren Rechts siehe: *Martiny*, MünchKomm BGB, Art. 29 EGBGB; Rz. 38; ausführlich *Mäsch*, Rechtswahlfreiheit und Verbraucherschutz, 32 ff.

französische Verbraucherschutzvorschriften, wenn ein Verbraucher mit Sitz in Frankreich mit einem deutschen Institut einen Überweisungsvertrag schließt, für den eine Rechtswahl zugunsten deutschen Rechts vereinbart wurde, allerdings nur, sofern die französischen Schutzvorschriften für den Verbraucher günstiger sind als die deutschen Regelungen[193].

c) Art. 34 EGBGB

Während Art. 27 Abs. 3 EGBGB national zwingende Vorschriften erfasst, regelt Art. 34 EGBGB die Geltung so genannter international zwingender Vorschriften des deutschen Rechts. Bei Ersteren handelt es sich um zwingende Normen, insbesondere des Privatrechts, von denen durch vertragliche Vereinbarung der Parteien nicht abgewichen werden kann. Sofern der Sachverhalt jedoch eine hinreichende Auslandsberührung aufweist, kann durch Rechtswahl die Anwendbarkeit des Rechts eines anderen Staats vereinbart werden. Von international zwingenden Vorschriften spricht man dagegen, wenn die Vorschriften einen bestimmten Sachverhalt oder Sachverhaltsteil unabhängig von dem nach den allgemeinen Bestimmungen anwendbaren Recht zwingend regeln[194]. International zwingende Normen können daher auch durch die Wahl des Rechts eines anderen Staates nicht umgangen werden.

Die Regelung des Art. 34 EGBGB würde hier relevant, wenn es sich beim deutschen Überweisungsrecht um international zwingende Normen im Sinne des Art. 34 EGBGB handelte. Art. 34 EGBGB erfasst zunächst so genannte Eingriffsnormen, also Vorschriften, die aus politischen oder gesamtwirtschaftlichen Gründen aufgestellt wurden und nicht dem Ausgleich der Interessen zwischen Privatpersonen, sondern den Interessen des Staates dienen[195], wie zum Beispiel Embargobestimmungen oder Vorschriften des Außenwirtschaftsrechts. Zu dieser Gruppe zählt das deutsche Überweisungsrecht, das gerade der Stärkung der Position des Kunden gegenüber dem Kreditinstitut dienen sollte, sicher nicht. Aber auch Vorschriften des so genannten Sonderprivatrechts können wegen ihrer sozialpolitischen Bedeutung unter Art. 34 EGBGB fallen[196]. Unter Sonderprivatrecht versteht man Normen zum Schutz der schwächeren Vertragsparteien im Rahmen von Vertragsverhältnissen, die ein strukturelles Ungleichgewicht

---

[193] Art. L. 133-1 C. mon. fin., ist jedoch aus französischer Sicht wohl eher als zwingendes innerstaatliches Recht denn als Verbraucherschutzvorschrift einzustufen (siehe dazu unten: 4. Kapitel § 1 II 1 d)).

[194] *Martiny,* MünchKomm BGB, Art. 34 EGBGB, Rz. 7 mit zahlreichen weiteren Nachweisen.

[195] *v. Hoffmann / Thorn,* Internationales Privatrecht, § 10, Rz. 93.

[196] *Heldrich,* Palandt, Art. 34 EGBGB, Rz. 3a *Looschelders,* Internationales Privatrecht, Art. 34, Rz. 19; entsprechend zu Art. 7 Abs. 2 EVÜ *Guiliano / Lagarde,* Amtsblatt der EG, C 282, 31.10.1980; a.A. *Kropholler,* Internationales Privatrecht, S. 476; *Sonnenberger,* MünchKomm BGB, Einl. IPR Rz. 54.

aufweisen, also insbesondere Vorschriften des Verbraucherschutzrechts und des Arbeitsrechts[197]. Im Gegensatz zu den Eingriffsnormen fällt das Sonderprivatrecht jedoch nicht stets unter Art. 34 EGBGB. Für bestimmte Verträge ist in Art. 29 EGBGB eine allseitige Sonderanknüpfung vorgesehen. Fallen also Normen, die dem Schutz einer Vertragspartei dienen, in den sachlich-persönlichen Anwendungsbereich von Art. 29 EGBGB, so ist ein Rückgriff auf Art. 34 EGBGB selbst dann verwehrt, wenn Art. 29 EGBGB nicht zur Anwendung kommt, weil die situativen Voraussetzungen nicht gegeben sind[198]. Dem Verbraucher sollen die für ihn günstigeren Schutzvorschriften des Staates, in dem er seinen gewöhnlichen Aufenthalt hat, nur dann erhalten bleiben, wenn eine der genannten Abschlusssituationen gegeben war. Ist dies nicht der Fall gewesen, so dürfen diese Normen nicht über die Hintertür des Art. 34 EGBGB durchgesetzt werden. Da die Vorschriften der §§ 676 a ff BGB im Verhältnis des überweisenden Verbrauchers zum überweisenden Kreditinstitut von Art. 29 EGBGB erfasst werden, scheidet nach diesen Grundsätzen eine Anwendung von Art. 34 EGBGB insoweit aus[199].

Gewisse Zweifel könnten im Hinblick darauf bleiben, dass die Regelungen der §§ 676 a ff BGB gerade keine reinen Verbraucherschutzvorschriften sind, sondern vielmehr jedem Kunden ihren Schutz bieten, sofern er Überweisungen innerhalb des EU / EWR-Raumes bis zu einem Betrag von 75 000 € tätigt. Ob dies allerdings ausreicht, um diese Normen als international zwingend anzusehen, ist zweifelhaft. Es scheint vielmehr ausreichend, wenn ihr Schutz den Verbrauchern in den in Art. 29 EGBGB genannten Fällen nicht entzogen werden kann, sie sich aber im übrigen nicht gegen das anwendbare Recht eines anderen Staates durchsetzen. Dies gilt um so mehr, als der Gesetzgeber eine Abbedingung der in § 676 c Abs. 3 BGB genannten Vorschriften auch für Verbraucher für interessengerecht erachtet hat, wenn die Überweisung in einen Staat außerhalb des EU / EWR-Raumes erfolgen soll.

8. Das Recht der engsten Verbindung

Sollte ausnahmsweise keine Rechtswahl vorliegen oder eine getroffene Rechtswahl unwirksam sein, beispielsweise weil die Einbeziehung der AGB fehlge-

---

[197] *v. Hoffmann / Thorn,* Internationales Privatrecht, § 10, Rz. 95.

[198] BGHZ 123, 380, 391; *Heldrich,* Palandt, Art. 34 EGBGB, Rz. 3a; *v. Hoffmann / Thorn,* Internationales Privatrecht, § 10, Rz. 96; i. Erg. ebenso *Mäsch,* Rechtswahlfreiheit und Verbraucherschutz, S. 161 ff., der jedoch in Art. 34 EGBGB keine Sonderanknüpfung für Eingriffsnormen sieht, sondern eine allgemeine Ausweichklausel im internationalen Vertragsrecht.

[199] Bei möglichen Direktansprüchen der Kunden gegen zwischengeschaltete Institute ist der Anwendungsbereich des Art. 29 EGBGB dagegen nicht eröffnet. Das ergibt sich schon daraus, dass hier kein Vertragsverhältnis besteht. Insofern könnte folglich die Anwendung von Art. 34 EGBGB in Betracht gezogen werden, *Einsele,* JZ 2000, 9, 15.

schlagen ist, so ist das anwendbare Recht nach der objektiven Anknüpfung des Art. 28 EGBGB zu bestimmen. Dessen Abs. 1 S. 1 erklärt das Recht des Staates für anwendbar, mit dem der Vertrag die engste Verbindung aufweist. Die Abs. 2 bis 4 des Art. 28 EGBGB stellen für das Vorliegen der engsten Verbindung verschiedene Vermutungen auf, die jedoch nach der Ausweichklausel des Abs. 5 entkräftet werden, wenn sich aus der Gesamtheit der Umstände ergibt, dass der Vertrag eine engere Verbindung mit einem anderen Staat aufweist. Greift also eine der Vermutungen ein, so ist mit ihrer Hilfe das anwendbare Recht ermittelt, ohne dass es eines Rückgriffs auf die Generalklausel des Abs. 1 bedarf. Ist dagegen keine der Vermutungen einschlägig oder ist sie durch die Ausweichklausel des Abs. 5 entkräftet, so muss das anwendbare Recht mit Hilfe der Generalklausel ermittelt werden[200].

Nach Art. 28 Abs. 2 S. 1 und 2 EGBGB wird vermutet, dass die engste Verbindung eines Vertrags zu dem Staat besteht, in dem die Partei, welche die charakteristische Leistung zu erbringen hat, zum Zeitpunkt des Vertragsschlusses ihren gewöhnlichen Aufenthalt oder, wenn es sich um eine Gesellschaft oder eine juristische Person handelt, die den Vertrag in Ausübung ihrer beruflichen oder gewerblichen Tätigkeit geschlossen hat, ihre Hauptniederlassung oder, wenn die Leistung nach dem Vertrag von einer anderen als der Hauptniederlassung zu erbringen ist, die andere Niederlassung hat. Dabei ist unter der charakteristischen Leistung die Leistung zu verstehen, welche die Eigenart des Vertragstypus prägt[201]. Bei gegenseitigen Verträgen, bei denen eine Leistung eine Geldleistung mit Entgeltcharakter darstellt, ist die charakteristische Leistung grundsätzlich die andere, also beispielsweise die des Verkäufers, Vermieters, Werkunternehmers, Dienstleistenden etc.[202]. Für den Überweisungsvertrag bedeutet das, dass das Kreditinstitut die für den Vertrag charakteristische Leistung erbringt[203]. Somit ist, da das Kreditinstitut den Überweisungsvertrag in Ausübung einer beruflichen Tätigkeit schließt, nach der Vermutung des Art. 28 Abs. 2 S. 1 und 2 EGBGB das Recht des Staates anzuwenden, in dem sich die Hauptniederlassung oder, wenn die Leistung von einer anderen Niederlassung zu erbringen ist, die andere Niederlassung des Kreditinstituts befindet.

---

[200] *Kropholler,* Internationales Privatrecht, S. 460; *Rauscher,* Internationales Privatrecht, S. 242 f.

[201] Vgl.: BT-Drucks. 10/504, 78; statt aller: *Looschelders,* Internationales Privatrecht, Art. 28 Rz. 28.

[202] *Kropholler,* Internationales Privatrecht, S. 461; *Looschelders,* Internationales Privatrecht, Art. 28, Rz. 28 ff; *Rauscher,* Internationales Privatrecht, S. 243;

[203] BGH, WM 1987, 530 (Das Urteil ist allerdings insofern fehlerhaft, als eine wirksame Rechtswahl vorlag und es daher nicht darauf ankam, wer die vertragscharakteristische Leistung erbrachte); *Martiny,* MünchKomm BGB, Art. 28 EGBGB Rz. 238a; *Müller-Graff,* Handbuch zum deutschen und europäischen Bankrecht, § 61, Rz. 9.

Für Verbraucher ist auch hier Art. 29 EGBGB zu beachten, nach dessen Abs. 2 bei Vorliegen der sachlichen, persönlichen und situativen Voraussetzungen des Abs. 1 mangels Rechtswahl das Recht des Staates zur Anwendung kommt, in dem der Verbraucher seinen gewöhnlichen Aufenthalt hat[204].

9. Zusammenfassung

Im Ergebnis ist demnach zu unterscheiden: Schließt ein Kunde, der nicht als Verbraucher handelt, einen Überweisungsvertrag mit einem Kreditinstitut oder einer Niederlassung eines Kreditinstituts mit Sitz in Deutschland, so gilt das gewählte Recht. Zwingende Bestimmungen des deutschen Rechts bleiben anwendbar, wenn die Voraussetzungen des Art. 27 Abs. 3 EGBGB gegeben sind. Mangels Rechtswahl gilt nach Art. 28 EGBGB deutsches Recht. Für Verbraucher ist im Falle einer Rechtswahl außerdem Art. 29 Abs. 1 EGBGB zu beachten, der bei Vorliegen seiner Voraussetzungen dazu führt, dass die Verbraucherschutzvorschriften des Landes, in dem der Verbraucher seinen gewöhnlichen Aufenthalt hat, trotz einer davon abweichenden Rechtswahl, zur Anwendung kommen, wenn sie günstiger sind als das gewählte Recht. Liegt keine Rechtswahl vor, so unterliegt der Vertrag mit einem Verbraucher bei Vorliegen der Voraussetzungen des Art. 29 Abs. 1 EGBGB dem Recht des Staates, in dem der Verbraucher seinen gewöhnlichen Aufenthalt hat.

II. Das nach französischem Kollisionsrecht anwendbare Recht

Das Kollisionsrecht[205] ist in Frankreich, insbesondere da es keine umfassende Kodifikation dazu gibt[206], ganz überwiegend durch die Rechtsprechung geschaffenes Recht[207]. Danach wird ein Sachverhalt grundsätzlich durch allseitige Kollisionsnormen dem Recht des Staates zugeordnet, in dem er seinen Schwerpunkt

---

[204] *Hoffmann*, ZBB 2000, 391, 399.

[205] Hier wird bewusst der Begriff „Kollisionsrecht" verwandt, da der Begriff des *„Droit international privé"* weiter gefasst ist als der Begriff des „Internationalen Privatrechts" im Sinne der herrschenden deutschen Definition. In Frankreich wird unter *droit international privé* die Gesamtheit aller Regeln verstanden, die auf Personen anwendbar sind, die selbst oder deren Beziehung zu anderen Personen einen Auslandsbezug aufweisen *(Sonnenberger / Autexier*, 74). Dabei ist zwischen den *règles substantielles* und den *règles de conflit de lois* zu unterscheiden (*Bonneau*, Droit bancaire, Rz. 88, 89). Unter Ersteren ist zum einen für internationale Sachverhalte geltendes Sachrecht zu verstehen, entstanden aus internationalen Abkommen oder aus Gewohnheitsrecht und zum anderen die *règles de police* bzw. die *normes d'application immédiate*, die auch dann anzuwenden sind, wenn der Sachverhalt ausländischem Recht unterliegt. Bei den *règles de conflit de lois* handelt es sich um Kollisionsnormen im eigentlichen Sinn, also Normen, die lediglich das anwendbare Recht bestimmen, ohne eine Sachentscheidung zu treffen.

[206] *Monéger*, Droit international privé, Rz. 38.

[207] *Bonneau*, Droit bancaire, S. 67, Rz. 89 ; *Monéger*, Droit international privé, Rz. 42.

hat[208]. Ob für den Fall, dass die einschlägige Kollisionsnorm zu ausländischem Recht führt, dieses durch den Richter von Amts wegen anzuwenden ist, ist umstritten[209]. Qualifikationsprobleme werden in der Regel nach dem lex-fori-Prinzip gelöst[210]. Im Bereich des Bankrechts führten die durch Richterrecht geschaffenen Regelungen in der Regel zur Anwendung des Rechts des Herkunftslands des Kreditinstituts, „Recht der Bank" genannt[211]. Heute ist das Richterrecht für die vertraglichen Ansprüche allerdings weitgehend durch das Römische EWG-Übereinkommen über das auf vertragliche Schuldverhältnisse anzuwendende Recht verdrängt, das grundsätzlich auch auf Bankverträge Anwendung findet[212].

1. *Élément d'extranéité*

Die Frage nach dem anwendbaren Recht stellt sich nur dann, wenn ein internationaler Sachverhalt gegeben ist. Das ist dann der Fall, wenn der Sachverhalt ein *élément d'extranéité* aufweist[213]. Dieses kann sich beispielsweise aus der Staatsangehörigkeit der Parteien, aus dem Ort des Vertragsschlusses oder daraus ergeben, dass eine oder mehrere Leistungen der Parteien in einem anderen Staat erbracht werden[214].

2. Kein Gesamtstatut

Da nach französischem Verständnis die Einheitlichkeit des Zahlungsvorgangs stark betont wird, wurde vorgeschlagen, dass der gesamte Vorgang der Überweisung einem Recht unterworfen sein sollte[215]. Ähnlich wie in der in Deutschland geführten Diskussion, wird dem aber auch in Frankreich entgegengehalten, dass dieser Vorschlag schon deshalb nicht durchführbar ist, weil nicht ersichtlich wäre, nach welchem Recht sich die Überweisung insgesamt richten sollte[216]. Es ist daher das für das jeweilige Rechtsverhältnis zweier Personen zueinander anwendbare Recht gesondert zu ermitteln[217].

---

208 *Sonnenberger / Autexier*, S. 75, Rz. 74.

209 Vgl. ausführlich: *Loussouarn / Bourel / Vareilles-Sommières*, Droit international privé, Rz. 241; *Monéger*, Droit international privé, Rz. 118; für eine Anwendbarkeit von Amts wegen: *Mattout*, Droit bancaire international, Rz. 26; Cass. civ., 1re ch., 18.09.2002, Banque & Droit, nov.-déc. 2003, 65 obs. *Affaki* et *Stoufflet*.

210 *Sonnenberger / Autexier*, 74; *Monéger*, Droit international privé, Rz. 78 ff.

211 *Bonneau*, Droit bancaire, Rz. 90; *Mattout*, Droit bancaire international, Rz. 8.

212 *Bonneau*, Droit bancaire, Rz. 91; *Mattout*, Droit bancaire international, Rz. 10.2.

213 *Monéger*, Droit international privé, Rz. 5.

214 *Bonneau*, Droit bancaire, S. 66, Rz. 87; *Loussouarn / Bourel / Vareilles-Sommières*, Droit international privé, Rz. 1; *Guiliano / Lagarde*, Amtsblatt der EG C 282/1, 31.10.1980, S. 10.

215 *Vasseur*, Recht und Praxis der Auslandsüberweisung in Frankreich, S. 252, 283.

216 *Vasseur*, Recht und Praxis der Auslandsüberweisung in Frankreich, S. 252, 283.

217 *Cabrillac*, Le chèque et le virement, Rz. 426; *Bonneau*, Droit bancaire, Rz. 109 ; *Thunis*, Mélange Mouly, S. 417, 426.

3. Das anwendbare Recht nach dem EVÜ

Da materielles Einheitsrechts auf dem Gebiet der Zahlung durch Überweisung nicht existiert und die Richtlinie 97/5/EG nur einen einheitlichen Mindeststandard festgelegt hat[218], ist die Frage nach dem anwendbaren Recht zu entscheiden[219].

Das Römische EWG-Übereinkommen über das auf vertragliche Schuldverhältnisse anzuwendende Recht (EVÜ) hat als völkerrechtlicher Vertrag nach Art. 55 der *Constitution* von 1958 Vorrang vor den nationalen Gesetzen und ist vom Richter unmittelbar anzuwenden[220]. Sein Anwendungsbereich umfasst nach Art. 1 EVÜ alle vertraglichen Schuldverhältnisse bei Sachverhalten mit Auslandsbezug und damit grundsätzlich auch private bankrechtliche Verträge[221]. Da die Art. 27 ff EGBGB aus dem EVÜ übernommen sind, wird das auf das Vertragsverhältnis zwischen dem Überweisenden und dem überweisenden Kreditinstitut anwendbare Recht in Deutschland und Frankreich grundsätzlich nach den gleichen international privatrechtlichen Regelungen ermittelt.

a) Rechtswahl nach Art. 3 EVÜ

Gemäß Art. 3 EVÜ unterliegt der Vertrag dem von den Parteien gewählten Recht, wobei sich Zustandekommen und Wirksamkeit der Rechtswahl gemäß Art. 8 Abs. 1 EVÜ nach dem Recht richten, das anzuwenden wäre, wenn der Vertrag wirksam wäre. Enthalten die Allgemeinen Geschäftsbedingungen *(conditions générales* oder *conditions de banque)* der überweisenden Bank mit Sitz in Frankreich eine Rechtswahl zugunsten französischen Rechts, so richtet sich die Frage, ob die Rechtswahl wirksam durch die AGB getroffen wurde, bereits nach französischem Recht[222]. Danach werden allgemeine Geschäftbedingungen

---

[218] Siehe dazu oben: 2. Kapitel §1 V.

[219] *Sousi-Roubi*, D. 1993, chr. LI, S. 26.

[220] *Monéger*, Droit international privé, Rz. 53.

[221] Ausgenommen sind nach Art.1 Abs. 2 c EVÜ lediglich Verpflichtungen aus Wechseln, Schecks, Eigenwechseln und anderen handelbaren Wertpapieren, sofern die Verpflichtungen aus diesen anderen Wertpapieren aus deren Handelbarkeit entstehen. Für diese Verpflichtungen gilt das durch die Regelungen des Genfer Abkommens über Bestimmungen auf dem Gebiet des internationalen Wechselprivatrechts vom 7. Juni 1930 (RGBl. 1933 II, S. 444) bzw. des Genfer Abkommens über Bestimmungen auf dem Gebiet des internationalen Scheck-privatrechts vom 19. März 1931 (RGBl. 1933 II, S. 594) geschaffene materielle Einheitsrecht. (Die Abkommen sind abgedruckt in *Jayme / Hausmann*, Internationales Privat- und Ver-fahrensrecht Nr. 120 und 121.)

[222] Vgl.: z.B. Nr. 13 der *conditions générales services de banque en ligne* der Crédit du Nord : *« Le présent contrat, qui comporte les conditions générales, les conditions particulières et les annexes, est soumis à la loi française. » oder auch XIV S. 37 der convention de compte de dépôt, conditions générales der BNP PARIBAS : « Sans préjudice des dispositions*

nur berücksichtigt, wenn die Parteien sich auf ihre Geltung geeinigt haben[223]. Um von einer gegebenenfalls auch stillschweigenden Einigung ausgehen zu können, müssen die allgemeinen Geschäftsbedingungen dem Kunden vor Vertragsschluss mitgeteilt werden[224]. Zum Schutz der Kunden wurde den Banken schon 1984 durch ein *décret* die Pflicht auferlegt, den Kunden die allgemeinen Geschäftsbedingungen mitzuteilen[225]. Diese Informationspflicht wurde in Art. L. 312-1-1 C. mon. fin. für *comptes de dépôts*[226] erneut statuiert. Nach dem zu dieser Regelung erlassenen *arrêté* vom 4. April 2005 müssen die Allgemeinen Geschäftsbedingungen den Kunden umsonst in angemessener Weise zur Verfügung gestellt werden[227]. Bei einem Verstoß gegen diese Pflicht wird zum einen nach Art. L. 531-1 C. mon. fin. eine Geldbuße verwirkt und zum anderen kann nicht davon ausgegangen werden, dass der Kunde die Vertragsbedingungen akzeptiert hat[228]. Auch in Frankreich ist es möglich und üblich, dass die bei Kontoeröffnung getroffene Rechtswahl für alle auf dem Rahmenvertrag der *convention de compte* beruhenden Verträge, darunter auch die Überweisungsaufträge, gilt[229].

b) Einschränkung der Rechtswahl

Nach Art. 3 Abs. 3 EVÜ bleiben, wenn alle Teile des Sachverhalts im Zeitpunkt der Rechtswahl nur mit einem Staat verbunden sind, diejenigen Vorschriften des Rechts dieses Staates, von denen durch Vertrag nicht abgewichen werden kann, auch trotz der Wahl des Rechts eines anderen Staates anwendbar. Wie von den entsprechenden Regelungen des deutschen Rechts ist auch von den Regelungen des Art. L. 133 C. mon. fin. anzunehmen, dass sie innerhalb des von der Norm selbst definierten Anwendungsbereichs vertraglich nicht abdingbar sind. Dies ergibt sich zum einen aus dem Wortlaut des Art. L 133 C. mon. fin., *« les établissements de crédit (...) respectent les dispositions suivantes »*, nach dem

mentionnées au Titre III Chapitre VIII pour la Principauté de Monaco, la présente Convention est régie par (et doit être interprété selon) le droit français. »

[223] *Grua,* Les contrats de base de la pratique bancaire, Rz. 2; *Mattou,* Droit bancaire international, Rz. 8.

[224] *Grua,* Les contrats de base de la pratique bancaire, Rz. 2; *Gavalda / Stoufflet,* Droit bancaire, Rz. 222.

[225] Art. 7 décret n° 84-708 du 24 juillet 1984: « *Les établissements de crédit sont tenus de porter à la connaissance de leur clientèle et du public les conditions générales de banque qu'ils pratiquent pour les opérations qu'ils effectuent. Lorsqu'ils ouvrent un compte, les établissements de crédit doivent informer leurs clients sur les conditions d'utilisation du compte, le prix des différents services auxquels il donne accès et les engagements réciproques de l'établissement et du client.* »

[226] Unter den Begriff „*compte de depôt*" fallen hier nach dem *arrêté* vom 08 mars 2005 auch *comptes courants postaux*, sofern sie von einem Verbraucher eröffnet wurden.

[227] *Arrêté* du 4 avril 2005, J.O. n°79 du 5 avril 2005 p. 6145.

[228] *Gavalda / Stoufflet,* Droit bancaire, Rz. 222.

[229] *Bonneau,* Droit bancaire, Rz. 94.

die Kreditinstitute ausdrücklich zur Beachtung dieser Regelungen verpflichtet sind, und zum anderen aus dem Ziel der Regelung, die Kunden, die sich gegenüber dem Kreditinstitut in der schwächeren Verhandlungsposition befinden, zu schützen. Dieser Schutz kann nur dann effektiv gewährleistet werden, wenn die maßgeblichen Bestimmungen nicht zur Disposition stehen.

c) Das Recht der engsten Verbindung nach Art. 4 EVÜ

Wurde eine Rechtswahl ausnahmsweise nicht getroffen, so ist nach Art. 4 EVÜ das Recht des Staates anzuwenden, zu dem der Vertrag die engste Verbindung aufweist. Das ist im Verhältnis des Überweisenden zu seiner Bank nach Art. 4 Abs. 2 EVÜ in der Regel das Recht des Staates, in dem die Bank ihren Sitz hat, da diese die charakteristische Leistung erbringt[230]. Wird die Überweisung von einer Tochtergesellschaft oder einer Filiale erbracht, die ihren Sitz in einem anderen Staat als dem der Hauptniederlassung haben, so gilt nach Art. 4 Abs. 2 S. 2 EVÜ das Recht am Sitz der Zweigniederlassung, nicht das Recht des Staates der Hauptniederlassung[231].

d) Durchsetzung des Art. L. 133-1 C. mon. fin. über Art. 5 oder Art. 7 EVÜ

Auch im französischen Rechts stellt sich die Frage, ob die im Rahmen der Umsetzung der Überweisungsrichtlinie geschaffenen Regelungen des Art. L. 133-1 C. mon. fin. möglicherweise nach Art. 5 (= Art. 29 EGBGB) oder nach Art. 7 Abs. 2 EVÜ (= Art. 34 EGBGB) gesondert anzuknüpfen sind.

Während Art. 5 EVÜ gewährleisten soll, dass bei Vorliegen insbesondere seiner situativen Voraussetzungen, dem Kunden der durch die Verbraucherschutzvorschriften des Staates, in dem er seinen gewöhnlichen Aufenthalt hat, gewährte Schutz nicht entzogen wird[232], regelt Art. 7 Abs. 2 EVÜ die Durchsetzung international zwingender Normen, in Frankreich *lois de police* oder auch *lois d'application immédiate* genannt[233]. So sind nach Art. 7 Abs. 2 EVÜ vor einem französischen Richter die französischen *lois de police* zwingend anwendbar. Die Feststellung, welche Regelungen zu den *lois de police* gehören, ist auch im französischen Recht nicht leicht zu treffen[234].

---

230 *Mattout*, Droit bancaire international, Rz. 10.2; *Thunis*, Mélange Mouly, S. 417, 426; kritisch gegenüber der Regelung des Art. 4 Abs. 2 EVÜ: *Cuniberti*, JCP 2003, I, 153, S. 1401f.

231 *Mattout*, Droit bancaire international, Rz. 10.2; *Bonneau*, Droit bancaire, S. 70 f, Rz 97, 98: dabei kommt es nicht darauf an, ob die Zweigniederlassung eine eigene Rechtspersönlichkeit darstellt, sondern nur darauf, ob die Leistung von der Zweigniederlassung oder der Hauptniederlassung erbracht wird.

232 Vgl. dazu *Audit*, Anm. zu. Cass. com. 1re civ., 19.10.1999, D. 2000, jur. 765, 766.

233 *Monéger*, Droit international privé, Rz. 177.

234 *Loussouarn / Bourel, / Vareilles-Sommières*, Droit international privé, vor Rz. 127; *Bonneau*, Droit bancaire, Rz. 106.

Im Bereich des Bankrechts fallen darunter insbesondere solche Vorschriften, die im Interesse der Allgemeinheit liegen und die wirtschaftliche Verfassung des Staates betreffen, wie beispielsweise Regelungen zur Liquidität der Kreditinstitute[235]. Aber auch Regelungen im Verhältnis der Banken zu ihren Kunden können unter die Kategorie der *lois de police* fallen, wie beispielsweise die Vorschriften über den Wucher oder Art. L. 312-1 C. mon. fin., der jeder Person mit Wohnsitz in Frankreich ein Recht auf ein Konto einräumt[236]. Eine Einordnung der Regelungen des Art. L 133-1 C. mon. fin. als *lois de police* im Sinne des Art. 7 EVÜ ist daher grundsätzlich denkbar. Zur Frage des Verhältnisses von Art. 7 zu Art. 5 EVÜ gilt, wie in Deutschland, dass Art. 5 EVÜ, sofern sein Anwendungsbereich vollständig eröffnet ist, eine Anwendung des Art. 7 EVÜ ausschließt[237]. Nach der herrschenden Meinung der Literatur ist Art. 7 EVÜ außerdem dann verdrängt, wenn nur der sachliche Anwendungsbereich des Art. 5 EVÜ eröffnet ist, die situativen Voraussetzungen jedoch nicht vorliegen[238].

Grundsätzlich ließe sich Art. L. 133-1 C. mon. fin. im Hinblick auf seinen sachrechtlichen Regelungsgehalt durchaus als Verbraucherschutznorm i.S.d. Art. 5 EVÜ einordnen. Allerdings ergibt sich hier die Besonderheit, dass Art. L. 133-1 C. mon. fin. selbst eine Kollisionsnorm beinhaltet. So heißt es dort: « *Les établissements de crédit, les entreprises d'investissement, les succursales situées en France d'établissements de crédit étrangers, d'entreprises d'investissement (...) respectent les dispositions suivantes, lorsqu'ils effectuent des virement au sein de l'Espace économique européen, (...) sur ordre ou au bénéfice de leur clientèle :* ». Die in Art. L. 133-1 C. mon. fin. getroffenen Regelungen zur Durchführung von Überweisungen sind demnach nur von den genannten französischen

---

235 *Mattout,* Droit bancaire international, Rz. 20 *Bonneau,* Droit bancaire, Rz. 106.

236 *Mattout,* Droit bancaire international, Rz. 20 a.E; hohe Anforderungen hat dabei die *cour d'appel* von Pau gestellt, vgl.: Pau, 2e ch. 2, 01.03.2001, D 2002, somm. comm. 639, obs. *Synvet: de telles règles (...) se caractérisent par leur vocation à établir ou respecter un ordre public entendu stricto sensu, c'est-à-dire relatif aux valeurs morales et philosophiques et aux impératifs économiques (...).* In seinem Urteil vom 19.10.1999 entschied die Cour de cassation 1re civ, zu einem Fall, der allerdings noch vor Inkrafttreten des EVÜ lag, dass die französischen Regelungen zu Verbraucherkrediten auf Verträge mit Verbrauchern mit Wohnsitz in Frankreich zwingend anzuwenden wären (D 2000, 765).

237 *Mattout,* Droit bancaire international, Rz. 16; *Synvet,* Banque & Droit, Hors Série, juin 1993, p.15 spéc. n° 11, p 16; *Mayer,* Banque & Droit, n° Hors Série, juin 1993, 44, n° 17.

238 *Audit,* Anm. zu Cass. 1re civ. 19 octobre 1999, D. 2000, 765, 767; *Lagarde,* Anm. zu Cass. 1re civ. 19 octobre 1999, Rev. crit. DIP, 2000, 31, 33 f; *Synvet,* Anm. zu Pau, 1er mars 2001, D. 2002, somm. comm. 639, der vertritt, dass für die Durchsetzung von Verbraucherschutzbestimmungen Art. 5 EVÜ ausreichen muss und ein Rückgriff auf Art. 7 EVÜ daher nicht in Betracht kommt. a.A. wohl *Mattout,* Droit bancaire international, Rz. 16, der lediglich eine kumulative Anwendung von Art. 5 und 7 EVÜ ausschließt. Art. 7 sei jedoch nur dann ausgeschlossen, wenn die Voraussetzungen des Art. 5 EVÜ vollständig vorlägen.

Instituten sowie von französischen Zweigniederlassungen ausländischer Institute zu beachten. Art. L. 133-1 C. mon. fin. definiert damit seinen international privatrechtlichen Anwendungsbereich selbst. Innerhalb dieses Anwendungsbereichs sind die getroffenen Regelungen, wie aus dem Wortlaut ersichtlich, zwingend anzuwenden. Dass die nationalen Gesetzgeber berechtigt sind, in solcher Weise, den Regelungen des EVÜ wiedersprechende Kollisionsregeln aufzustellen, wird durch Art. 7 Abs. 2 EVÜ klargestellt, der den Staaten, die Durchsetzung international zwingender Normen gerade erlaubt[239]. Die französischen Regelungen des Art. L 133-1 C. mon. fin. sind daher als *lois de police* einzustufen und damit nach Art. 7 Abs. 2 EVÜ zwingend anwendbar. Dabei ist zu beachten, dass Art. L. 133-1 C. mon. fin. nur zu einzelnen Regelungsbereichen, nämlich zu den Informationspflichten der Bank, den Ausführungsfristen und zum verschuldensabhängigen Schadensersatz bei verspätet oder nicht ausgeführten Überweisungen Vorgaben enthält. Alle anderen Fragen des Überweisungsrechts, wie z.B. das Zustandekommen des Überweisungsauftrags, die Möglichkeiten einer Kündigung oder Schadensersatzansprüche nach allgemeinen Regelungen richten sich selbstverständlich nach dem gewählten oder nach Art. 4 EVÜ ermittelten Recht.

Da Art. 5 EVÜ eine allseitige Kollisionsnorm ist, kann er jedoch dann, wenn die zwingende Vorschriften des Art. L. 133-1 C. mon. fin. nicht greifen, zugunsten ausländischer Verbraucherschutznormen zur Anwendung kommen. Erteilt zum Beispiel ein Verbraucher mit gewöhnlichem Aufenthalt in Deutschland einem Kreditinstitut mit Sitz in Frankreich einen Überweisungsauftrag von über 50 000 aber unter 75 000 € und kommt dieser Vertrag unter den Voraussetzungen des Art. 5 EVÜ zustande, so kann auch aus französischer Sicht, eine Rechtswahl dem Kunden den Schutz der §§ 676 a BGB nicht entziehen. Mangels Rechtswahl gilt in diesem Falle nach Art. 5 Abs. 3 EVÜ deutsches Recht. Ebenfalls über Art. 5 Abs. 1 EVÜ durchzusetzen sind Normen, die im deutschen Recht nach § 676 c Abs. 3 BGB vertraglich nicht abdingbar sind, zu deren Regelungsbereich jedoch Art. L. 133-1 C. mon. fin. keine Vorgaben enthält. Dazu gehört zum Beispiel die Regelung des § 676 b Abs. 2 BGB, die in Art. L. 133-1 C. mon. fin. keine Regelung erfahren hat[240].

In Frankreich gilt außerdem, anders als in Deutschland, das zu dieser Regelung einen Vorbehalt erklärt hat, Art. 7 Abs. 1 EVÜ, der vorsieht, dass bei Anwendung des Rechts eines bestimmten Staates, die zwingenden Bestimmungen des Rechts eines anderen Staates, mit dem der Sachverhalt eine enge Verbindung aufweist, angewandt werden können. Da die Vorschriften der §§ 676 a ff BGB jedoch in Deutschland nicht als zwingende Vorschriften im Sinne des

---

[239] *Mäsch,* Rechtswahlfreiheit und Verbraucherschutz, S. 132.

[240] S.u.: 4. Kapitel § 3 II 4 b).

Art. 7 EVÜ anzusehen sind, sind sie auch in Frankreich nicht über Art. 7 Abs. 1 EVÜ anzuwenden[241].

4. Zusammenfassung

Damit gilt für das Verhältnis des Überweisenden zu einem überweisenden Kreditinstitut mit Sitz in Frankreich grundsätzlich das gewählte Recht. Fehlt eine Rechtswahl, so führt die objektive Anknüpfung der engsten Verbindung zum „Recht der Bank“, dem französischen Recht. Die Bestimmungen des Art. L 133-1 C. mon. fin. sind vor einem französischen Gericht als *lois de police* i.S.v. Art. 7 Abs. 2 EVÜ zwingend anwendbar, sofern ihr Anwendungsbereich eröffnet ist. Handelt es sich bei einem Kunden um einen Verbraucher mit gewöhnlichem Aufenthalt in Deutschland und kommt der Vertrag mit einem Kreditinstitut in Frankreich unter den in Art. 5 Abs. 2 EVÜ genannten Bedingungen zustande, so gilt bei Fehlen einer Rechtswahl deutsches Recht, sofern die Regelung des Art. 133-1 C. mon. fin nicht greift. Eine vorhandene Rechtswahl kann in diesem Fall dem Kunden den Schutz der in den §§ 676 a ff BGB enthaltenen zwingenden Vorschriften nicht entziehen. Greifen jedoch die Regelungen des Art. L. 133-1 C. mon. fin., so sind diese zwingend anwendbar und zwar auch dann, wenn der Kunde seinen gewöhnlichen Aufenthalt in Deutschland hat und die entsprechenden deutschen Überweisungsvorschriften günstiger wären.

III. Zwischenergebnis

Grundsätzlich gelten also in Deutschlang und Frankreich im Hinblick auf das anwendbare Recht die gleichen Bestimmungen. Tatsächlich ergeben sich jedoch erhebliche Unterschiede, da die Konzeption der Normen zum Überweisungsrecht in den beiden Ländern durchaus differiert. So ist eine Anwendung der in den §§ 676 a ff BGB enthaltenen zwingenden Regelungen über Art. 34 EGBGB aus deutscher Sicht nicht möglich, während die Regelungen des Art. L. 133-1 C. mon. fin. aus französischer Sicht als zwingend anwendbare *lois de police* i.S.d. Art. 7 Abs. 2 EVÜ einzustufen sind. Auf der anderen Seite ist der Regelungsbereich des Art. 133-1 C. mon. fin. gegenüber den nach § 676 c Abs. 3 BGB nicht abdingbaren Bestimmungen des deutschen Überweisungsrechts wesentlich geringer.

---

[241] *Monéger*, Droit international privé, Rz. 187; *Loussouarn / Bourel, / Vareilles-Sommières*, Droit international privé, Rz. 378-7.

§ 2. Der Überweisungsvertrag / *ordre de virement*

I. Rechtsnatur

1. Im deutschen Recht

Der Überweisungsvertrag gehört zu den umstrittensten Neuerungen des Überweisungsgesetzes vom 21. Juli 1999[242]. Vor Einführung der Regelung des § 676 a Abs. 1 S. 1 BGB war die Überweisung von der ganz herrschenden Meinung in der Literatur und der Rechtsprechung als Anweisung verstanden worden, die der Überweisende gemäß §§ 675, 665 BGB im Rahmen des bestehenden Girovertrags seinem Kreditinstitut erteilt[243]. Die Verpflichtung der Bank zur Durchführung der Überweisung ergab sich, bei entsprechender Deckung, bereits aus dem Girovertrag, während die Anweisung diese Verpflichtung lediglich konkretisierte[244]. Bei der Ausarbeitung des Überweisungsgesetzes ging der Gesetzgeber jedoch davon aus, dass die Vorgaben der Richtlinie die Einführung eines Überweisungsvertrags notwendig machten und das bisherige Modell daher nicht aufrecht erhalten werde könne, da die Überweisungsrichtlinie erkennbar davon ausginge, dass die Parteien zur Durchführung einer Überweisung einen Vertrag schlössen [245]. Dies ergebe sich aus Art. 5 der Richtlinie, wonach die Parteien die Frist oder die erlaubten Abzüge vereinbaren könnten[246]. Die Möglichkeit einer solchen Vereinbarung setze voraus, dass der Überweisungsauftrag ein wirklicher Auftrag sei, dessen Bedingungen im Detail ausgehandelt werden könnten. Auch ergebe sich aus Art. 5 der Richtlinie, dass das Kreditinstitut nicht verpflichtet sei, den Überweisungsauftrag anzunehmen, was nach dem bisherigen Weisungsmodell nicht erreichbar sei[247]. Außerdem zwinge die Richtlinie dazu, auch die Barüberweisung zu regeln. Da hier typischerweise aber gerade kein Girovertrag zwischen Überweisendem und überweisendem Kreditinstitut bestehe, in dessen Rahmen eine Weisung erteilt werden könnte, müsse der Vertragstyp des Überweisungsvertrags ohnehin eingeführt werden. In Anbetracht dessen sei es nur sinnvoll, alle Überweisungen einheitlich in einem Überweisungsvertrag zu regeln[248]. Schließlich würde auf diese Weise eine Angleichung der Regelungen

---

[242] Kritiker sind u.a.: *Bydlinski*, WM 1999, 1046, 1048; *Schimansky*, Bankrechts-Handbuch, Band I, § 49, Rz. 1c; *Ehmann/Hadding*, WM 1999, Sonderbeilage Nr. 3; *Einsele*, JZ 2000, 9, 11; *Grundmann*, WM 2000, 2269, 2273f; *Häuser*, WM 1999, 1037; *Jakobs*, JZ 2000, 641, 643.

[243] BGHZ 10,319, 322; BGH, WM 1972, 308; BGH, NJW 1991, 2210, 2221; *Bydlinski*, WM 1999, 1046; *Canaris*, Bankvertragsrecht, Rz. 320; *Hellner /Escher-Weingart*, BuB, Band. 3, Rz. 6/30a m.w.N; *Schönle*, Bank- und Börsenrecht, 1976, S. 356.

[244] *Canaris*, Bankvertragsrecht, 3. Aufl., Rz. 320.

[245] BR-Druck. 163/99, S. 23.

[246] BR-Druck. 163/99, S. 23.

[247] BR-Drucks.163/99, S. 24 = BT-Drucks. 14/745 S. 11.

[248] BR-Drucks. 163/99, S. 24.

des Girovertrags an die des Depotvertrags erreicht, in dessen Rahmen der einzelne Anschaffungsauftrag schon immer als selbständiger Kaufvertrag behandelt wird[249].

Die vom Gesetzgeber vorgenommene Auslegung der Regelungen der Richtlinie stößt jedoch auf breite Ablehnung in der Literatur[250]. Zu Recht wird angeführt, dass die Vorgaben der Richtlinie eher für ein Weisungs- als für ein Vertragsmodell sprechen[251]. Nur zum Teil richtig ist außerdem die Annahme des Gesetzgebers, dass im Rahmen des Weisungsmodells keine Vereinbarungen zu Details wie der Frist oder den Abzügen möglich seien, wie in der Richtlinie vorgesehen. Zwar waren nach altem Recht tatsächlich solche Weisungen nicht verhandelbar, zu deren Ausführung das Kreditinstitut durch den Girovertrag verpflichtet war[252]. Der Richtlinie ist allerdings nicht zu entnehmen, dass Fristen und Abzüge in jedem Einzelfall verhandelt werden sollten. Es hätte daher genügt, dass diese Fragen im Girovertrag vorweg geregelt werden können[253]. Solche Anweisungen, die außerhalb der durch den Girovertrag übernommenen Verpflichtung lagen, waren dagegen auch nach altem Recht schon unverbindlich und hinsichtlich ihrer Konditionen verhandelbar[254]. Schließlich ist das vom Gesetzgeber ins Feld geführte Argument, aus Art. 5 der Richtlinie ergebe sich, dass eine Verpflichtung der Bank, Überweisungsaufträge anzunehmen, nicht bestehe, angreifbar[255]. Nach Art. 5 der Richtlinie ist ein Kreditinstitut, das zu einem Kunden Geschäftsbeziehungen unterhält oder solche aufnehmen möchte, auf Wunsch des Kunden zu bindenden Zusagen verpflichtet. Wiederum setzt die Richtlinie – anders als der Gesetzgeber dies verstanden hat – nicht zwingend voraus, dass dies für jede Überweisung einzeln zu geschehen hat, sondern ließe solche Zusagen auch in einem Girovertrag für alle zukünftigen Überweisungen zu.

Nachhaltig kritisiert wird vor allem, dass mit dem Erfordernis eines Vertragsschlusses die Fristenregelung des § 676 a Abs. 2 BGB (der Art. 6 der Richtlinie entspricht) aufgeweicht wird[256]. Zwar beginnt nach dem Wortlaut des § 676 a Abs. 2 S. 3 BGB die Ausführungsfrist mit Ablauf des Tages, an dem die zur Ausführung der Überweisung notwendigen Angaben vorliegen und ausreichende Deckung gegeben ist. Zusätzliche Voraussetzung für den Beginn der

---

[249] BR-Drucks. 163/99, S. 25.
[250] Vgl. oben Fn. 242.
[251] Siehe dazu ausführlich oben: 2. Kapitel § 1 III 1.
[252] *Häuser*, WM 1999, 1037, 1041 mit Verweis auf BGH, NJW 1987, 317, 318.
[253] *Bydlinski*, WM 1999, 1046, 1048; *Häuser*, WM 1999, 1037, 1041.
[254] *Jakobs*, JZ 2000, 641, 642.
[255] Siehe dazu ausführlich dazu oben: 2. Kapitel § 1 III 1.
[256] *Einsele*, JZ 2000, 9, 11; *Schimansky*, Bankrechts-Handbuch, Band I, § 49, Rz. 1c.

Ausführungsfrist muss jedoch das Zustandekommen des Überweisungsvertrags sein, da zuvor für das Kreditinstitut keine Verpflichtung zur Durchführung der Überweisung besteht[257]. Da für das Zustandekommen eines Vertrags eine Annahme notwendig ist, hätte es, nach Ansicht der Kritiker, das Kreditinstitut in der Hand, durch eine verzögerte Annahme den Beginn der Ausführungsfrist hinauszuschieben[258]. Außerdem liefe die sich aus der Vertragskonstruktion ergebende Möglichkeit der Kreditinstitute, den Abschluss eines Überweisungsvertrags abzulehnen, dem Ziel der Richtlinie, die Effizienz des grenzüberschreitenden Überweisungsverkehrs zu verbessern, zuwider[259]. In Anbetracht dieses und anderer Kritikpunkte wird teilweise sogar vertreten, man müsse am alten Weisungsmodell festhalten, sei es im Wege richtlinienkonformer Auslegung[260], sei es nach den Grundsätzen der *falsa demonstratio*[261] oder aber indem grundsätzlich durch entsprechende Auslegung eine dahingehende Parteivereinbarung angenommen wird[262].

Zwar zeigen die vorangegangenen Ausführungen, dass ein Festhalten am Weisungsmodell möglich gewesen wäre, da die Richtlinie die Einführung eines Überweisungsvertrags, entgegen dem vom Gesetzgeber zugrunde gelegten Verständnis, nicht verlangt. Es ist aber zu bedenken, dass die Richtlinie der Konstruktion eines Überweisungsvertrags auch nicht entgegensteht. Vielmehr stellt die Umsetzung durch ein Vertragsmodell eine der zulässigen Varianten dar[263]. Irrig war allein die Vorstellung des Gesetzgebers, dass dies die einzig mögliche Form der Umsetzung gewesen sei. Ein Festhalten an der alten Rechtslage gegen den klaren Wortlaut des Gesetzes (§ 676 a Abs. 1 S. 1 BGB spricht von einem Überweisungs*vertrag*, § 676 a Abs. 3 und 4 spricht von *Kündigung* und nicht von Widerruf) und gegen den eindeutigen Willen des historischen Gesetzgeber ist daher nicht zu befürworten. Die gegen die Umsetzung vorgebrachten Kritikpunkte lassen sich auch auf schonendere Weise ausgleichen, insbesondere durch entsprechende Korrekturen an den Stellen der deutschen Regelungen, an denen sich möglicherweise Widersprüche zur Richtlinie ergeben[264].

---

[257] Siehe dazu unten: 4. Kapitel § 3 III 1 b) bb).

[258] *Einsele*, JZ 2000, 9, 11; *Schimansky*, Bankrechts-Handbuch, Band I, § 49 Rz. 1c.

[259] *Langenbucher*, Zahlungsverkehr, § 1 Rz. 29.

[260] So *Schimansky*, Bankrechts-Handbuch, Band I, § 49 Rz. 1d.

[261] So *Jakobs*, JZ 2000, 641, 643.

[262] So *Grundmann*, WM 2000, 2269, 2275.

[263] *Langenbucher*, Zahlungsverkehr, § 1 Rz. 6.

[264] *Langenbucher*, Zahlungsverkehr § 1 Rz. 6 ff; *Grundmann*, WM 2000, 2269, 2284: „Mit dem Überweisungsgesetz kann man leben"; *Kümpel*, Bank- und Kapitalmarktrecht, Rz. 4.102: „Die gesetzliche Neuregelung erscheint trotz ihrer stark kritisierten Schwachstellen praktikabel".

2. Im französischen Recht

Trotz seiner etwas irreführenden Bezeichnung als *ordre* wird der Überweisungsauftrag in Frankreich nahezu unumstritten als Angebot auf Abschluss eines Überweisungsauftrags im Sinne eines gegenseitigen Vertrags verstanden[265]. Daran hat sich durch die Umsetzung der Richtlinie nichts geändert. Es handelt sich um ein *mandat* im Sinne der 1984-2010 CC, mit dem der Überweisende sein Kreditinstitut beauftragt, einen bestimmten Betrag auf dem eigenen Konto abzubuchen und einem anderen Konto gutzuschreiben[266]. Lediglich *Grua* zieht aus der Überlegung, dass es sich bei der Überweisung um eine Rückzahlung der hinterlegten Gelder an einen vom Kontoinhaber bezeichneten Dritten nach Art. 1937 C.c. handelt, den Schluss, dass schon der Überweisungsauftrag kein *mandat* sei, sondern nichts weiter, als eben die Bezeichnung des Dritten, an den die hinterlegten Gelder bis zu einem bestimmten Betrag ausgezahlt werden sollten[267]. Die herrschende Meinung sieht das überweisende Institut jedoch in einer Doppelstellung, als Beauftragter zum einen und als Verwahrer zum anderen[268]. Den Rahmenvertrag für die einzelnen Überweisungsaufträge bietet die *convention de compte*, in der sich die Bank unter anderem verpflichtet, dem Kunden bestimmte Zahlungsinstrumente zur Verfügung zu stellen und eingehende Zahlungen gutzuschreiben[269]. Während in Deutschland die Einführung eines Überweisungsvertrags in der Literatur heftig und sehr kritisch diskutiert wurde, ist diese Einordnung in Frankreich von je her geläufig.

II. Abschluss

1. Der Vertragsschluss nach deutschem Recht

Zum Vertragsschluss enthalten die §§ 676 a ff BGB keine Bestimmungen. Er erfolgt daher nach den allgemeinen Regeln der §§ 145 ff BGB[270].

---

[265] *Cabrillac,* Le chèque et le virement, S. 201, Rz. 370; *Cabrillac / Rive-Lange,* Encyclopédie Juridique, Commercial V, virement, Rz 13*;* *Coquelet,* Entreprises en difficulté, Instruments de paiement et de crédit, S. 247, Rz. 464; *Jeantin / Le Cannu,* Droit commercial, S. 110, Rz. 164; *Mestre / Pancrazi,* Droit Commercial, S. 784, 1124; *Perochon / Bonhomme,* Entreprises en difficulté, Instrument de crédit et de paiement, S. 749, Rz. 857 und S. 750, Rz. 859; *Piedelièvre,* Instruments de crédit et de paiement, S. 271, Rz. 369.

[266] *Mestre / Pancrazi,* Droit Commercial, S. 784, 1124; *Le Tourneau,* Encyclopédie Juridique, Civil, VII, mandat, RZ. 43 ; a.A. *Grua,* Les contrats de base de la pratique bancaire, Rz. 253.

[267] *Grua,* Les contrats de base de la pratique bancaire, Rz. 253; *derselbe* D 1996, chron. 172, 175, Rz. 20.

[268] *Pérochon / Bonhomme,* Entreprises en difficulté, Instruments de crédit et de paiement, Rz. 861.

[269] *Bonneau,* Droit bancaire, S. 210, Rz. 327 ; zum Streit, ob es sich bei dem *compte de dépôt* um ein *prêt* oder ein *dépôt irrégulier* handelt: *Rodière / Delebeque,* Encyclopédie Juridique, Civil IV, dépôt, Rz. 42 ff.

[270] BT-Drucks. 14/745, S. 18; *Gößmann / van Look,* WM 2000, Sonderbeilage, Nr. 1, S. 30; *Kümpel*, Bank- und Kapitalmarktrecht, Rz. 4.130.

a) Wirksames Angebot durch den Überweisenden

Der Antrag auf Abschluss eines Überweisungsvertrags geht regelmäßig vom Überweisenden aus. Er muss in Richtung des überweisenden Kreditinstituts abgegeben werden und dort zugehen[271]. Als Willenserklärung unterliegt das Angebot den allgemeinen Wirksamkeitsvoraussetzungen der §§ 104 ff BGB sowie den Vorschriften über Willensmängel und den Anfechtungsregelungen[272]. Eine bestimmte Form ist nicht einzuhalten, das Angebot kann auch fernmündlich oder elektronisch abgegeben werden[273]. Die massive Zunahme des bargeldlosen Zahlungsverkehrs hat allerdings dazu geführt, dass die Überweisungsvorgänge mittlerweile möglichst weitgehend automatisch bearbeitet werden. Die Überweisungsaufträge sind daher in der Regel – wenn sie nicht elektronisch erfolgen – auf Zahlungsvordrucken zu erteilen, die von den Kreditinstituten zur Verfügung gestellt werden[274]. Das Angebot zum Abschluss eines Überweisungsvertrags kann auch durch einen Stellvertreter gemäß § 164 BGB abgegeben werden. Handelt ein Vertreter ohne Vertretungsmacht, so hängt gemäß § 177 BGB die Wirksamkeit des Vertrags von der Genehmigung des Vertretenen ab. Dies gilt auch für gefälschte oder verfälschte Überweisungsangebote[275]. Damit wird grundsätzlich dem Kreditinstitut das Fälschungsrisiko zugewiesen. Da der Empfänger der Überweisung nicht Partei des Rechtsverhältnisses zwischen Überweisendem und überweisender Bank ist, steht § 181 BGB einer Überweisung des Vertreters an sich selbst nicht entgegen[276].

b) Zugang des Angebots beim überweisenden Kreditinstitut

Das Angebot des Auftraggebers muss dem überweisenden Kreditinstitut zugehen, das heißt, es muss so in den Machtbereich des Empfängers gelangen, dass unter normalen Umständen mit Kenntnisnahme zu rechnen ist[277]. Zum Machtbereich des Empfängers gehören auch Empfangsvorrichtungen wie der Briefkasten oder der elektronische Posteingang. Der Zugang ist allerdings erst vollendet, wenn die Kenntnisnahme durch den Empfänger möglich und nach der Verkehrs-

---

271 *Langenbucher*, § 1 Rz. 9.

272 *Langenbucher*, § 1 Rz. 11, 12; *Nobbe*, WM 2001, Sonderbeilage 5, S. 4; vgl. zur Unwirksamkeit einer Zahlungsanweisung eines Geschäftsunfähigen, BGH 30.03.2004, Az. XI ZR 145/03, juris Rechtsprechung, Rz. 22.

273 *Langenbucher*, § 1 Rz. 10; *Nobbe*, WM 2001, Sonderbeilage 5, S. 4; *Schmalenbach*, Bamberger / Roth, § 676 a Rz. 18.

274 *Heller / Escher-Weingart*, BUB 6/37; *Meder*, JZ 2003, 443, 444.

275 Ständige Rechtsprechung zum alten Recht, vgl. BGH, WM 2001, 1712 = NJW 2001, 2968 mit weiteren Nachweisen; Unverändert auch nach in Kraft treten des Überweisungsgesetzes, vgl: *Langenbucher*, Zahlungsverkehr, § 1 Rz. 13.

276 *Hopt*, Baumbach / Hopt, (7) C/2; *Nobbe*, WM 2001, Sonderbeilage 5, S. 4; BGH, WM 2004, 1546 f.; für eine entsprechende Anwendung von § 181 BGB aber *Rein / Pfeiffer*, BKR 2005, 142 144, kritische Anm. zu BGH 15.06.2004 – XI ZR 220/03.

277 *Heinrichs*, Palandt, § 130 Rz. 5; *Larenz / Wolf, § 26, Rz. 17.*

anschauung zu erwarten ist[278]. Wird also ein schriftlicher Überweisungsauftrag erst am Abend in den Briefkasten des Kreditinstituts geworfen oder eine online-Überweisung in der Nacht aufgegeben, so geht sie am nächsten Geschäftstag zu, da erst dann mit Kenntnisnahme zu rechnen ist.

Die von der Kreditwirtschaft den Kreditinstituten empfohlenen Bedingungen für den Überweisungsverkehr sehen in Zif. II 2.2 für Inlandsüberweisungen und in Zif. III 3.2 für grenzüberschreitende Überweisungen innerhalb der EU und der EWR-Staaten, die Möglichkeit der Vereinbarung einer Annahmefrist vor[279]. Zu welchem Zeitpunkt die Annahmefrist endet, bestimmt sich grundsätzlich nach den institutsindividuellen Erfordernissen des jeweiligen Kreditinstituts[280]. Der Gesetzgeber hat die Vereinbarung eines Annahmefensters bis 15:30 Uhr als zulässig angesehen[281]. Gegen die Vereinbarung einer Annahmefrist bis 12 Uhr in AGB, wie sie von den Kreditinstituten häufig vorgesehen wird, bestehen im Hinblick auf § 307 BGB allerdings erhebliche Bedenken[282], da damit die Ausführungsfrist über Gebühr verlängert und die Haftung des Kreditinstituts aufgeweicht wird[283].

Nach dem Wortlaut der Zif. II 2.2 führt die Vereinbarung einer Annahmefrist dazu, dass die Ausführungsfrist des § 676 a Abs. 2 BGB erst am folgenden Bankgeschäftstag zu laufen beginnt, wenn ein Überweisungsauftrag nach Ablauf der Annahmefrist bei dem Kreditinstitut eingeht. Es ist aber zu überlegen, ob sich die Vereinbarung der in Zif. II 2.2 der Überweisungsbedingungen vorgesehenen Annahmefrist nicht bereits auf den Zeitpunkt des Zugangs auswirkt[284]. Dafür spricht immerhin die Bezeichnung als „Annahmefrist“. Hält man sich an die oben dargestellte Definition, nach der Zugang erst gegeben ist, wenn eine

---

278 *Heinrichs*, Palandt, § 130 Rz. 5.

279 Bedingungen für den Überweisungsverkehr, abgedruckt in ZBB, 2002, 60 ff.

280 Fn. 8 und 9 zu II. 2.2 der Überweisungsbedingungen, ZBB, 2002, 60 ff.

281 BT-Drucks. 14/745, S. 18, (zwar handelt der Gesetzgeber diese Problematik unter dem Gesichtspunkt ab, wann der Kunde mit einer Annahme des Angebots durch das überweisende Kreditinstitut rechnen darf, genau genommen geht es jedoch um die Frage, wann das Angebot dem überweisenden Kreditinstitut zugeht (dazu gleich). Aus dem Zeitpunkt des Zugangs ergibt sich dann, wann der Überweisende mit einer Annahme oder Ablehnung des Kreditinstituts rechnen darf.)

282 Zif. II. 2.2 der Bedingungen für den Überweisungsverkehr i.V.m. B 1.1 des Preis- und Leistungsverzeichnisses der Deutschen Bank; unbedenklich ist dagegen eine Annahmezeit bis 17 Uhr (Postbank) und auch noch bis 14 Uhr (Volksbank Mittelhessen).

283 *Gößmann / van Look*, WM 2000, Sonderbeilage Nr. 1, S. 31; *Casper*, MünchKomm BGB, § 676a Rz. 15.

284 So *Gößmann / van Look*, WM 2000, Sonderbeilage Nr. 1, S. 3; a.A. *Langenbucher*, Zahlungsverkehr, § 1 Rz. 18: ihrer Ansicht nach geht das Angebot auch dann zu, wenn es nach Ablauf der Annahmefrist eingereicht wird.

Kenntnisnahme möglich und nach der Verkehrsanschauung zu erwarten ist, so wirkt sich die Vereinbarung einer Annahmefrist bereits auf den Zugang aus. Ein verständiger Girovertragspartner rechnet, wenn eine Annahmefrist vereinbart ist, nicht damit, dass die von ihm nach Ablauf der Annahmefrist abgegebene Überweisung noch an diesem Tag zur Kenntnis genommen wird.

In der Praxis ist die Frage von untergeordneter Bedeutung, da es für den Kunden in der Regel ohne Belang ist, ob der Zugang und damit möglicherweise der Vertragsschluss noch am selben oder erst am nächsten Tag erfolgt, wenn jedenfalls die Ausführungsfrist erst am nächsten Tag zu laufen beginnt.

Gemäß Zif. II. 2. 2. Abs. 3 der Überweisungsbedingungen beginnt, wenn das Kreditinstitut die Überweisung noch am selben Tag bearbeitet, obwohl das Angebot erst nach Ablauf der Annahmefrist eingegangen ist, die Ausführungsfrist bereits mit Ablauf dieses Tages zu laufen. In diesem Fall ist das Angebot auch schon an diesem Tag zugegangen, da vor der Bearbeitung eine *tatsächliche* Kenntnisnahme durch das Kreditinstitut erfolgt ist[285].

c) Annahme des Angebots durch das Kreditinstitut

Das zugegangene Angebot muss vom überweisenden Kreditinstitut angenommen werden. Eine ausdrückliche Annahme des Angebots auf Abschluss eines Überweisungsvertrags ist im täglichen Geschäftsverkehr die Ausnahme. Allenfalls ein Angebot auf Abschluss eines Barüberweisungsvertrags wird vom Kreditinstitut ausdrücklich angenommen werden. In der ganz überwiegenden Mehrzahl der Fälle erfolgt die Annahme ohne Erklärung gegenüber dem Antragenden gemäß § 151 BGB oder nach § 362 HGB.

aa) Die Annahme nach § 362 HGB

Gemäß § 362 HGB ist ein Kaufmann, dessen Gewerbebetrieb die Besorgung von Geschäften für andere mit sich bringt, verpflichtet, unverzüglich zu antworten, wenn ihm ein Antrag über die Besorgung solcher Geschäfte von jemandem zugeht, mit dem er in Geschäftsverbindungen steht. Tut er dies nicht, so gilt sein Schweigen als Annahme. Aus der Definition des § 1 Abs. 1 KWG ersichtlich handelt es sich bei Kreditinstituten um Kaufleute i.S.v. § 1 Abs. 2 HGB, die Bankgeschäfte für andere besorgen[286].

Stehen die Kreditinstitute z.B. über den Girovertrag mit ihren Kunden in Geschäftsverbindung, so haben sie ein ihnen zugehendes Angebot unverzüglich abzulehnen, wenn sie keinen Vertragsschluss wünschen[287]. Unverzüglich bedeu-

---

[285] *Larenz / Wolf*, § 26 Rz. 29.
[286] *Hopt*, Baumbach-Hopt, § 362 Rz. 3.
[287] *Meder*, JZ 2003, 443, 446.

tet, dass ein Angebot, das sich im Rahmen des nach dem Girovertrag Vereinbarten hält und mit allen erforderlichen Angaben und Deckung zu Beginn eines Geschäftstages eingeht, jedenfalls noch am selben Tag abgelehnt werden müsste[288]. Ein genauer Zeitpunkt für den Vertragsschluss ist nicht feststellbar[289]. Erfolgt keine Ablehnung durch das Kreditinstitut, so ist jedoch spätestens mit Ablauf des Geschäftstages (das heißt bei Geschäftsschluss) der Vertrag als geschlossen anzusehen. Dank dieser Regelung wird es dem Kreditinstitut in der ganz überwiegenden Anzahl der Fälle nicht gelingen, die Annahme des Angebots auf Abschluss eines Überweisungsvertrags und damit den Beginn der Ausführungsfrist hinauszuzögern, wie dies von *Einsele* und *Schimansky* befürchtet wird[290]. Wird das Angebot erst nach Geschäftsschluss an die Bank übermittelt, so ist mit Zugang erst am nächsten Tag zu rechnen und kommt ein Vertrag daher auch erst im Verlauf des nächsten Tages zustande.

Geht bei einem Kreditinstitut ein Angebot auf Abschluss eines Überweisungsvertrags ein, das nicht im Bereich des nach dem Girovertrag Üblichen liegt, so ist dem Kreditinstitut gegebenenfalls eine angemessene Zeitspanne zuzugestehen, um über die Annahme zu entscheiden. Zwar muss gemäß § 362 HGB die Ablehnung grundsätzlich „unverzüglich" erfolgen, unverzüglich bedeutet jedoch lediglich ohne schuldhaftes Zögern. Auch wenn der Begriff „schuldhaft" hier eher weit zu verstehen ist - der Kaufmann trägt sein unternehmerisches Organisationsrisiko[291] - so sind doch Fälle denkbar, in denen aufgrund von Besonderheiten des Überweisungsangebots dem Kreditinstitut im Rahmen des § 362 HGB ein Überlegungszeitraum zugestanden werden muss. Gedacht ist hier beispielweise an eine Überweisung in ein Land ohne geordnetes Kreditwesen oder eine Überweisung, zu deren Ausführung dem Überweisenden ein Kredit gewährt werden müsste[292]. Die Dauer des Überlegungszeitraums hängt von dem jeweiligen Einzelfall ab und kann mehrere Tage betragen. Diese Regelung ist insofern misslich, als der Kunde im Zweifel nicht abschätzen kann, wie viel Überlegungszeit angemessen ist, wann er also davon ausgehen darf, dass eine Ablehnung nicht mehr als unverzüglich gelten könnte und daher ein Vertrag zustande gekommen ist[293].

---

288 Das OLG Koblenz, ZIP 2004, 353, 355 stellt für den Begriff der Unverzüglichkeit in § 362 HGB allerdings auf die in § 676a Abs. 2 S. 2 Nr. 3 i.V.m. S. 3 BGB definierte Frist ab und räumt dem Kreditinstitut daher die Möglichkeit ein, den Antrag bis zum Ablauf des auf den Zugang des Überweisungsauftrags folgenden Bankgeschäftstags zurückzuweisen. a.A. *Casper*, MünchKomm BGB, § 676 a, Rz. 14, der die Dauer dieser Frist für zu weit gehend hält.

289 *Einsele*, JZ 2000, 9, 11; *Langebucher*, Zahlungsverkehr, § 1 Rz. 24.

290 *Einsele*, JZ 2000, 9, 11; *Schimansky*, Bankrechts-Handbuch, Band I, § 49 Rz. 1c.

291 *Hopt*, Baumbach / Hopt, § 362, Rz. 5.

292 *Langenbucher*, Zahlungsverkehr, § 1 Rz. 24.

293 *Einsele*, JZ 2000, 9, 11.

bb) Die Annahme nach § 151 BGB

Insbesondere in den letztgenannten Fällen, in denen dem Kreditinstitut im Rahmen des § 362 HGB eine angemessene Überlegungszeit eingeräumt werden muss, kommt ein Vertragsschluss nach § 151 BGB in Betracht. Gemäß § 151 S. 1 BGB kommt ein Vertrag durch die Annahme des Antrags zustande, ohne dass die Annahme dem Antragenden gegenüber erklärt werden muss, wenn eine solche Erklärung nach der Verkehrssitte nicht zu erwarten ist. Unter den in § 151 BGB genannten Voraussetzungen bedarf es demnach für den Vertragsschluss keiner Annahme*erklärung* in Richtung auf den Antragenden; nicht verzichtet wird jedoch auf die Annahme an sich, die in irgendeiner Form der Betätigung des Annahmewillens nach außen in Erscheinung treten muss[294]. Der reine Entschluss, den Antrag anzunehmen, genügt dagegen nicht[295]. Unerheblich ist, wann der Überweisende den Umständen nach mit der Annahme rechnen konnte[296]. In Anbetracht der Tatsache, dass die Überweisung heute als Massenzahlungsverkehrsmittel einzustufen ist, kann ohne weiteres davon ausgegangen werden, dass eine Annahmeerklärung nach der Verkehrssitte nicht zu erwarten ist[297]. Die Betätigung des Annahmewillens kann in der Regel im Beginn der Ausführung der Überweisung gesehen werden, der zumeist eine Prüfung der Ausführbarkeit vorausgeht[298]. Nachweisbar wird der Annahmewille spätestens mit Belastung des Kontos des Überweisenden[299].

Problematisch sind allerdings die Fälle der so genannten Nachdisposition. In der Praxis werden, insbesondere bei online-Überweisungen, häufig die zur Durchführung der Überweisung notwendigen Buchungen automatisch durchgeführt, ohne dass die Bank diese auf ihre Berechtigung hin überprüft hat. Erst im Rahmen der so genannten Nachdisposition wird festgestellt, ob die Angaben korrekt sind und Deckung vorhanden ist. Ist dies der Fall, so wird die Überweisung freigegeben, andernfalls erfolgt eine Stornierung der Buchungen. Bis zum Inkrafttreten des Überweisungsgesetzes wurde davon ausgegangen, dass im Fall der Nachdisposition die Belastungsbuchung ein rein technischer und nicht von einem rechtsgeschäftlichen Willen getragener Akt ist[300]. Heute stellt sich die Frage, ob im Falle der Nachdisposition im Beginn der Durchführung der Überweisung und spätestens in der Belastungsbuchung von einem Vertragsschluss

---

294 *Larenz / Wolf*, § 30, Rz. 7; *Medicus*, Allgemeiner Teil des BGB, § 26 Rz. 382; *Einsele*, JZ 2000, 9, 11.

295 So aber *Flume*, Allgemeiner Teil des Bürgerlichen Rechts, § 35 II 3.

296 Darauf fälschlicherweise abstellend: BT-Drucks. 14/745 S. 18.

297 *Langenbucher*, Zahlungsverkehr, § 1 Rz. 20.

298 *Hadding*, Festgabe zu 50 Jahren BGH, Band II, 2000, S. 425, 444.

299 *Langenbucher*, Zahlungsverkehr, § 1 Rz. 25.

300 *Gößmann / van Look*, WM 2000, Sonderbeilagen Nr. 1, S. 33; BGH NJW 2000, 804; siehe dazu oben: 3. Kapitel § 1 I.

nach § 151 BGB ausgegangen werden kann[301]. Dagegen spricht, dass im Rahmen der elektronischen Verfahren Überweisungen vollautomatisch und ohne jede Mitwirkung und ohne vorherige Überprüfungsmöglichkeit der Bank ausgeführt werden. In einer solchen, nur durch den Kunden erwirkten, Belastungsbuchung kann daher keine Annahme der Bank i.S.d. § 151 BGB gesehen werden[302]. Allerdings erfolgt die Annahme des Überweisungsvertrags in diesen Fällen nicht generell erst mit der Nachdisposition[303]. Vielmehr ist auch im Falle der Nachdisposition eine Annahme des Überweisungsvertrags durch bloßes Schweigen nach § 362 Abs. 1 S. 1 HGB möglich[304].

cc) Zusammenfassung

Zusammenfassend ist festzuhalten, dass der Vertragsschluss überwiegend nach § 362 HGB erfolgt, da hier das bloße Schweigen einer Annahmeerklärung gleichkommt, ohne dass es einer Betätigung des Annahmewillens bedarf. In Fällen, in denen dem Kreditinstitut im Rahmen des § 362 BGB allerdings eine Überlegungsfrist zugestanden wird, kommt § 151 BGB zum Tragen, da der Vertrag danach jedenfalls dann zustande kommt, wenn ein Wille des Kreditinstituts nach außen manifestiert wird[305]. Für den Kunden bedeutet das, dass er zwar in der Regel aus dem Schweigen des Kreditinstituts schließen kann, dass sein Angebot auf Abschluss eines Überweisungsvertrags angenommen wurde. Zu welchem genauen Zeitpunkt dies allerdings geschehen ist, wird er grundsätzlich nicht nachvollziehen können[306].

d) Kontrahierungszwang

Aus der Konstruktion der Überweisung als Vertrag ergibt sich, dass das Kreditinstitut grundsätzlich die Möglichkeit hat, das Angebot des Kunden auf Abschluss eines Überweisungsvertrags abzulehnen. Eine Verpflichtung des Kreditinstituts, Überweisungsverträge anzunehmen, ist in den §§ 676 a ff BGB nicht vorgesehen.

---

[301] So *Casper*, MünchKomm BGB, § 676 a, Rz. 14.

[302] OLG Koblenz, ZIP 2004, 353.

[303] BGH, NJW 2005, 1771, 1772 in ausdrücklicher Korrektur des Urteils des OLG Koblenz, ZIP 2004, 353.

[304] BGH, NJW 2005, 1771, 1772; Während also der Überweisungsvertrag auch in den Fällen der Nachdisposition nach § 362 Abs. 1 S. 1 HGB zustande kommen kann, ist für die Geltendmachung des Aufwendungsersatz- bzw. Vorschussanspruchs nach §§ 669, 670, 675 Abs. 1 BGB eine zumindest konkludente Äußerung der Bank erforderlich. Diese Äußerung ist zwar grundsätzlich in der Belastungsbuchung zu sehen, nicht aber, wenn diese ohne Zutun der Bank im Wege des elektronischen Datenverkehrs erfolgt. In diesem Falle wird der Vorschuss- bzw. Aufwendungsersatzanspruch erst mit der Nachdisposition durch die Bank geltend gemacht.

[305] *Langenbucher*, Zahlungsverkehr, § 1 Rz. 25.

[306] *Einsele*, JZ 2000, 9, 11.

aa) Der historische Wille des Gesetzgebers

Nach dem historischen Willen des Gesetzgeber soll das Kreditinstitut zum Abschluss eines Überweisungsvertrags nicht verpflichtet sein und zwar auch dann nicht, wenn zwischen Überweisendem und überweisendem Kreditinstitut ein Girovertrag besteht[307]. Begründet wird dies mit einem Verweis auf Art. 5 Richtlinie 97/5/EG[308] und dem Argument, dass das Kreditinstitut sich mit Abschluss des Überweisungsvertrags zur Herbeiführung des Überweisungserfolgs verpflichte und dabei auch für das Verhalten der zwischengeschalteten Kreditinstitute nach § 287 BGB einstehen müsse[309]. Da es also mit dem Abschluss des Überweisungsvertrags weitreichende Verpflichtungen eingehe, müsse das Kreditinstitut – auch bei Bestehen eines Girovertrags – die Möglichkeit haben, das Angebot des Kunden abzulehnen. Der Gesetzgeber erkannte zwar an, dass dies dem Sinn des Girovertrags (§ 676 f BGB), der unter anderem gerade die Abwicklung von Überweisungen ermöglichen soll, zuwiderläuft, ging jedoch davon aus, dass die Ablehnung eines Überweisungsvertrags im Rahmen eines Girovertrags in der Praxis „naturgemäß regelmäßig die Ausnahme" sein werde. In Fällen atypischer Überweisungen sei die Möglichkeit des Kreditinstituts, den Abschluss des Überweisungsvertrags abzulehnen, jedoch von Bedeutung. Beispielhaft wird hierfür die Überweisung in ein Land ohne geordnetes Kreditwesen aufgeführt sowie die Überweisung, bei deren Ausführung der Verdacht der Geldwäsche entstehe, sowie nicht zuletzt Überweisungen zur Begünstigung von rechtsradikalen Gruppierungen[310].

Für die seltenen Fälle einer Barüberweisung ist die vom Gesetzgeber vorgesehene Abschlussfreiheit sachgerecht und unumstritten[311].

Heftig umstritten ist jedoch die Frage, ob das Kreditinstitut nach dem geltenden deutschen Überweisungsrecht auch dann über den Abschluss der einzelnen Überweisungsverträge frei entscheiden kann, wenn zwischen den Parteien ein Giroverhältnis besteht[312].

---

307 BT-Drucks. 14/745, S. 19.

308 S.o.: 2. Kapitel § 1 III 1.

309 Nach zuvor geltendem Recht musste das überweisende Kreditinstitut bei mehrgliedrigen Überweisungen lediglich die Weisung des Kunden an die erste Zwischenbank weiterleiten und die ihr die für die Überweisung notwendigen Informationen sowie Deckung in Höhe des Überweisungsbetrags zukommen lassen (*Bydlinsky*, WM 1999, 1046, 1049). Eine Verantwortlichkeit für zwischengeschaltete Kreditinstitute nach § 278 BGB bestand im Gegensatz zum heutigen Recht nicht.

310 BT-Drucks. 14/745 S. 19.

311 S.o.: Kapitel 2 § 1 III 1; *Langenbucher*, Zahlungsverkehr, § 1 Rz. 29 Fn. 67; *Schulz*, ZBB 1999, 287, 291.

312 Für eine Abschlussfreiheit des Instituts: *Schmalenbach*, Bamberger / Roth, § 676 a, Rz. 19; v. *Westphalen*, Erman, § 676 a, Rz. 11; *Einsele*, JZ 2000, 9, 11; *Schulz*, ZBB 1999, 287. 291;

bb) Die Rechtslage vor Einführung des Überweisungsgesetzes

Vor Einführung des Überweisungsgesetzes war das Kreditinstitut zur Ausführung einer Überweisung verpflichtet, wenn zwischen ihm und dem Kunden ein Girovertrag bestand und der vom Kunden erteilte Überweisungsauftrag alle nach dem Girovertrag erforderlichen Voraussetzungen erfüllte[313]. Überweisungsaufträge, die sich im Rahmen des im Girovertrag Zugesagten hielten, konnten vom Kreditinstitut folglich nicht abgelehnt werden.

cc) Kein Kontrahierungszwang allein aufgrund des Girovertrags

Es wird vertreten, dass das Kreditinstitut auch nach Einführung des Überweisungsgesetzes ein Angebot auf Abschluss eines Überweisungsvertrags nur aus wichtigem Grund ablehnen dürfe[314]. Dies ergäbe sich aus dem in der deutschen Regelung angelegten Verhältnis von Giro- zu Überweisungsvertrag. Auch nach der gesetzlichen Konzeption der §§ 676 a ff BGB sei der Girovertrag ein Rahmenvertrag, gerichtet auf die Abwicklung des bargeldlosen Zahlungsverkehrs, der durch den einzelnen Überweisungsvertrag ausgefüllt wird. Ein Kontrahierungszwang für Standardverträge ergäbe sich aus dem durch den Rahmenvertrag geschaffenen Interessenwahrungs- und Vertrauensverhältnis[315] und der Tatsache, dass Zweck des Girovertrags unter anderem gerade die Ausführung von Überweisungen ist[316]. Dem ist insofern zuzustimmen, als der Zweck des Girovertrags gerade darin besteht, dass der Kunde die Möglichkeit erhält, aktiv am bargeldlosen Zahlungsverkehr teilzunehmen. Im Hinblick auf diesen Vertragszweck liegt es nahe, die Regelungen der §§ 676a ff BGB dahingehend auszulegen, dass eine Ablehnung des Angebots auf Abschluss eines Überweisungsvertrags nur aus wichtigem Grund zulässig ist.

Risse / Lindner, BB 1999, 2201, 2202; *Feldhahn*, Die Bankenhaftung des neuen Überweisungsrechts, 2003, 24 ff; für eine Beschränkung der Abschlussfreiheit: *Langenbucher*, Zahlungsverkehr, § 1 Rz. 28 ff; *Becher*, DStR 1999, *Casper*, MünchKomm BGB, § 676 a BGB, Rz. 16; *Gesmann-Nuissl*, JA 465, 457; *Gößmann / van Look*, WM 2000, Sonderbeilage 1, S. 22; *Wilkens*, MDR 1999, 1236, 1237.

[313] *Becher*, DStR 1999, 1360, 1361; *Grundmann*, WM 2000, 2269, 2274.

[314] *Becher*, DStR 1999, 1360, 1362; *Gesmann-Nuissl*, JA 2000, 465, 467; *Gößmann / van Look*, WM 2000, Sonderbeilage 1, S. 22; *Wilkens*, MDR 1999, 1236, 1237. Teilweise wird von einem Kontrahierungszwang, teils von einer Ablehnung nur aus wichtigem Grund gesprochen. Das Ergebnis ist jedoch in beiden Fällen gleich: Ein grundsätzlicher Kontrahierungszwang für Standardüberweisungen und eine Ablehnungsmöglichkeit nur aus wichtigem Grund.

[315] *Gößmann / van Look*, WM 2000, Sonderbeilage 1, S. 22.

[316] *Casper*, MünchKomm BGB, § 676 a Rz. 16; *Hopt*, Baumbach / Hopt, BankGesch (7) C/2; *Kümpel*, Bank- und Kapitalmarksrecht, Rz. 4.131; *Meder*, JZ 2003, 443, 446; *Nobbe*, WM 2001, Sonderbeilage Nr. 4, S. 4; *Schulz*, ZBB 1999, 287, 291; *Sprau*, Palandt, § 676 f, Rz. 14.

Dieser Auslegung ist jedoch entgegenzuhalten, dass nach dem Wortlaut des § 676 f BGB das Kreditinstitut durch den Girovertrag lediglich dazu verpflichtet ist, *abgeschlossene* Überweisungsverträge zu Lasten des Kontos abzuwickeln. Dies ist zwar insofern verblüffend, als sich diese Verpflichtung bereits aus dem geschlossenen Überweisungsvertrag ergibt und eine weitere Verpflichtung aus dem Girovertrag daher völlig überflüssig ist[317]. Dennoch ist daraus möglicherweise der Umkehrschluss zu ziehen, dass eine Pflicht zum *Abschluss* eines Überweisungsvertrags aus dem Girovertrag nicht abgeleitet werden kann[318]. Auch die Systematik der §§ 676 a ff BGB spricht insofern gegen eine solche Verpflichtung, als sie durch die Regelung des § 676 a Abs. 3 S. 1 BGB, nach der das Kreditinstitut den Überweisungsvertrag bis zu Beginn der Ausführungsfrist ohne Angaben von Gründen kündigen darf, wieder entwertet würde[319]. Aus dieser Bestimmung ergibt sich vielmehr, dass nach der gesetzlichen Konzeption bis zum Beginn der Ausführungsfrist eine Verpflichtung des Kreditinstituts zum Abschluss eines Überweisungsvertrags nicht bestehen soll[320].

Während also der Zweck und das Wesen des Girovertrags für einen Kontrahierungszwang für Standardüberweisungen sprechen, spricht der Wortlaut des § 676 f BGB und die Systematik der § 676 a ff BGB dagegen. Berücksichtigt man außerdem, dass der Gesetzgeber ausdrücklich festgestellt hat, dass die Institute nicht verpflichtet sein sollen, Überweisungsaufträge anzunehmen, so deutet vieles darauf hin, dass ein Kontrahierungszwang des Kreditinstituts auch im Rahmen eines Girovertrags nicht besteht[321]. Dies bedeutete für die Rechtsstellung des Kunden zweifellos einen Rückschritt gegenüber der vor In-Kraft-Treten des Überweisungsgesetzes geltenden Regelung. Ein anderes Ergebnis könnte sich allerdings daraus ergeben, dass nicht vergessen werden darf, dass die §§ 676 a ff BGB auf der Richtlinie 97/5/ EG beruhen.

dd) Kein Kontrahierungszwang aufgrund unmittelbarer Anwendbarkeit

Ein Kontrahierungszwang aufgrund unmittelbarer Anwendbarkeit käme allenfalls gegenüber den öffentlich-rechtlichen Banken nicht aber gegenüber den privaten Geschäftsbanken und den Genossenschaftsbanken in Betracht. Eine Richtlinie verpflichtet, gerade im Gegensatz zur Verordnung, aus dem Wortlaut des Art. 249 Abs. 3 EG ersichtlich, grundsätzlich nur die Mitgliedstaaten. Eine unmittelbare Drittwirkung der Richtlinie im Verhältnis von Privatrechtssubjek-

---

[317] *Kümpel*, Bank- und Kapitalmarktrecht, Rz. 4.127: zwischen den beiden Ansprüchen besteht Anspruchskonkurrenz.

[318] *Schmalenbach*, Bamberger / Roth, 676 a Rz. 19 und § 676 f Rz. 18.

[319] *Einsele*, JZ 2000, 9, 10, 11; zu den notwendigen Einschränkungen des Kündigungsrechts s.u.: 4. Kapitel § 2 V 1 a).

[320] *Risse / Lindner*, BB 1999, 2201, 2202.

[321] So *Schmalenbach*, Bamberger / Roth, § 676 f Rz. 18; *Bydlinski* WM 1999, 1046, 1048.

ten ist daher in der Regel unzulässig[322]. Anderes könnte allerdings für die nach öffentlichem Recht organisierten Kreditinstitute, namentlich die Sparkassen und Landesbanken gelten[323]. Diese unterliegen dem öffentlichen Wirtschaftsrecht und erfüllen einen öffentlichen Auftrag, der jedenfalls neben die Gewinnerzielungsabsicht steht[324]. Aber auch im Verhältnis zu diesen scheitert eine unmittelbare Anwendbarkeit, da hierfür das Vorliegen einer unbedingten und hinreichend genauen Richtliniennorm notwendig ist. Nur eine „rechtlich vollkommene" Norm kann unmittelbar angewandt werden[325]. Wie bereits dargestellt, enthält die Richtlinie 97/5/EG zwar zahlreiche Anhaltspunkt dafür, dass die Möglichkeit, eine Überweisung im Rahmen eines Giroverhältnisses abzulehnen, nicht vorgesehen ist[326]. Eine ausdrückliche Norm, die eine Pflicht zur Ausführung in Auftrag gegebener Überweisungen vorsähe, existiert jedoch nicht.

ee) Kontrahierungszwang aufgrund richtlinienkonformer Auslegung

Zu überlegen ist jedoch, ob möglicherweise ein Kontrahierungszwang aufgrund richtlinienkonformer Auslegung anzunehmen ist. Art. 249 Abs. 3 EGV i.V.m. Art. 10 EG verpflichtet alle Träger öffentlicher Gewalt, und damit im Rahmen ihrer Zuständigkeit auch die Gerichte, bei der Anwendung nationalen Rechts dessen Auslegung soweit wie möglich am Wortlaut und Zweck der Richtlinie auszurichten, um das mit der Richtlinie verfolgte Ziel zu erreichen[327]. Ziel der Richtlinie war nach deren Erwägungsgrund 6 und 9 unter anderem die Steigerung der Effizienz des grenzüberschreitenden Überweisungsverkehrs ebenso wie die Durchsetzung kurzer Fristen bei der Ausführung von grenzüberschreitenden Überweisungen. Diesen Zielen läuft die deutsche Regelung insofern zuwider, als das Kreditinstitut auch den Abschluss eines Standardüberweisungsvertrags ohne weiteres ablehnen könnte, wenn es feststellen sollte, dass die Überweisung nicht innerhalb der vorgegebenen Frist ausgeführt werden kann oder dass sie aus Gründen der Liquiditätssteuerung zurückgehalten werden sollte[328].

---

[322] Vgl. dazu ausführlich: *Langenbucher,* Europarechtliche Bezüge des Privatrechts, § 1 Rz. 74.

[323] Allerdings wäre auch hier nur für grenzüberschreitende Überweisungen, also nur im Regelungsbereich der Richtlinie, eine unmittelbare Anwendbarkeit denkbar, während sie im überschießenden Teil der Umsetzung Richtlinie nicht möglich ist, *Canaris,* FS Bydlinski, 47, 79.

[324] *Claussen,* Bank- und Börsenrecht, § 2 Rz. 5 und 7.

[325] *Langenbucher,* Europarechtliche Bezüge des Privatrechts, § 1 Rz. 56, mit Verweis auf EuGH v. 15.12 1983, Rs. 5/83 (Rienks), Slg. 1983, 4233 Rz. 8.

[326] S.o.: 2. Kapitel § 1 III 1.

[327] EuGH RS. C-106/89, Marleasing, Slg 1990, I-4135 (4259); EuGH, RS. 14/83, von Colson und Kamann, Slg 1984, 1891/1909, Rn. 26; verb. RS. C-71, 72, 73/94, Eurim-Pharm/Beiersdorf, Slg 1996, I-3603/3617, Rn 26.

[328] *Langenbucher*, Zahlungsverkehr, § 1 Rz. 29; *Schimansky*, Bankrechts-Handbuch, Band I, § 49, Rz. 1c.

Zu erwägen ist daher eine richtlinienkonforme Auslegung der deutschen Regelung dergestalt, dass die Kreditinstitute bei Bestehen eines Girovertrags grundsätzlich verpflichtet sind, Überweisungsaufträge anzunehmen[329]. Auf diese Weise würde gesichert, dass die Institute den Beginn der Ausführungsfristen nicht durch die Nichtannahme des Angebots auf Abschluss des Überweisungsvertrags beeinflussen und damit die für die Überschreitung der Fristen vorgesehenen Sanktionen umgehen können. Es ergäbe sich ein auf richtlinienkonformer Auslegung der deutschen Regelungen gegründeter Kontrahierungszwang für Standardüberweisungen im Rahmen eines Girovertrags.

(1) Hinreichende Bestimmtheit von Ziel und Inhalt der Richtlinie

Voraussetzung für eine richtlinienkonforme Auslegung ist, dass sich aus Ziel und Inhalt der Richtlinie mit hinreichender Bestimmtheit ergibt, dass das Kreditinstitut zur Ausführung einer Überweisung im Rahmen eines Girovertrags grundsätzlich verpflichtet sein soll. Hätte die Richtlinie dem nationalen Gesetzgeber insoweit Spielraum gelassen, so käme sie innerhalb dieses Spielraums als Auslegungskriterium nicht in Betracht[330].

Eine ausdrückliche Aussage zu der Frage, ob die Institute berechtigt sind, einen Überweisungsauftrag eines Kunden abzulehnen, enthält die Richtlinie nicht. Allerdings geht indirekt aus den verschiedenen Regelungen sowie den Erwägungsgründen der Richtlinie hervor, dass deren Verfasser davon ausgingen, dass die Institute grundsätzlich verpflichtet sein sollten, Überweisungsaufträge anzunehmen[331]. Im Hinblick auf diese Verpflichtung ließ die Richtlinie folglich keinen Spielraum. Es wurde bereits gezeigt, dass die vom Gesetzgeber gewählte Umsetzung der Richtlinie im Wege einer Vertragskonstruktion dennoch eine mögliche Variante darstellte[332]. Vorausgesetzt wurde dabei aber, dass Unstimmigkeiten mit den Vorgaben der Richtlinie gegebenenfalls an einzelnen Stellen ausgeräumt werden. Hier zeigt sich nun die erste Stelle, an der es einer solchen Korrektur der deutschen Regelung bedarf.

(2) Vorrang der richtlinienkonformen Auslegung

Art. 249 Abs. 3 EG verpflichtet die Mitgliedstaaten Ziel und Inhalt der Richtlinie im nationalen Recht zu verwirklichen. Diese Verpflichtung erstreckt sich

---

[329] *Langenbucher*, Zahlungsverkehr, § 1 Rz. 29; *Schimansky*, Bankrechts-Handbuch, Band I, § 49, Rz. 1c, der allerdings den Standpunkt vertritt, dass im Wege richtlinienkonformer Auslegung weiterhin insgesamt von einem Weisungsmodell auszugehen ist (s.o.).
[330] *Canaris*, FS Bydlinski, S. 47, 77, 78.
[331] S.o.: 2. Kapitel § 1 III 1; 3. Kapitel § 2 II 1.
[332] S.o.: 4. Kapitel § 2 I 1.

auch auf die Gerichte, deren Aufgabe es ist, dem Zweck und Inhalt der Richtlinie durch entsprechende Auslegung der nationalen Normen Geltung zu verschaffen[333]. Da dieser in Art. 249 Abs. 3 EG enthaltene Auftrag im Aufbau unserer Rechtsordnung über dem nationalen Recht steht, ist die richtlinienkonforme Auslegung gegenüber anderen Auslegungskriterien vorrangig[334].

(3) Grenzen der richtlinienkonformen Auslegung

Die betroffenen deutschen Regelungen sind einer richtlinienkonformen Auslegung grundsätzlich zugänglich. Zwar mag man geneigt sein, beim Stichwort der richtlinienkonformen Auslegung insbesondere an Generalklauseln und unbestimmte Rechtsbegriffe zu denken, die sich wegen ihrer Offenheit hierfür besonders eignen. Es sind aber auch tatbestandlich präzise Normen richtlinienkonformer Auslegung zugänglich, vorausgesetzt, dass, wie hier, mehrere Auslegungskriterien kollidieren[335].

Die Befürchtung, die Annahme eines Kontrahierungszwangs bedeute ein contra-legem-Judizieren[336], ist nicht begründet[337]. Ein solcher Verstoß wäre anzunehmen, wenn das durch richtlinienkonforme Auslegung gefundene Ergebnis dem eindeutigen Willen des Gesetzgebers widerspräche[338] und möglicherweise auch dann, wenn der eindeutige Wortlaut der Regelung entgegenstünde[339]. Hinsichtlich des Wortlauts des § 676 f BGB wurde bereits festgestellt, dass dort festgelegt wird, dass die Institute abgeschlossene Überweisungsverträge auszuführen haben. Zwar kann daraus der Umkehrschluss gezogen werden, dass eine Pflicht zum Abschluss von Überweisungsverträgen nicht besteht, zwingend ist dieser Schluss jedoch nicht, insbesondere wenn man berücksichtigt, dass die ge-

---

333 EuGH v. 10.4.1984, RS. 14/83, Slg. 1984, 1891, 1909, Rz. 26 (von Colson und Kamann); EuGH v. 10.4.1984, RS. 79/83, Slg. 1984, 1921, 1942, Rz. 26 (Harz); EuGH v. 13.11.1990, RS. 106/89, Slg. 1990, I-4135 (Mareleasing).

334 *Canaris,* FS Bydlinski, S. 47, 68 f; *Langenbucher,* Europarechtliche Bezüge des Privatrechts, § 1 Rz. 85; a.A. *Di Fabio* in NJW 1990, 947, 952: danach können zwar Ziel und Inhalt der Richtlinie als Auslegungskriterium herangezogen werden, die Richtlinie kann aber nicht als imperatives, andere Kriterien überspielendes Merkmal verstanden werden.

335 *Canaris,* FS Bydlinski, S. 47, 72.

336 Mit dem Begriff des contra-legem-Judizierens soll hier die Rechtsfindung bezeichnet werden, die die Grenzen zulässiger richterlicher Auslegung und Rechtsfortbildung überschreitet. (*Canaris,* FS Bydlinski, S. 47, 91; *Bydlinski,* in Koller/Hager/Junker/Singer/Neuner, Einheit und Folgerichtigkeit im Juristischen Denken (1998), S. 27 ff; a.A.: *Neuner,* Die Rechtsfindung contra legem (1992), 132).

337 Diese äußert *Gößmann / van Look,* WM 2000, Sonderbeilage 1, S. 22.

338 *Langenbucher,* Die Risikozuordnung im bargeldlosen Zahlungsverkehr, S. 138.

339 *Brechmann,* Die richtlinienkonforme Auslegung, S. 372 f. (Contra-legem-Judizieren liegt vor, wenn Wortlaut und Zweck der Regelung übereinstimmend der Erreichung des richtlinienkonformen Ergebnisses entgegenstehen; *Canaris,* FS Bydlinski, S. 47, 96)

nannte Vorschrift eigentlich überflüssig ist[340]. Eine *eindeutige* Aussage gegen einen Kontrahierungszwang lässt sich dem Wortlaut des Gesetzes nicht entnehmen. Der Wille des historischen Gesetzgebers auf der anderen Seite lautete zwar dahingehend, dass ein Kontrahierungszwang auch bei Vorliegen eines Girovertrags nicht bestehen solle, die Willensbildung des Gesetzgebers basierte jedoch auf der falschen Vorstellung, nur auf diese Weise den Vorgaben der Richtlinie gerecht werden zu können[341]. Zu bedenken ist daher, dass der Gesetzgeber in erster Linie die Richtlinie 97/5/ EG umsetzen wollte. Es handelt sich also nicht um eine bewusste Entscheidung des Gesetzgebers, von den Vorgaben der Richtlinie abzuweichen, sondern um einen nicht vollständig geglückten Versuch, die Richtlinie umzusetzen. Vorrangig ist daher der Wille des Gesetzgebers zu beachten, der Richtlinie umfassend zur Geltung zu verhelfen[342]. Aus deren Wertungen ist jedoch auf einen Kontrahierungszwang der Institute zu schließen[343]. Geht man im Wege richtlinienkonformer Auslegung davon aus, dass ein Kontrahierungszwang besteht, so bedeutet dies gleichzeitig, dass die Regelung des § 676 Abs. 3 S. 1 Alt. 1 BGB ebenfalls richtlinienkonform so auszulegen ist, dass eine Kündigung des Überweisungsvertrags durch das Kreditinstitut nur aus wichtigem Grund analog § 313 Abs. 1 und 2 BGB zulässig ist[344].

(4) Reichweite der richtlinienkonformen Auslegung

Der Kontrahierungszwang gilt auch in dem Bereich des Rechts der Überweisung, der durch überschießende Umsetzung entstanden ist (Inlandsüberweisungen). Zwar besteht in diesem Bereich keine gemeinschaftsrechtliche Pflicht zur richtlinienkonformen Auslegung[345], der Wille des nationalen Gesetzgebers ging jedoch dahin, dass innereuropäisch grenzüberschreitende und inländische Überweisungen grundsätzlich gleich zu behandeln sind[346]. Aus diesem Einheitlichkeitswillen des Gesetzgebers ergibt sich, dass eine gespaltene Auslegung zu vermeiden ist[347].

---

[340] S.o.: 4. Kapitel § 2 II 1 d) cc).

[341] S.o.: 4. Kapitel § 2 II 1 d) cc).

[342] So auch *Herresthal,* Europarechtliche Bezüge des Privatrechts, § 2 Rz. 160: seiner Ansicht nach ist, jedenfalls im Anwendungsbereich der Richtlinie, der konkretisierte Wille des Gesetzgebers dann überwindbar, wenn dieser auf einem Fehlverständnis der Richtlinie beruht, die der Gesetzgeber umzusetzen wollte. In diesem Fall fehlt es an einem bewussten Entschluss, die Regelungen im Widerspruch zu den Vorgaben der Richtlinie zu treffen.

[343] S.o.: 2. Kapitel § 1 III 1.

[344] *Langenbucher,* Zahlungsverkehr, § 1 Rz. 50, siehe näher dazu unten: 4. Kapitel § 2 V 1 a).

[345] *Langenbucher,* Europarechtliche Bezüge des Privatrechts, § 1 Rz. 105.

[346] BT-Drucks. 14/745 S. 9 f.

[347] *Herresthal,* Europarechtliche Bezüge des Privatrechts § 2 Rz. 155 f.

ff) Reichweite des Kontrahierungszwangs

Zwar ist nach dem Gesagten bei Bestehen eines Girovertrags, grundsätzlich von einem Kontrahierungszwang der Institute auszugehen, dieser endet jedoch dort, wo das Kreditinstitut ein berechtigtes Interesse daran hat, den Überweisungsvertrag abzulehnen. So muss es dem Institut in jedem Fall freistehen, einen Überweisungsauftrag abzulehnen, wenn die dem Auftraggeber auferlegten Pflichten oder Obliegenheiten nicht erfüllt sind, zum Beispiel weil keine Deckung vorhanden ist, notwendige Angaben fehlen oder unleserlich sind oder auch weil der Auftraggeber sich weigert, seiner Meldepflicht nach §§ 59 ff. AWV nachzukommen. Aber auch solche Überweisungsaufträge, deren Ausführung für das Kreditinstitut mit einem besonderen Risiko verbunden ist, sei es, weil die Überweisung in ein Land ohne geordnetes Kreditwesen erfolgen soll oder weil der Verdacht der Geldwäsche besteht, sind vom Kontrahierungszwang ausgenommen[348]. Diese Einschränkung des Kontrahierungszwangs widerspricht den Zielen der Richtlinie nicht, da die Befugnis Überweisungsaufträge abzulehnen nur in Ausnahmefällen besteht, in denen ein schützenswertes Interesse der Institute gegeben ist. Kein Kontrahierungszwang besteht aus Gründen der Vertragsfreiheit außerdem unstreitig dann, wenn zwischen dem Institut und demjenigen, der den Antrag auf Abschluss eines Überweisungsvertrags abgibt, keine Geschäftsbeziehung, insbesondere kein Girovertragsverhältnis besteht.

gg) Praxis

In der Praxis wird sich der Kontrahierungszwang in der Regel schwer durchsetzen lassen, da eine Klage auf Abschluss eines Überweisungsvertrags für den Kunden schon aufgrund des Zeitverlustes nicht realistisch ist. Erleidet der Kunde aber aufgrund der Nichtausführung einen Schaden, so besteht immerhin möglicherweise ein Anspruch aus §§ 280 Abs. 1, 676 f BGB[349].

Zu bedenken ist auf der anderen Seite, dass auch im Hinblick auf die Abschlussfreiheit Parteivereinbarungen möglich sind und in der Praxis auch getroffen werden. Da zugunsten des Kunden von § 676 a Abs. 3 S. 1 BGB abgewichen werden darf, kann – auch durch AGB – im Rahmen des Girovertrags eine Pflicht des Kreditinstituts auf Abschluss von Standardüberweisungsverträgen vereinbart werden[350]. So sieht Zif. I der Überweisungsbedingungen, deren Anwendung ge-

[348] *Gesmann-Nuissl*, JA 2000, 465, 467; *Langenbucher*, Zahlungsverkehr, § 1 Rz. 27; *Casper*, MünchKomm BGB, § 676 a, Rz. 16; *Sprau*, Palandt, § 676 f Rz. 3.

[349] *Langenbucher*, Die Risikozuordnung im bargeldlosen Zahlungsverkehr, S. 138 f.

[350] *Sprau*, Palandt, § 676 f, Rz. 14; BGH WM 2004, 1546: Leitsatz: „§ 676 a BGB hindert Kreditinstitute nicht daran, sich rechtsgeschäftlich zum Abschluss von Überweisungsverträgen und zur Durchführung von Überweisungen zu verpflichten.“; ob durch vertragliche Vereinbarung eine Rückkehr zum Weisungsmodell möglich ist, ist umstritten: dagegen: *Casper*, MünchKomm BGB, § 676 a, Rz. 18 der anführt, dass es sich bei § 676 a BGB um

mäß Nr. 1 Abs. 1 S. 2 AGB-Banken bereits bei Kontoeröffnung vereinbart werden kann, vor, dass die Bank Überweisungen ausführt, wenn die für die Ausführung der Überweisung erforderlichen Angaben vorliegen und ein zur Ausführung der Überweisung ausreichendes Guthaben vorhanden oder ein ausreichender Kredit eingeräumt ist. Die Formulierung lässt darauf schließen, dass sich das Kreditinstitut mit dieser Vereinbarung verpflichtet, Angebote auf Abschluss eines Überweisungsvertrags anzunehmen, wenn die genannten Voraussetzungen vorliegen. Bestätigt wird diese Vertragsauslegung durch Zif. II Nr. 1 Abs. 2 S. 2, III Nr. 1 Abs. 2 S. 2 und VI Nr. 1 Abs. 2 S. 2, die jeweils vorsieht, dass das Institut die Ausführung der Überweisung ablehnen kann, wenn die Angaben unleserlich, unvollständig oder fehlerhaft sind und daneben auf die Ziffern zum Kündigungsrecht der Bank verweist. Daraus geht hervor, dass das Institut nur bei Vorliegen der genannten Gründe berechtigt ist, einen Antrag auf Überweisung abzulehnen, während es im Übrigen den Antrag annehmen muss und sich lediglich im Wege der Kündigung wieder von seinen Verpflichtungen befreien kann. Die in den Überweisungsbedingungen vorgesehene Verpflichtung der Banken, Überweisungsaufträge anzunehmen, reicht damit weiter, als dies auch nach der dargestellten richtlinienkonformen Auslegung des Gesetzes notwendig wäre.

An dieser Stelle mag man sich fragen, warum geklärt werden musste, ob ein Kontrahierungszwang besteht, wenn doch in der Praxis aufgrund der geltenden AGB bei jedem Girovertrag ein Kontrahierungszwang des Instituts für Überweisungen vereinbart wird. Dabei ist aber zu berücksichtigen, dass es zur Umsetzung einer Richtlinie nicht ausreicht, dass die innerstaatliche Praxis mit dem durch die Richtlinie geforderten Zustand übereinstimmt. Vielmehr muss zumindest ein rechtlicher Rahmen in Form von allgemein verbindlichen Normen bestehen, der richtlinienkonform so ausgelegt wird, dass die Verwirklichung der Ziele der Richtlinie gewährleistet ist[351].

Damit ist festzuhalten, dass die Kreditinstitute, von wenigen Ausnahmen abgesehen, verpflichtet sind, das Angebot eines Kunden zum Abschluss eines Überweisungsvertrags anzunehmen. Diese Verpflichtung ergibt sich aus richtlinienkonformer Auslegung der §§ 676 a ff BGB.

---

zwingendes Recht handelt; dafür: *Langenbucher*, Zahlungsverkehr, § 1 Rz. 47, die zu Recht darauf hinweist, dass Abweichungen zugunsten der Kunden möglich sind. Daher ist auch die Vereinbarung des Weisungsmodells möglich, solange die Haftung des § 676 b BGB dennoch aufrecht erhalten wird; so auch *Grundmann*, WM 2000, 2269, 2275. Im Hinblick darauf, dass in Zif. II 5 und III 7 der Überweisungsbedingungen jedoch von „Kündigung" die Rede ist, ist nicht davon auszugehen, dass bei Einbeziehung dieser AGB ein Weisungsmodell vereinbart wird.

[351] *Streinz*, Europarecht, S. 154, Rz. 393.

2. Der Vertragsschluss nach französischem Recht

Das *mandat* unterliegt den allgemeinen Regeln des bürgerlichen Rechts und kommt durch übereinstimmende Willenserklärungen zustande[352]. Das Zustandekommen hängt, wie grundsätzlich bei jedem Vertrag, nach Art. 1108 CC von vier Voraussetzungen ab: *consentement, capacité, objet certain, cause licite*[353].

Das *consentement* setzt übereinstimmende Willenserklärungen voraus. Die Willenserklärung des Kunden liegt ohne weiteres in der Erteilung des Überweisungsauftrags[354], sei es durch Ausfüllen und Übergabe eines Vordrucks, durch Ausfüllen und Absenden eines online-Formulars oder durch eine entsprechende mündliche Äußerung. Die Annahme des Kreditinstituts wird jeweils konkludent durch die Ausführung der Überweisung erklärt[355]. Liegt eine Einigung nicht vor, wie beispielsweise im Falle der versehentlich doppelt ausgeführten Überweisung, so darf das Konto des Überweisenden nicht belastet werden. Ein ohne eine wirksame Einigung überwiesener Betrag ist dem Überweisenden vom überweisenden Institut zu erstatten.

Die *cause*, der Vertragszweck der Überweisung liegt grundsätzlich im Valutaverhältnis. Allerdings besteht bei der Überweisung die Besonderheit, dass sich Fehler im Valutaverhältnis gerade nicht auf die Wirksamkeit des Überweisungsauftrags auswirken sollen[356]. Der Überweisungsauftrag ist vielmehr ein abstraktes Rechtsgeschäft, das der Übertragung von Buchgeld dient, ohne dabei vom Valutaverhältnis abhängig zu sein[357]. Aus diesem Grund erübrigt sich ausnahmsweise das Erfordernis der *causa*[358].

---

[352] *Cabrillac,* Le chèque et le virement, 370; *Gavalda / Stoufflet,* Instruments de paiement et de crédit, Rz. 470; Lamy, droit du financement, S. 1260, Rz. 2454.

[353] *Perochon / Bonhomme,* Entreprises en difficulté, Instrument de crédit et de paiement, S. 750, Rz. 859 ; *Grua,* Contrats Bancaires 1, S. 159, Rz. 161.

[354] *Ripert / Roblot,* Droit commercial, Tome 2, Rz. 2310.

[355] *Vasseur,* Recht und Praxis der Auslandsüberweisung in Frankreich, S. 252, 270 ; *Cabrillac / Rive-Lange,* Encyclopédie Juridique, Commercial V, virement, Rz. 75; *Ripert / Roblot,* Droit commercial, tome 2, Rz. 2310.

[356] *Cabrillac,* Le chèque et le virement, 376.

[357] Cass. com. 22 juillet 1986, D. 1987, somm. comm., 299, obs. *Vasseur;Cabrillac /Rives-Lange,* Encyclopédie Juridique, Commercial V, virement, Rz. 40 und 42; Lamy, Droit du financement, Rz. 2458; *Piedelièvre,* Instruments de crédit et de paiement, Rz. 369; *Ripert / Roblot,* Droit commercial, Tome 2, Rz. 2308 ; *Vasseur,* Recht und Praxis der Auslandsüberweisung in Frankreich, S. 252, 260; *Jeantin / Le Cannu,* Instruments de paiement et de crédit, Rz. 178.

[358] Lamy, Droit du financement, Rz. 2458; *Cabrillac / Rive-Lange*, Encyclopédie Juridique, Commercial V, virement, Rz. 42.

Das Erfordernis eines *objet certain* ist in der Regel unproblematisch, da Gegenstand des Vertrages nichts weiter ist, als die Ausführung der Überweisung.

Schließlich muss der Überweisende berechtigt sein, über die überwiesenen Gelder zu verfügen[359]. Dazu muss er zum einen voll geschäftsfähig und zum anderen Inhaber des Kontos oder in sonstiger Weise zur Verfügung über das Konto berechtigt sein[360]. Das Vorliegen dieser Voraussetzungen hat das überweisende Institut zu überprüfen[361].

Es gibt grundsätzlich keinerlei gesetzliche Vorgaben bezüglich der Form, so dass das *mandat* z.B. auch telephonisch erteilt werden kann[362]. Zwar werden von allen Banken Überweisungsformulare ausgegeben, deren Verwendung ist jedoch nicht zwingend[363]. Die Parteien können allerdings vertraglich vereinbaren, dass der Kunde Überweisungsaufträge nur auf vom Kreditinstitut zur Verfügung gestellten Vordrucken erteilen kann[364]. Daran besteht insofern ein gewisses Interesse der Banken, als für den Fall, dass streitig ist, ob ein Überweisungsauftrag erteilt wurde, der Nachweis des Vorliegens eines Überweisungsauftrags gegenüber Kaufleuten gemäß Art. L. 110-3 C. com. mit jedem möglichen Beweismittel (insbesondere auch Zeugen) erbracht werden kann, während gegenüber Nicht-Kaufleuten nach Art. 1341 C.c. nur der Urkundenbeweis zulässig ist[365]. Widerspricht der Kunde allerdings nach Zusendung der Kontoauszüge nicht innerhalb der dafür mit dem Institut vereinbarten Frist, so wird vermutet, dass er die Überweisung billigt und die Beweislastverteilung kehrt sich um[366].

Das Kreditinstitut ist durch den Rahmenvertrag der *convention de compte* verpflichtet, den Überweisungsauftrag anzunehmen. Es besteht also grundsätzlich Kontrahierungszwang[367]. Die mit Abschluss der *convention de compte* übernom-

---

[359] *Vasseur,* Recht und Praxis der Auslandsüberweisung in Frankreich, S. 252, 266.

[360] *Cabrillac / Rives-Lange,* Encyclopédie Juridique, Commercial V, virement, Rz. 43; Lamy, Droit du financement, Rz. 2458 ; *Ripert / Roblot,* Droit commercial, Tome 2, Rz. 2294.

[361] *Cabrillac / Rive-Lange,* Encyclopédie Juridique, Commercial V, virement, Rz. 43.

[362] CA Bourges, Ch. civ., 01 juillet 2003, JCP 2004, IV, 1827; Lamy, droit du financement, 2456; *Gavalda / Stoufflet,* Droit bancaire, Rz. 240.

[363] *Gavalda / Stoufflet,* Droit Bancaire, 240.

[364] *Grua,* Les contrats de base de la pratique bancaire, 254.

[365] *Gavalda / Stoufflet,* Instrument de paiement et de crédit, Rz. 472; für online vorgenommene Überweisungen gelten die Regelungen des l*oi du 13.03.2000 (Art. 1316, 1316-1 C.c.) sur la signature et la preuve électroniques.*

[366] Siehe näher dazu unten: 4. Kapitel § 3 II 3.

[367] *Gavalda / Stoufflet,* Instrument de paiement et de crédit, Rz. 475 ; *Gavalda,* Anm. zu Paris, 3e ch, 29 avril 1964, JCP 1964, II, 13877; *Cabrillac / Rive-Lange,* Encyclopédie Juridique, Commercial V, virement, Rz. 73; *Vasseur,* Recht und Praxis der Auslandsüberweisung in Frankreich, S. 252, 270; *Thunis,* Mélanges Mouly, S. 417, 420.

mene Verpflichtung, Überweisungen auszuführen, führt allerdings nicht dazu, dass eine Annahme des einzelnen Überweisungsauftrags durch das Institut nicht mehr notwendig wäre. Vielmehr ist davon auszugehen, dass die Annahme des Überweisungsauftrags konkludent mit der Ausführung der Überweisung erklärt wird[368]. Eine Ablehnung des Überweisungsauftrags ist nur aus wichtigem Grund möglich, beispielsweise weil das Konto keine Deckung aufweist oder notwendige Angaben fehlen[369]. Liegt ein wichtiger Grund nicht vor, so kann die Bank durch ein entsprechendes Urteil zur Ausführung der Überweisung gezwungen werden. Außerdem haftet die Bank gegenüber dem Überweisenden im Falle einer unberechtigten Weigerung[370].

3. Zwischenergebnis

Während in Deutschland die Einführung des Überweisungsvertrags heftige Diskussionen ausgelöst hat, ging man in Frankreich schon vor der Umsetzung der Richtlinie ohne weiteres davon aus, dass es sich bei dem Überweisungsauftrag um einen Vertrag handelt, zu dessen Zustandekommen es der Annahme des überweisenden Institut bedarf. Das Kreditinstitut war jedoch grundsätzlich auf Grund des Rahmenvertrags der *convention de compte* verpflichtet, Angebote des Kunden auf Abschluss eines Überweisungsvertrags anzunehmen. Da diese Rechtslage nicht im Widerspruch zu den Vorgaben der Überweisungsrichtlinie stand, waren in Frankreich insoweit keine Modifikationen notwendig. In Deutschland wäre im Hinblick auf die Rechtsnatur von Überweisungsaufträgen ein Festhalten an dem bisherigen Anweisungsmodell möglich gewesen. Der Gesetzgeber entschied sich jedoch für die Einführung eines Überweisungsvertrags. Seit der Einführung der §§ 676 a ff BGB gleichen sich daher die Regelungen der beiden Länder im Hinblick auf die Rechtsnatur und das Zustandekommen von Überweisungsaufträgen, wenn sich auch in Deutschland der Kontrahierungszwang der Institute erst aus der richtlinienkonformen Auslegung der §§ 676 a ff BGB ergibt.

---

[368] *Cabrillac / Rive-Lange,* Encyclopédie Juridique, Commercial V, virement, Rz. 75. Daraus erklärt sich, dass sowohl in der Literatur als auch in der Rechtsprechung in der Regel nicht zwischen der Pflicht, den Überweisungsauftrag anzunehmen, und der Pflicht einen angenommenen Überweisungsauftrag auszuführen, unterschieden wird. Die in den Urteilen und Aufsätzen verwandte Formulierung lautet daher meist, das überweisende Institut sei verpflichtet, einen Überweisungsauftrag, den es von seinem Kunden erhält, auszuführen. Annahme und Ausführung des Auftrags fallen dabei zusammen.

[369] Com. 21.12.1981, D.1982, IR S. 129; *Cabrillac,* Le chèque et le virement, Rz. 397 ; Lamy, droit du financement, Rz. 2462.

[370] CA Paris, 29.03.1989, D. 1991, somm. comm. 30 obs. *Vasseur,* 28.03.1989, D. 1991, somm. comm. 31, obs. *Vasseur.*

III. Vertragliche Pflichten des überweisenden Kreditinstituts

1. Im deutschen Recht

a) Übermittlung des Überweisungsbetrags

Gemäß § 676 a Abs. 1 S. 1 BGB verpflichtet der Überweisungsvertrag das überweisende Kreditinstitut, dem Begünstigten einen bestimmten Geldbetrag zur Gutschrift auf dessen Konto beim überweisenden Institut zur Verfügung zu stellen oder, wenn die Gutschrift durch ein anderes Kreditinstitut erfolgen soll, den Betrag dem Kreditinstitut des Begünstigten unmittelbar oder durch Beteiligung zwischengeschalteter Institute zur Gutschrift zu übermitteln. Die Geschäftsbesorgungspflicht des Kreditinstituts hat damit einen werkvertraglichen Charakter, da ein durch Dienstleistung zu erbringender Erfolg, nämlich die Gutschrift auf dem Konto des Empfängers bzw. des Instituts des Empfängers, geschuldet wird[371].

Bei der institutsinternen Überweisung werden die Konten von Überweisendem und Überweisungsempfänger bei demselben Kreditinstitut geführt. In diesem Fall muss nach dem Wortlaut des Gesetzes das Kreditinstitut den Überweisungsbetrag „zur Gutschrift", gemeint ist „durch Gutschrift"[372] auf dem Konto des Begünstigten zur Verfügung stellen. Im Rahmen der institutsinternen Überweisung umfasst also die vertragliche Pflicht des überweisenden Kreditinstituts, wie dies schon vor Einführung des Überweisungsgesetzes der Fall war, auch die Gutschrift auf dem Konto des Empfängers[373]. Mit der Gutschrift hat das Kreditinstitut seine Pflicht erfüllt, auch wenn das Konto des Empfängers im Debet steht und der überwiesene Betrag sofort verrechnet wird. Eine effektive Auszahlung muss nicht erfolgen, da die Gutschrift aufgrund des Girovertrags kontokorrentgebunden ist und das Risiko einer effektiven Auszahlung allein beim Empfänger liegt[374].

Bei der institutsfremden Überweisung hat das überweisende Kreditinstitut den Betrag dem Kreditinstitut des Begünstigten unmittelbar oder durch Beteiligung zwischengeschalteter Institute zur Gutschrift zu übermitteln. Hier schuldet das überweisende Kreditinstitut die Gutschrift auf dem Eingangskonto der Empfän-

---

[371] *Gößmann / van Look,* WM 2000, Sonderbeilage Nr. 1, S. 28; *Kümpel,* WM 2000, 797, 802f.

[372] *Hadding,* 50 Jahre Bundesgerichtshof, Band II, S. 425, 442; *Langenbucher,* Zahlungsverkehr, § 1 Rz. 34.

[373] *Becher,* DStR, 1999, 1360, 1362; *Langenbucher,* Zahlungsverkehr, § 1 Rz. 34; *Gößmann / van Look,* WM 2000, Sonderbeilage Nr. 1, S. 28.

[374] *Gößmann/van Look,* WM 2000, Sonderbeilage Nr. 1, S. 28.

gerbank[375]. Die Kreditinstitute unterhalten in der Regel ein solches Eingangskonto bei der Deutschen Bundesbank, bei einer Girozentrale oder bei einem anderen Kreditinstitut[376]. Auch diese Geschäftsbesorgungspflicht ist – anders als nach der Rechtslage vor Einführung des Überweisungsgesetzes – erfolgsbezogen[377]. Dies ist dann unproblematisch, wenn es dem überweisenden Kreditinstitut möglich ist, den Überweisungsbetrag unmittelbar selbst auf ein Eingangskonto des Empfängerinstituts zu überweisen, etwa weil beispielsweise beide Kreditinstitute ein geeignetes Konto bei der Deutschen Bundesbank unterhalten (§ 676 a Abs.1 S. 2 Fall 1 BGB)[378]. Das überweisende Kreditinstitut schuldet aber auch dann den Eingang des Überweisungsbetrags auf dem Eingangskonto des Empfängerinstituts, wenn es nicht selbst in der Lage ist, den Betrag zu übermitteln, sondern sich weiterer zwischengeschalteter Institute bedienen muss (§ 676 a Abs.1 S. 2 Fall 2 BGB). Die Verpflichtung des überweisenden Kreditinstituts erstreckt sich somit auf einen Erfolg, der nicht mehr in seinem Einflussbereich liegt[379]. Die eingeschalteten Zwischenbanken sind dabei grundsätzlich als Erfüllungsgehilfen des überweisenden Kreditinstituts einzuordnen. § 676 c Abs. 1 S. 3 BGB stellt ausdrücklich klar, dass die überweisende Bank für das Verhalten der zwischengeschalteten Institute gegenüber dem Kunden einstehen muss, was sich im Grunde schon aus § 278 BGB ergibt. Die Gutschrift auf dem Kundenkonto des Empfängers gehört dagegen zu den Pflichten der Empfängerbank gegenüber dem Begünstigten der Überweisung (§ 676 g Abs. 1 S. 1 BGB).

Der Überweisungsbetrag ist nach § 676 a Abs. 1 S. 2 BGB rechtzeitig und, wenn nichts anderes vereinbart ist, ungekürzt zu übermitteln. Eine gekürzte Übermittlung stellt allerdings immer eine Teilbewirkung der Überweisung dar. Dies ergibt sich aus § 676 b Abs. 2 BGB, wonach der gekürzte Teil zu erstatten oder zu überweisen, eine Erstattung des gesamten Überweisungsbetrags jedoch nicht vorgesehen ist[380].

---

[375] BT-Drucks. 14/745, S. 18; *Becher*, DStR, 1999, 1360, 1362; *Schmalenbach*, Bamberger/Roth, § 676 a, Rz. 14.
[376] BT-Drucks. 14/745, S. 18.
[377] BT-Drucks. 14/745, S. 18; *Hadding*, 50 Jahre Bundesgerichtshof, Band II, S. 425, 443.
[378] *Kümpel*, WM 2000, 797, 803.
[379] *Gößmann / van Look*, WM 2000, Sonderbeilage Nr. 1, S. 28; *Casper*, MünchKomm BGB, § 676 a, Rz. 20; a.A. *Kümpel*, WM 2000, 797, 800, 803: wenn zur Übermittlung des Betrags ein oder mehrere Kreditinstitute zwischengeschaltet werden müssen, dann schuldet das überweisende Kreditinstitut lediglich die Einschaltung eines zur Ausführung des Auftrags geeigneten Kreditinstituts. Er geht davon aus, dass es sich bei der institutsübergreifenden Überweisung um einen weitergeleiteten Auftrag handelt.
[380] *Casper*, MünchKomm BGB, § 676 a, Rz. 21.

b) Ausführungsfristen

aa) Maßgebliche Frist

Nach § 676 a Abs. 2 S. 1 BGB gelten für die Ausführung von Überweisungen grundsätzlich die zwischen den Parteien vertraglich vereinbarten Fristen. Allerdings beinhalten die Nrn. 2 und 3 des § 676 a Abs. 2 S. 2 BGB für inländische Überweisungen zwingende Höchstfristen. Danach müssen inländische Überweisungen in Inlandswährung längstens binnen drei Bankgeschäftstagen bewirkt werden, wobei institutsinterne Überweisungen in Inlandswährung längstens binnen zwei, wenn sie innerhalb einer Haupt- oder Zweigstelle eines Instituts erfolgen innerhalb eines Bankgeschäftstags bewirkt sein müssen. Eine Verkürzung dieser Höchstfristen durch Vereinbarung ist immer, eine Verlängerung dagegen nur dann möglich, wenn einer der in den Nr. 1 und 2 des § 676 c Abs. 3 BGB genannten Fälle gegeben ist[381]. Für grenzüberschreitende Überweisung innerhalb der EU und des EWR ist eine Ausführungsfrist von fünf Tagen vorgesehen[382]. Dabei handelt es sich, anders als bei den für inländische Überweisungen geltenden Fristen, nicht um eine Höchstfrist, sondern um eine Ausführungsfrist, die das Institut voll ausschöpfen kann. Das ergibt sich aus dem Wortlaut des § 676 a Abs. 2 S. 2 BGB, nach dem nur die Überweisungen der Nrn. 2 und 3 „längstens" innerhalb der angegebenen Frist zu bewirken sind[383]. Im Gegensatz zu den Nrn. 2 und 3 sind in § 676 a Abs. 2 S. 2 Nr. 1 BGB außerdem auch abweichende Vereinbarungen ausdrücklich zugelassen.

Die Vereinbarung der Ausführungsfrist kann individualvertraglich oder, was der Regelfall sein dürfte, in AGB erfolgen[384]. Die in den Überweisungsbedingungen, wie auch in den Preis- und Leistungsvereinbarungen aufgeführten Fristen gelten, sofern sie wirksam einbezogen wurden, grundsätzlich als vereinbart[385]. Hinsichtlich der Einbeziehung sind neben § 305 Abs. 2 BGB dann auch die Voraussetzungen des § 675 a Abs. 1 i.V.m. Art. 12 der BGB Info-VO zu be-

---

[381] *Casper,* MünchKomm BGB, § 676 a, Rz. 22; *Schmalenbach,* Bamberger/Roth, § 676 a, Rz. 23; a.A: *Einsele,* JZ 2000, 9, 12: die Vereinbarung von (auch längeren) Ausführungszeiten sei auch bei Inlands- und Hausüberweisungen möglich. § 676 a II 1 BGB enthalte einen allgemeinen Grundsatz, der auch für die Nr. 2 und 3 des § 676 a II 2 BGB gelte; ebenso *v. Westphalen,* Erman, § 676 a Rz. 24 und 29.

[382] Keine gesetzlichen Vorgaben bestehen für den durchaus denkbaren Sonderfall einer institutsinternen, aber dennoch grenzüberschreitenden Überweisung (*Feldhahn,* Die Bankenhaftung des neuen Überweisungsrechts, S. 72).

[383] *Koziol,* Der Überweisungsvertrag, S. 82 f.

[384] BT-Drucks. 14/1067, S. 21; *v. Westphalen,* Erman, § 676 a Rz. 25.

[385] *v. Westphalen,* Erman, § 676 a Rz. 25; *Sprau,* Palandt, § 676 a, Rz. 16; *Casper,* MünchKomm BGB, § 676 a, Rz. 23.

achten[386]. In der Regel wird die Einbeziehung nach § 305 Abs. 3 BGB einmalig vor Abschluss des Girovertrags erfolgen[387]. Leitbildfunktion nach § 307 Abs. 2 Nr. 1 BGB haben die in § 676 a Abs. 2 Nr. 1-3 BGB festgelegten Ausführungsfristen. Eine Vereinbarung längerer als der in den § 676 a Abs. 2 Nr. 1-3 BGB vorgesehenen Fristen ist nur für die Fallgruppe des § 676 a Abs. 2 Nr. 1 BGB möglich sowie für Überweisungen, die unter § 676 c Abs. 3 BGB fallen. In diesen Fällen ist anhand von § 307 Abs. 2 BGB zu prüfen, ob eine den Überweisenden unangemessen benachteiligende Abweichung von den gesetzlichen Regelungen vorliegt[388]. In der Praxis findet sich in den AGB allerdings überwiegend die gesetzliche Regelung wieder. Die in den Zif. II 1, III 1 und IV 1 a.E. der Überweisungsbedingungen sowie in Nr. 11 Abs. 3 AGB der Banken vorgesehene Regelung, nach welcher der Kunde, wenn er bei der Ausführung der Überweisung besondere Eile für geboten hält, dies der Bank gesondert mitzuteilen hat, ist heute jedenfalls für die inländischen sowie die innereuropäischen Überweisungen in ihrer Bedeutung stark eingeschränkt. Eine weitere Beschleunigung von Online-Überweisungen ist in der Regel nicht möglich. Aber auch beleghaft eingereichte Überweisungen werden heute generell und nicht mehr, wie früher, nur bei einem entsprechenden Hinweis über das schnellere EZÜ-Verfahren abgewickelt[389]. Die früher übliche beleghafte Weiterleitung findet heute grundsätzlich nicht mehr statt, so dass sich die Bearbeitungszeiten insgesamt sehr verkürzt haben. Dennoch besteht immer noch bei den meisten Banken die Möglichkeit, die Bearbeitung einer beleghaft eingereichten Überweisung gegen eine zusätzliche Gebühr so zu beschleunigen, dass z.B. inländische Überweisungen noch am selben Tag vollständig abgewickelt werden.

Wurde keine Frist vereinbart, so sind inländische Überweisungen gemäß § 676 a Abs. 2 S. 1 BGB baldmöglichst, spätestens jedoch innerhalb der in § 676 a Abs. 2 S. 2 Nr. 2 und 3 BGB vorgesehenen Höchstfristen zu bewirken. Die Festlegung der Höchstfristen ändert nichts daran, dass die Überweisungen mangels abweichender Vereinbarung baldmöglichst zu bewirken sind[390]. Ist also eine kürzere Ausführungsdauer möglich, kann sich das ausführende Kreditinstitut, insbesondere im Hinblick auf seine verschuldensabhängige Haftung für

---

[386] *Casper*, MünchKomm BGB, § 676 a Rz. 24; zu den Voraussetzungen des § 12 Info-VO s.u.: 4. Kapitel § 2 III 1 c).

[387] *v. Westphalen*, Erman, § 676 a Rz. 25; *Casper*, MünchKomm BGB § 676 a R. 24.

[388] Dabei stellt eine nach § 676 a Abs. 2 Nr. 1 oder § 676 c Abs. 3 BGB zulässige Vereinbarung einer längeren Ausführungsfrist zwar immer eine Abweichung von der gesetzlichen Regelung dar, die jedoch nicht generell als unangemessene Benachteiligung anzusehen ist (BT-Drucks. 14/1067 S. 21 f).

[389] Vgl. Nr. 1 des Abkommens zum Überweisungsverkehr.

[390] *Langenbucher*, Zahlungsverkehr, § 1 Rz. 36: Zif III 1 Überweisungsbedingungen ist daher gemäß § 307 II BGB unwirksam.

Verzug, nicht auf die Einhaltung der Höchstfrist berufen[391]. Auch die in § 676 a Abs. 2 S. 2 Nr. 1 BGB vorgesehenen Überweisungen, sind zwar mangels abweichender Vereinbarungen theoretisch baldmöglichst auszuführen. Da die in § 676 a Abs. 2 S. 2 Nr. 1 BGB festegelegte Ausführungsfrist aber gerade keine Höchstfrist darstellt, kann das Institut diese Frist voll ausschöpfen, bevor eine möglicherweise zum Schadensersatz verpflichtende Verspätung vorliegt.

bb) Fristbeginn

Nach § 676 a Abs. 2 S. 3 BGB gilt grundsätzlich der von den Parteien vereinbarte Fristbeginn[392]. Liegt eine Vereinbarung dazu nicht vor, so beginnt die Frist an dem Tag zu laufen, an dem die erforderlichen Angaben beim Kreditinstitut vorliegen und Deckung gegeben ist. Der Wortlaut dieser Regelung legt die Annahme nahe, dass es dabei auf die Annahme des Angebots auf Abschluss eines Überweisungsvertrags nicht ankomme. Es kann jedoch kaum in der Absicht des Gesetzgebers gelegen haben, dass auf diese Weise die Frist zur Ausführung der Überweisung möglicherweise bereits zu laufen beginnt, bevor überhaupt eine Verpflichtung des Kreditinstituts besteht, die Überweisung auszuführen. Daher ist davon auszugehen, dass es sich hier um eine unsaubere Formulierung des Gesetzgebers handelt und Voraussetzung für den Beginn der Ausführungsfrist über die in § 676 a Abs. 2 S. 3 BGB genannten Merkmale hinaus ein wirksamer Vertragsschluss ist[393]. Dafür sprechen auch die Regelungen des § 676 a Abs. 3 S. 1 und Abs. 4 S. 1 BGB, welche die Möglichkeit einer Kündigung des Überweisungsvertrags vor Beginn der Ausführungsfrist vorsehen. Dabei wird offensichtlich davon ausgegangen, dass der Vertragsschluss dem Beginn der Ausführungsfrist vorausgeht[394]. Bei innereuropäischen Überweisungen wird man davon ausgehen dürfen, dass, wenn ein Antrag eines Kunden auf Abschluss eines Überweisungsvertrags mit den erforderlichen Angaben und bei ausreichender Deckung vor Ablauf der Annahmefrist eingeht, das Institut diesen bis zum Ablauf des Tages zurückweisen muss, wenn es verhindern möchte, dass ein Vertrag nach § 362 HGB zustande kommt.

cc) Bewirken der Überweisung vor Fristablauf

Die Überweisung muss schließlich vor Ablauf der maßgeblichen Frist bewirkt sein. Das ist bei institutsübergreifenden Überweisungen der Fall, wenn der

---

391 *Langenbucher*, Zahlungsverkehr, § 1 Rz. 35.

392 Die Bedingungen für den Überweisungsverkehr sehen in ihren Zif. II 2.2 und III 2.2 vor, dass die Frist mit Ablauf des Tages beginnt, an dem die notwendigen Angaben vorliegen und ausreichend Deckung vorhanden ist, was den gesetzlichen Vorgaben entspricht. Darüber hinaus wird jedoch verlangt, dass diese Anforderungen vor dem Ende der (je nach Institut unterschiedlichen) Annahmezeiten vorliegen.

393 *Einsele*, JZ 2000, 9, 11; *Langenbucher*, Zahlungsverkehr § 1 Rz. 23.

394 *Gößmann / van Look*, WM 2000 Sonderbeilage Nr. 1, S. 30; *Hadding*, 50 Jahre Bundesgerichtshof, Band II, S. 425, 444.

Überweisungsbetrag auf dem Konto des Kreditinstituts des Empfängers eingegangen ist, bei institutsinternen, wenn der Überweisungsbetrag dem Konto des Empfängers gutgeschrieben ist[395]. Der Zeitraum innerhalb dessen das Kreditinstitut des Empfängers den Betrag seinerseits auf dem Konto des Begünstigten gutzuschreiben hat, regelt § 676 g I 1 BGB.

c) Nebenpflichten

Vor Ausführung der Überweisung hat das Institut zwar grundsätzlich zu überprüfen, ob der ihm vorliegende Überweisungsauftrag ordnungsgemäß erteilt wurde. Dabei ist es jedoch ausreichend, wenn der Auftrag aufgrund seines äußeren Erscheinungsbilds den Eindruck der Echtheit erweckt[396]. Da im Überweisungsverkehr Effektivität und Schnelligkeit im Vordergrund stehen, bestehen grundsätzlich keine Warn- oder Schutzpflichten der Banken gegenüber ihren Kunden[397].

Neben der Übermittlung des Überweisungsbetrags ist das überweisende Kreditinstitut nach § 676 a Abs. 1 S. 1 BGB verpflichtet, Angaben zur Person des Überweisenden und einen angegebenen Verwendungszweck, soweit üblich, mitzuteilen.

Außerdem hat das Kreditinstitut, über die nach den allgemeinen Informationspflichten des § 675 a Abs. 1 S. 1 BGB notwendigen Angaben hinaus, dem Überweisenden gemäß § 675 a Abs. 1 S. 2 BGB Informationen über Ausführungsfristen, Wertstellungszeitpunkte, Referenzkurse und weitere in § 12 der Verordnung nach Art. 239 EGBGB (BGB-Informationspflichten-Verordnung) bestimmte Einzelheiten in der dort vorgesehenen Form zur Verfügung zu stellen[398]. § 12 BGB-InfoV unterscheidet dabei, entsprechend Art. 3 und 4 der Richtlinie, zwischen solchen Informationen, die vor und solchen, die nach Ausführung der Überweisung mitzuteilen sind. Während es nach den Vorgaben der Richtlinie im Rahmen der Vorabinformation ausreicht, die auf den Erfahrungswerten der Banken basierenden durchschnittlichen Laufzeiten der Überweisungen anzugeben, verlangt § 675 a Abs. 1 S. 2 BGB, dass die in § 676 a Abs. 2 S. 2 BGB legaldefinierten Ausführungsfristen mitzuteilen sind[399]. Die Informationen sind in Textform (§ 126b BGB) mitzuteilen. Anders als der

---

[395] BT-Drucks. 14/745, S. 19.

[396] OLG Bamberg, NJOZ 2004, 469, 470.

[397] BGH, NJW 1987, 317, 318 mit weiteren Nachweisen; *Nobbe*, WM 2001, Sonderbeilage Nr. 4 S. 10.

[398] *Gößmann / van Look*, WM 2000, Sonderbeilage Nr. 1, S. 17.

[399] *Heermann*, MünchKomm BGB, § 675 a, Rz. 13. Teilweise stellen die Institute neben den Angaben zu den Ausführungsfristen im Sinn des § 676 a Abs. 2 S. 2 BGB auch Informationen über die durchschnittlichen Laufzeiten von Auslandüberweisungen bereit, die im europäischen Ausland in der Regel zwischen 3 und 4 Tagen liegen (z.B. Postbank).

Wortlaut des Art. 12 Abs. 1 Nr. 1 Info-VO, nach dem die Ausführungsfristen vor Beginn der Überweisung „in Textform (...) mitzuteilen" sind, vermuten lässt, reicht dabei ein Aushang in der Filiale aus[400]. Bei online abgeschlossenen Verträgen sind die Informationen auf den Internetseiten des Institut so zur Verfügung zustellen, dass der Kunde sie herunterladen und gegebenenfalls auch ausdrucken kann. Die Banken haben die vorab zu erteilenden Informationen in der Regel zulässigerweise in ihre Preis- und Leistungsverzeichnisse aufgenommen, die in den Geschäftsräumen aushängen und im Internet abgerufen werden können. Die übliche Mitteilung der nach Ausführung der Überweisung zur Verfügung zustellenden Informationen auf den Kontoauszügen ist zulässig[401].

Weitere Informationspflichten enthalten zum einen Art. 4 der Verordnung über grenzüberschreitende Zahlungen, der sowohl für grenzüberschreitende wie auch für inländische Überweisungen vorsieht, dass die Kunden auf schriftlichem oder elektronischem Weg über die anfallenden Gebühren zu informieren sind[402] sowie Art. 5 der Verordnung EG 2560/2001 über grenzüberschreitende Zahlungen in Euro, nach dem das Kreditinstitut seinem Kunden auf Anfrage dessen internationale Kontonummer sowie seine internationale Bankleitzahl mitteilen muss[403].

Verletzt die Bank schuldhaft eine der genannten Pflichten, so haftet sie gemäß § 280 Abs. 1 S. 1 BGB gegebenenfalls i.V.m. § 311 Abs. 2 BGB. Zumeist wird es jedoch an einer Ursächlichkeit der Verletzung der Informationspflicht für den eingetretenen Schaden fehlen. Hält ein Institut seine Informationspflichten nicht ein, so kann nach § 14 UKlaG eine bei der Deutschen Bundesbank eingerichtete Schlichtungsstelle angerufen werden.

---

400 BT-Drucks. 14/745 S. 15; *Gößmann / van. Look*, WM 2000, Sonderbeilage 1, S. 16; *v. Westphalen*, Erman, § 675 a, Rz. 6; vgl. auch § 5 PangVO.

401 *Schmalenbach*, Bamberger / Roth, § 676 a, Rz. 33.

402 *Hoffmann*, WM 2002, 1517, 1520 f leitet aus der Wortwahl „informieren" ab, dass es hier anders als im Rahmen des § 675 a BGB nicht ausreicht, die Preisinformationen auszuhängen, sondern dass diese vielmehr per Brief oder e-mail mitzuteilen sind. Dem kann jedoch nicht gefolgt werden. Es ist nicht ersichtlich, warum Kunden nicht auch über Aushänge oder entsprechende Hinweise auf den Internetseiten informiert werden könnten. Es ist daher auch hier davon auszugehen, dass die Art und Weise der Information dem sonst üblichen Standard genügen muss.

403 Informationspflichten nach der Fernabsatzrichtlinie RL 2002/65/EG gelten nur für die erste Dienstleistungsvereinbarung. Nach Abschluss eines Girovertrags im Wege des Fernabsatzes gibt es für die einzelnen Überweisungsverträge keine weiteren fernabsatzbezogenen Informationspflichten. *Kothe*, Derleder/Knops/Bamberger, § 7 Rz. 11; *Koch/Maurer* WM 2002, 2481, 2489.

2. Im französischen Recht

a) Übermittlung des Überweisungsbetrags

Der Überweisungsauftrag verpflichtet das Institut, die Überweisung vollständig und ohne Verzögerung auszuführen[404].

Im Fall der Haus- oder Filialüberweisung führt das Institut die Überweisung aus, indem es das Konto des Überweisenden belastet, den Überweisungsbetrag dem Konto des Empfängers gutschreibt und diesem die Gutschrift anzeigt[405]. Da der gesamte Überweisungsvorgang innerhalb eines Instituts stattfindet, ist dieses für die vollständige Ausführung, einschließlich der Gutschrift auf dem Konto des Empfängers verantwortlich[406]. Im Falle einer institutsübergreifenden Überweisung hat das überweisende Institut den Überweisungsbetrag unmittelbar oder durch zwischengeschaltete Institute an die Bank des Begünstigten zu übermitteln[407]. Die herrschende Lehre ordnet zwischengeschaltete Institute als *mandataires substitués* im Sinne des Art. 1994 C.c. ein[408]. Im Rahmen dieser Substitution wird der ursprüngliche Auftrag durch Vereinbarung zwischen dem Beauftragten und dem *mandataire substitué* ganz oder teilweise auf Letzteren übertragen. Der *mandataire substitué* wird damit, jedenfalls wenn er Kenntnis von dem ursprünglichen Auftragsverhältnis hat, nicht für den Beauftragten, sondern unmittelbar für den Auftraggeber tätig, jedoch ohne dass der Beauftragte damit aus den vertraglichen Beziehungen ausscheiden würde[409]. Dieser behält seine Eigenschaft als Auftragnehmer. Der Beauftragte haftet nach Art. 1994 Abs. 1 Fall 1 C.c. für seinen *mandataire substitué*, wenn die Substitution vom Auftraggeber nicht gestattet war. Lag dagegen eine Gestattung vor, so muss der Beauftragte nach dem Wortlaut des Art. 1994 Abs. 1 Fall 2 C.c. nur dafür einstehen, dass er einen geeigneten und fähigen *mandataire substitué* ausgewählt hat. Die für die Übertragung des Auftrags auf einen *mandataire substitué* notwendige Gestattung des Auftraggebers gilt im Überweisungsverkehr grundsätzlich als mit dem Überweisungsauftrag stillschweigend erteilt[410]. Die von Art. 1994 Abs. 1 Fall 2 C.c. vorgesehene Einstandspflicht des Beauftragten, die sich

---

[404] *Gavalda / Stoufflet*, Instruments de paiement et de crédit, Rz. 475 ; *Thunis*, Mélange Mouly, S. 417, 420.

[405] *Gavalda / Soufflet*, Droit bancaire, Rz. 241.

[406] *Cabrillac / Rive-Lange*, Encyclopédie Juridique, Commercial V, virement, Rz.. 84.

[407] *Gavalda / Stoufflet*, Droit bancaire, Rz, 241.

[408] *Cabrillac / Rive-Lange*, Encyclopédie Juridique, Commercial V, virement, Rz. 90; *Favre-Bulle*, in Das Recht der grenzüberschreitenden Überweisung, S. 37, 69; *Schodermeier*, Revue de droit bancaire et de la bourse, 1994, 101, 103; *Thunis*, Mélange Mouly, S. 417, 427.

[409] *Boyer*, JCP 1987, I 3330 Rz. 24; *Le Tourneau*, Encyclopédie Juridique Civil VII, mandat, Rz. 245.

[410] *Cabrillac / Rive-Lange*, Encyclopédie Juridique, Commercial V, virement, Rz. 90; *Schodermeier*, Revue de droit bancaire et de la bourse, 1994, 101, 103.

auf ein Auswahlverschulden beschränkt, wird heute jedoch als zu gering angesehen. Vielmehr geht die Rechtsprechung über den Wortlaut des Art. 1994 C.c. hinaus davon aus, dass der Beauftragte grundsätzlich verpflichtet ist, den *mandataire substitué* zu unterstützen und zu überwachen sowie für Fehler des *mandataire substitué* einzustehen, sofern sie auch auf fehlender Unterstützung oder Überwachung durch den Beauftragten beruhen[411]. Im Bereich der Überweisung wurde diese Verpflichtung zum Teil auf eine generelle Einstandspflicht des überweisenden Instituts für das Verhalten zwischengeschalteter Banken ausgedehnt[412]. Wird danach die Überweisung von einer Zwischenbank schuldhaft nicht ordnungsgemäß ausgeführt, so kann sich die überweisende Bank gegenüber einer Schadensersatzforderung des Überweisenden nicht darauf berufen, dass sie den Fehler nicht selbst verschuldet hat, vielmehr haftet sie auch für das Fehlverhalten der zwischengeschalteten Institute[413]. Die Verantwortung des überweisenden Instituts endet jedoch bei Eingang des Überweisungsbetrags auf dem Konto der Empfängerbank[414]. Die Bank des Empfängers trifft die Pflicht, den Betrag dem Empfänger gutzuschreiben[415]. Zwar wird auch die Empfängerbank als *mandataire substitué* eingeordnet, da sich die überweisende Bank das Institut des Empfängers jedoch nicht aussuchen kann, muss es für dieses nicht einstehen[416].

Der Überweisungsvorgang ist erst beendet, wenn der überwiesene Betrag dem Überweisungsempfänger gutgeschrieben wurde[417]. Der Empfänger kann zwar von dem Moment an, in dem seine Bank den Überweisungsbetrag erhalten hat, über die überwiesenen Gelder verfügen, nicht erst von dem Moment an, zu dem

---

[411] *Le Tournau,* Encyclopédie Juridique Civil VII, mandat, Rz. 254; a.A. jedoch *Jeantin / Le Cannu,* Instrument de paiement et de crédit, Ru. 170, die nur von einer dem Wortlaut des Art. 1994 C.c. entsprechende Haftung ausgehen.

[412] CA Paris, 3ᵉ ch B, 22 septembre 1988, D. 1991 somm. comm. 30, obs. *Vasseur*; *Le Tournau,* Encyclopédie Juridique, Civil VII, mandat, Rz. 254; *Cabrillac / Rive-Lange,* Encyclopédie Juridique, Commercial V, virement, Rz. 91; *Gavalda / Stoufflet,* Instrument de paiement et de crédit, Rz. 476; so wohl auch *Grua,* Les contrats de base de la pratique bancaire, Rz. 260, der jedoch auch die gegenteilige Ansicht (Haftung nur für Auswahl und Überwachung) für vertretbar hält; *Schodermeier,* Revue de droit bancaire et de la bourse 1994, 101, 107 betont zwar den dieser Haftung widersprechenden Wortlaut des Art. 1994 Abs. 1 C.c., sieht aber dennoch in Rechtsprechung und Literatur eine Tendenz zu einer Haftung der überweisenden Bank für zwischengeschaltete Institute. Ebenso *Thunis,* Mélanges Mouly, S. 417, 430f.

[413] CA Paris, 3ᵉ ch B., 22 septembre 1988, D. 1991, somm. comm., 30, obs. *Vasseur.*

[414] Cass. Com., 22 octobre 1996, RTD com., 1997, 126, obs. *M. Cabrillac; Ripert / Roblot,* Droit commercial, tome 2, Rz. 2310,*Cabrillac,* Le chèque et le virement, Rz. 398.

[415] *Gavalda / Stoufflet,* Droit bancaire, Rz. 241.

[416] *Cabrillac / Rive-Lange,* Encyclopédie Juridique, Commercial V, virement, Rz. 87; *Grua,* Les contrats de base de la pratique bancaire, Rz. 260.

[417] *Mestre / Pancrazi,* Droit Commercial, 1125; *Cabrillac,* Le chèque et le virement, Rz. 405.

sie ihm tatsächlich gutgeschrieben wurden[418]. Von einer befreienden Zahlung durch den Überweisenden kann aber erst ausgegangen werden, wenn der Überweisungsbetrag dem Empfänger gutgeschrieben wurde[419] und der Empfänger die Gelder als Erfüllungsleistung angenommen hat[420]. In der Regel wird allerdings das Einverständnis des Empfängers mit einer Zahlung durch Überweisung bereits im Vorhinein erteilt, z.B. durch Angabe der Kontoverbindung, so dass die Zahlung mit Gutschrift auf dem Konto des Empfängers bewirkt ist[421].

b) Ausführungfristen

Vor Einführung der Regelung des Art. L. 133-1 Zif. 1 C. mon. fin i.V.m. Art. 9 Zif. 1 des *règlement* n° 99-09 ging man davon aus, dass Überweisungen grundsätzlich *« avec promptitude »* *« sans retard »* auszuführen sind[422]. Eine ausdrücklich festgelegte Ausführungsfrist existierte jedoch nicht.

Auch nach Inkrafttreten des Art. L 133-1 C. mon. fin. ist davon auszugehen, dass die grundsätzliche Regelung, nach der Überweisungen unverzüglich auszuführen sind, bestehen bleibt. Zwar ist das überweisende Institut nach Art. L. 133-1 C. mon. fin. i.V.m. Art. 9 Abs. 1 des *règlement* n° 99-09 erst dann verpflichtet, den Überweisungsbetrag verschuldensunabhängig zu verzinsen, wenn die Überweisung nicht innerhalb der nach Art. 3 des *règlement* n° 99-09 vereinbarten Höchstfrist oder mangels Vereinbarung innerhalb von fünf Bankgeschäftstagen dem Konto des Instituts des Überweisungsempfängers gutgeschrieben ist[423]. Die Tatsache, dass Zinsen erst ab Überschreitung der genannten Zeiträume geschuldet werden, ändert jedoch nichts daran, dass Überweisungen nach wie vor grundsätzlich unverzüglich auszuführen sind[424]. Bei den in den nach Art. 3 des *règlement* n° 99-09 anzugebenden Fristen handelt es sich demnach ausdrücklich um Höchstfristen. Die AGB der Banken sehen für inländische Überweisungen in der Regel eine Höchstfrist von drei Bankge-

---

418 *Gavalda / Stoufflet,* Instruments de paiement et de crédit, Rz. 478; *Jeantin / Le Cannu,* Instruments de crédit et de paiement, Rz. 863 a.E. (S. 754). a.A. *Piedelièvre,* Instruments de crédit et de paiement, Rz. 371 unter Berufung auf Cass. 1re civ., 23 juin 1993, Bull civ.I N° 229; D 1994, 27, note *Martin.*

419 *Jeantin / Le Cannu,* Instruments de paiement et de crédit, Rz. 863.

420 Cass. com. 14 décembre 1999, RTD com. 2000, S. 423, obs. *M. Cabrillac*; *Mestre / Pancrazi,* Droit Commercial, 965; *Cabrillac / Rive-Lange,* Encyclopédie Juridique, Commercial V, virement, Rz. 112. Zur Erfüllungswirkung im deutschen Recht, s.o. C I 1.

421 *Cabrillac / Rive-Lange,* Encyclopédie Juridique, Commercial V, virement, Rz. 119.

422 *Cabrillac / Rive-Lange,* Encyclopédie Juridique, Commercial V, virement, Rz. 78; *Gavalda / Stoufflet,* Les instruments de paiement et de crédit, Rz. 475; *Gavalda,* Anm. zu Paris, 3e ch. 29.04.1964, JCP 1064, II, 13877 ; *Favre-Bulle,* in Das Recht der grenzüberschreitenden Überweisung, S. 37, 69.

423 Siehe dazu unten: 4. Kapitel § 3 II 4 a).

424 Siehe ausführlich dazu unten: 4. Kapitel § 3 II 5 a).

schäftstagen vor, für Überweisungen ins Ausland fehlt in der Regel eine entsprechende Angabe[425].

c) Nebenpflichten

Vor Ausführung der Überweisung hat das überweisende Kreditinstitut zu überprüfen, ob der Überweisungsauftrag ordnungsgemäß erteilt wurde, insbesondere ob der Überweisende Inhaber des zu belastenden Kontos oder auf andere Weise legitimiert ist[426]. Dazu ist im Falle eines schriftlichen Überweisungsauftrags die Unterschrift mit der bei der Bank vorliegenden Unterschriftsprobe zu vergleichen[427]. Räumt die Bank dem Kunden die Möglichkeit ein, Überweisungen elektronisch zu erteilen, so vereinbart sie mit ihm eine Form der elektronischen Identifizierung[428]. Außerdem wird von dem überweisenden Institut verlangt, bei dem Überweisenden nachzufragen, wenn eine offensichtliche Unregelmäßigkeit im Zusammenhang mit der Überweisung auftritt, wobei es bereits als offensichtlicher Fehler des Überweisenden eingestuft wurde, dass dieser in geringem zeitlichem Abstand zwei identische Überweisungsaufträge erteilte[429]. Ob eine Schuld des Überweisenden bestand, hat das Kreditinstitut dagegen nicht zu prüfen, da die Überweisung einen von dem ihr zugrundeliegenden Rechtsverhältnis abstrakter Akt der Buchgeldübertragung darstellt[430].

---

[425] Die *conditions générales z.B.* der BNP PARIBAS, S. 29. und 34 geben zwar für Überweisungen ins Ausland, an Banken, die Mitglieder des Interbankenabkommens CREDEURO sind, eine Frist von drei Tagen an, enthalten für andere Auslandsüberweisungen jedoch keine Angaben.

[426] *Cabrillac,* Le chèque et le virement, Rz. 396 ; Lamy, Droit de financement, Rz. 2458; *Grua,* Les contrats de base de la pratique bancaire, Rz. 262.

[427] Paris, 29 avril 1964, JCP 1964, II.13877;*Gavalda / Stoufflet,* Instruments de paiement et de crédit, Rz. 473; *Cabrillac / Rive-Lange,* Encyclopédie Juridique, Commercial V, virement, Rz. 64.

[428] *Gavalda / Stoufflet,* Instruments de paiement et de crédit, Rz. 473.

[429] Aix, 2e ch., 29 octobre 1991, D. 1993, somm. comm. 57, obs. *Vasseur*; *Gavalda / Stoufflet,* Instruments de paiement et de crédit, Rz. 473; *Grua,* Les contrats de base de la pratique bancaire, Rz. 262; vgl. zur Frage einer offensichtlichen Unregelmäßigkeit auch: Paris, 5e ch. B, 12 janvier 1996, D. 1996 jur. 507, note *Vray*: danach hatte die Bank die Pflicht, sich bei dem Überweisenden der Echtheit eines Überweisungsauftrags zu versichern, obwohl dessen äußerliches Erscheinungsbild keinerlei Anzeichen für eine Fälschung enthielt, allein deshalb, weil es sich um einen hohen Betrag handelte, der ins Auslands überwiesen werden sollte, und der Kunde über einen längeren Zeitraum keinen vergleichbaren Überweisungsauftrag erteilt hatte; kritisch zu Cass. com. 27 juin 1996, *Crédot* et *Gérad* in RD bancaire et bourse 1997, 25, hier hatte der Kunde statt 96 391 versehentlich 96 391 000 pesetas angewiesen, ein Betrag, der auf dem Konto bei weitem nicht zur Verfügung stand. Der Kassationshof hat das Urteil der unteren Instanz bestätigt, wonach die Bank sich bei dem Kunden hinsichtlich der Richtigkeit dieses Auftrag hätte versichern müssen.

[430] *Mestre / Pancrazi,* Droit Commercial, 1125.

Nach Art. 3 des *règlement* n° 99-09 sind die Kunden vorab über die Bedingungen, zu denen die Überweisung ausgeführt werden, schriftlich zu informieren. Dabei reicht es nach Art. 3 S. 2 des *règlement* aus, wenn diese Informationen in den Allgemeinen Geschäftsbedingungen enthalten sind, welche die Banken nach Art. 7 des *décret* n° 84-708 ihren Kunden und der Öffentlichkeit zur Verfügung stellen müssen[431]. Die Informationen, die gemäß Art. 3 des *règlement* n° 99-09 mindestens mitzuteilen sind, entsprechen nahezu wörtlich den in Art. 3 der Überweisungsrichtlinie vorgesehenen Punkten[432].

In der französischen Regelung nicht genannt, obwohl in Art. 3 der Überweisungsrichtlinie vorgesehen, ist jedoch die Angabe des Wertstellungsdatums. Dies lässt sich damit erklären, dass die Zulässigkeit der Verwendung eines Wertstellungsdatums in Frankreich umstritten ist. Die Cour de Cassation hat in ihrem Urteil vom 06.04.1993 festgestellt, dass die Verwendung von Wertstellungsdaten zwar für das Einlösen von Schecks zulässig sei, da die Bank hier einen gewissen Zeitraum benötigt, um Deckung zu erlangen, für andere Vorgänge, wie die Einzahlung und das Abheben von Geldern entbehre sie jedoch der nach französischem Recht notwendigen *„cause"* und sei daher nach Art. 1131 C.c. nichtig[433]. Nicht vollständig geklärt ist seitdem, welche Vorgänge nun zu der Gruppe zählen, bei der, wie bei der Einreichung eines Schecks, die Verwendung eines Wertstellungsdatums erlaubt ist und für welche Vorgänge ein Wertstellungsdatum nicht zulässig ist[434]. Die herrschende Meinung in der Literatur geht davon aus, dass für Überweisungen das gleiche gilt wie für die Einzahlungen oder das Abheben von Geldern[435]. Die Verwendung eines Wertstellungsdatums ist für Überweisungen daher nicht zulässig, so dass eine

---

[431] Nach Art. 7 des *décret* n° 84-708 haben die Kreditinstitute ihre Kunden bei Kontoeröffnung außerdem über die Bedingungen zur Nutzung des Kontos, die Preise für die verschiedenen angebotenen Dienstleistungen und die gegenseitigen vertraglichen Pflichten des Instituts und der Kunden zu informieren. Für Verträge über die Eröffnung eines Einlagenkonto *(compte de dépôt)* durch einen Verbraucher, die nach dem 28.02.2003 geschlossen werden, gelten außerdem die in Art. 312-1-1 C. mon. fin. und dem dazugehörigen *arrêté* vom 08.03.2005 vorgesehenen Informationspflichten, die insbesondere eine Informationspflicht hinsichtlich der anfallenden Gebühren vorsehen (*Gavalda / Stoufflet,* Droit bancaire, Rz. 222 ff.).

[432] Siehe zu Art. 3 der Überweisungsrichtlinie oben: 2. Kapitel § 1 II.

[433] Cass. com. 06 avril 1993, D. 1993, jur. 311, note *Gavalda;* JCP 1993, II 22062, note *Stoufflet.*

[434] Vgl.: *Boujeka,* Anm. zu T. Paris, 18 mai 2004, D. 2004, Comm. 2289, 2292.

[435] *Gavalda / Stoufflet,* Droit bancaire, Rz. 266; *Bonneau,* Droit bancaire, Rz. 381; *Pérochon / Bonhomme,* Entreprises en difficulté, Instruments de crédit et de paiement, Rz. 891; *Stoufflet,* Anm. zu Cass. com. 06 avril 1993, JCP 1993, II, 22062.

entsprechende Angabe nicht in Betracht kommt[436]. In den AGB der Banken finden sich dementsprechend Wertstellungsdaten für Schecks, nicht jedoch für Überweisungen[437].

Nach Art. 7 des *règlement* n° 99-09 sind die Institute verpflichtet, die Überweisungen ihrer Kunden zu den Bedingungen durchzuführen, über die sie die Kunden nach Art. 3 vorab informiert haben. Die Frage, inwieweit die zu erteilenden Vorab-Informationen für die Institute bindend sind, hat damit anders als im deutschen Recht eine eindeutige Regelung erfahren.

Nach der Durchführung einer Überweisung haben die Institute ihren Kunden gemäß Art. 4 des *règlement* n° 99-09 folgende Informationen zur Verfügung zu stellen: die Angabe des vom Überweisenden angewiesenen Betrag, den Betrag aller angefallenen Gebühren und Provisionen sowie gegebenenfalls jegliche andere Art der Vergütung, sowie gegebenenfalls angewandte Wechselkurse. Insoweit entspricht die Regelung des Art. 4 des *règlement* n° 99-09 den Vorgaben des Art. 4 der Überweisungsrichtlinie.

Anstelle der Angabe des Wertstellungsdatums ist vorgesehen, dass dem Überweisenden das Datum mitzuteilen ist, zu dem sein Konto belastet wurde und entsprechend dem Überweisungsempfänger das Datum, zu dem der Überweisungsbetrag seinem Konto gutgeschrieben wurde. Nach Art. 4 Abs. 2 S. 1 des *règlement* 99-09 können die Informationen dem Kunden in einer gesonderten Benachrichtigung übersandt oder aber auf dem Kontoauszug aufgeführt werden. Dabei sind die Informationen für jede Überweisung gesondert so aufzuführen, dass eine klare Zuordnung möglich ist[438]. Die Benachrichtigung muss spätestens zwei Monate nach der Ausführung der Überweisung erfolgen. Ist der Kunde damit einverstanden, so ist nach Art. 6 des *règlement* auch eine Benachrichtigung in elektronischer Form zulässig.

---

436 Nach Art. 4 der Überweisungsrichtlinie ist das Wertstellungsdatum daher auch nur „gegebenenfalls" anzugeben, also nur, wenn das Institut ein Wertstellungsdatum zugrundelegt.

437 Vgl. Conditions générales BNP PARIBAS; conditions générales du compte de dépôt covefi.

438 Dies entspricht Art. 4 Abs. 1 1. Spiegelstrich; eine ausdrückliche Vorgabe, nach der Angaben zur Person des Überweisenden und ein angegebener Vertragszweck, soweit üblich, mitzuteilen sind (§ 676 a Abs. 1 S. 1 BGB), ist im französischen Recht dagegen nicht vorgesehen. Praktisch kommen jedoch beide Regelungen zum gleichen Ergebnis, da Angaben, die eine eindeutige Zuordnung der Überweisung ermöglichen, in der Regel solche zum Namen des Überweisenden und zu einem angegebenen Vertragszweck sind.

3. Zwischenergebnis

Während in Deutschland seit Umsetzung der Richtlinie gesetzlich festgelegt ist, dass das überweisende Institut bei institutsübergreifenden Überweisungen den Eingang des Überweisungsbetrags auf dem Konto der Bank des Überweisungsempfängers schuldet, fehlt es hierzu in Frankreich an einer eindeutigen Regelung. Die wohl herrschende Lehre geht jedoch davon aus, dass das überweisende Institut wie in Deutschland für eine zwischengeschaltete Bank einstehen muss. Diese Ansicht könnte durch die Einführung des Art. L 133-1 C. mon. fin. ein weiteres Argument für sich gewonnen haben, da nach der neuen Regelung das überweisende Institut von einem eigenen oder einem Verschulden einer Zwischenbank unabhängig den Überweisungsbetrag bis zu einer Höhe von 12 500 € zu erstatten hat, wenn der Überweisungsbetrag das Konto des Empfängerinstituts nicht erreicht[439]. Daraus lässt sich das Bestreben erkennen, dem Kunden die Möglichkeit zu eröffnen, sich grundsätzlich an sein Institut zu halten, sodass die Aufgabe, herauszufinden und nachzuweisen, ob und welches zwischengeschaltete Institut ein Verschulden trifft, der überweisenden Bank auferlegt ist.

In beiden Ländern sind Überweisungen grundsätzlich unverzüglich auszuführen. Während in Deutschland für inländische Überweisungen außerdem verbindliche gesetzliche Höchstfristen vorgegeben sind, fehlt es an einer derartigen Regelung im französischen Recht. Die für grenzüberschreitende innereuropäische Überweisungen unter 75 000 € in Deutschland und unter 50 000 € in Frankreich geltenden Regelungen sind jedoch identisch. Für diese Überweisungen gilt in beiden Ländern mangels abweichender (zulässiger) Vereinbarung entsprechend den Vorgaben der Richtlinie eine Ausführungsfrist von fünf Bankgeschäftstagen.

Die Warn- und Schutzpflichten der Bank sind in Frankreich ungleich höher als in Deutschland. Ob dieser hohe Standard trotz der zunehmenden Massenhaftigkeit und Technisierung des Überweisungsverkehrs aufrechterhalten werden kann, bleibt allerdings abzuwarten[440].

---

[439] Siehe dazu unten: 4. Kapitel § 3 II 4 b).

[440] Bislang werden in Frankreich für bargeldlose Zahlungen noch immer vornehmlich Schecks verwendet. Der Anteil der Überweisungen am bargeldlosen Zahlungsverkehr steigt jedoch zusehends.

IV. Vertragliche Pflichten des Überweisenden

1. Im deutschen Recht

Der Überweisende ist gemäß §§ 675, 669, 670 BGB verpflichtet, dem überweisenden Institut einen Vorschuss bzw. Aufwendungsersatz in Höhe des Überweisungsbetrags zu zahlen. In § 676 a wird dies nur insoweit angedeutet, als die Ausführungsfrist nur zu laufen beginnt, wenn ausreichend Deckung vorhanden ist. Im Fall der Konto-zu-Konto-Überweisung erfolgt die Zahlung des Vorschusses durch die Belastungsbuchung, im Falle der Barüberweisung wird der Vorschuss in bar zur Verfügung gestellt. Ist eine wirksame Einigung auf einen Überweisungsvertrag nicht zustande gekommen, so besteht auch kein Anspruch der überweisenden Bank auf Vorschuss bzw. Aufwendungsersatz nach §§ 675, 669, 670 BGB. Eine dennoch vorgenommene Belastungsbuchung lässt in diesem Fall das Guthaben des Überweisenden unberührt[441] und ist von der kontoführenden Bank rückgängig zu machen[442]. Auch ein bereicherungsrechtlicher Anspruch des überweisenden Kreditinstituts gegen den Überweisenden besteht in der Regel nicht, da der Überweisende nichts erlangt[443]. Zur Ausführung einer Überweisung ohne wirksamen Überweisungsvertrag kommt es z.B. bei Geschäftsunfähigkeit des Auftraggebers. Aber auch wenn eine Überweisung irrtümlich doppelt ausgeführt wird, fehlt es für die zweite Überweisung an einem wirksamen Überweisungsvertrag[444].

Der Überweisende hat die zur Überweisung erforderlichen Angaben zu machen. Bei Inlandsüberweisungen gehören dazu nach Zif. II 1. der Bedingungen für den Überweisungsverkehr Name und Kontonummer des Begünstigten, Bankleitzahl und Name des Kreditinstituts, Währung, Betrag, Name und Kontonummer des Überweisenden, Datum und Unterschrift bzw. Legitimations- und Identifikationsmedien bei elektronischen Überweisungen. Bei grenzüberschreitenden Überweisungen ist nach Zif. III Nr. 1 und Zif. IV Nr. 1 die Kontonummer bzw. die internationale Bankkontonummer (IBAN) oder, wenn die IBAN nicht bekannt ist, die vollständige Adresse des Begünstigten anzugeben, an die Stelle der Bankleitzahl tritt der Bank-Identifizierungs-Code (BIC) des Begünstigten bzw., wenn dieser unbekannt ist, der vollständige Name und die Adresse des Kreditinstituts des Begünstigten.

---

[441] BGH, BKR 2003, 641; OLG München, NJOZ 2003, 1080. 1081.

[442] *Langebucher,* Zahlungsverkehr, § 1 Rz. 16.

[443] *Langenbucher,* Zahlungsverkehr, § 1 Rz. 138; *Nobbe,* WM 2001, Sonderbeilage Nr. 4 S. 25; etwas anderes gilt nur, wenn der durch die Überweisung hervorgerufene Rechtsschein einer Zahlung an den Empfänger dem Überweisenden zurechenbar ist.

[444] BGHZ 72, 9; OLG Hamm, ZIP 2003, 662 mit zustimmender Besprechung *Böckmann / Kluth* ZIP 2003, 656; *Langenbucher,* Zahlungsverkehr, § 1 Rz. 137.

Daneben hat der Kunde bei entsprechender Vereinbarung das für die Durchführung der Überweisung anfallende Entgelt zu bezahlen. Aus § 305 BGB ergibt sich, dass das Kreditinstitut berechtigt ist, ein Entgelt für die Überweisung zu berechnen. Allerdings darf für die Durchführung grenzüberschreitender Überweisungen nach Art. 3 Abs. 2 und 3 der Verordnung (EG) Nr. 2560/2001 über grenzüberschreitende Überweisungen in Euro bis zu einem Betrag von 50 000 € kein höheres vertragliches Entgelt verlangt werden als für inländische Überweisungen[445]. Der Anwendungsbereich der Verordnung erfasst gemäß Art. 1 und 2 a allerdings nur grenzüberschreitende Zahlungen in Euro zwischen Mitgliedsstaaten. Für Überweisungen in Drittländer können dagegen auch höhere Entgelte vereinbart werden. Bei Art. 3 der Richtlinie handelt es sich nicht um ein Instrument der Preiskontrolle, sondern um ein spezielles Diskriminierungsverbot, das bei der Gebührenerhebung eine Differenzierung aufgrund des grenzüberschreitenden Charakters einer Zahlung ausschließt[446]. Andere Differenzierungskriterien werden dagegen nicht ausgeschlossen, solange sie nicht zu einer versteckten Diskriminierung führen[447]. Die deutschen Kreditinstitute haben die Gebühren für grenzüberschreitende, innereuropäische Überweisungen tatsächlich den Gebühren für inländische Überweisungen angeglichen, so dass es derzeit zu einer Quersubventionierung der grenzüberschreitenden Überweisungen kommt, die de facto teurer sind als die inländischen. Allerdings ist zu hoffen, dass die stete Fortentwicklung und Vereinfachung der technischen Abwicklung des grenzüberschreitenden Zahlungsverkehrs schließlich auch zu einer Angleichung der tatsächlichen Kosten für grenzüberschreitende und inländische Überweisungen führen wird[448].

Kein Entgelt darf dagegen für ein bloßes Tätigwerden verlangt werden, wenn die Überweisung nicht ausgeführt wird[449]; so beispielsweise, wenn die Bank das Vorliegen der Voraussetzungen für die Durchführung der Überweisung prüft, dabei feststellt, dass diese nicht vollständig erfüllt sind und aus diesem Grund die Überweisung nicht durchführt. Eine Klausel, nach welcher für die Unterrichtung des Kunden über die Nichtausführung einer Überweisung ein Entgelt erhoben wird, ist dagegen mit den wesentlichen Grundgedanken der Rechtsordnung unvereinbar (§ 307, Abs. 2 Nr. 1 BGB) und benachteiligt den betroffenen Bankkunden in unangemessener Weise (§ 307 Abs. 1 S. 1 BGB)[450].

---

[445] Für Banküberweisungen gilt die Gebührengleichheit seit dem 1. Juli 2003; vgl. dazu Pressemitteilung, Europäische Kommission IP/03/901 vom 26.06.2003.

[446] *Hoffmann*, WM 2002, S. 1517, 1518.

[447] *Hoffmann*, WM 2002, 1517, 1518 f.

[448] Siehe dazu oben: 3. Kapitel § 3 I.

[449] BGHZ 137, 43, 45f; BGH, WM 1997, 2001, 563, 564f; *Langenbucher*, Zahlungsverkehr, § 1 Rz. 39.

[450] BGH WM 2001, 563, 563 f.

2. Im französischen Recht

Der Überweisende hat anfallende Provisionen und Gebühren zu bezahlen[451]. Die Frage, wer die Kosten der Überweisung zu tragen hat, ist zwischen Überweisendem und dem Überweisungsempfänger zu klären[452]. Heute ist dazu jedoch die Regelung des Art. 8 des *règlement* n° 99-09 zu beachten, der vorgibt, dass das Kreditinstitut grundsätzlich verpflichtet ist, den Überweisungsbetrag vollständig zu überweisen, wenn es sich um eine Überweisung innerhalb Europas handelt, die den Betrag von 50 000 € nicht überschreitet. Ein Abzug der Provision vom Betrag der Überweisung ist daher heute nur noch möglich, wenn der Überweisende ausdrücklich angeordnet hat, dass die Kosten der Überweisung ganz oder teilweise vom Überweisungsempfänger getragen werden sollen (Art. 8 *règlement* n° 99-09). Die Kosten für grenzüberschreitende Überweisungen, deren Betrag 12 500 € nicht überschreitet, dürfen auch in Frankreich aufgrund der EU-Verordnung über grenzüberschreitende Zahlungen nicht höher sein als die für im Inland ausgeführte Überweisungen. Diese Vorgaben sind mittlerweile von den meisten Banken umgesetzt worden[453].

Der Überweisende hat außerdem die zur Ausführung notwendigen Angaben zu machen, insbesondere Namen und Kontonummer des Empfänger anzugeben, sowie dessen Kreditinstitut[454]. Schließlich muss er dafür sorgen, dass ausreichend Deckung vorhanden ist. Ist ein ausreichendes Guthaben nicht vorhanden oder ein entsprechender Kredit durch die Bank nicht eingeräumt, so bleibt die Überweisung dennoch wirksam. Allerdings ist die Ausführung dergestalt aufgeschoben, dass das Kreditinstitut zur Durchführung der Überweisung erst verpflichtet ist, wenn eine ausreichende Deckung vorhanden ist[455].

V. Die Auflösung des Überweisungsvertrags

In beiden Rechtsordnungen stellt sich die Frage, ob und unter welchen Voraussetzungen bzw. mit welchen Konsequenzen es den Parteien möglich ist, das Vertragsverhältnis einseitig zu beenden. In Deutschland spricht man nach der Terminologie der §§ 676 a ff BGB von Kündigung, in Frankreich von *révocation*.

---

[451] *Gavalda / Stoufflet*, Instruments de paiement et de crédit, Rz. 477.

[452] Cass. com., 14 février 1989: D. 1991, somm. comm. p.31, obs. *Vasseur*: weist der Überweisende die beteiligten Banken an, ihre Gebühren vom Überweisungsbetrag abzuziehen, so begeht eine Zwischenbank, keine *faute délictuelle* oder quasi *délictuelle*, wenn sie den Überweisungsbetrag gekürzt um ihre Gebühren weiterleitet; *Gavalda / Stoufflet*, Instruments de paiement et de crédit, Rz. 477; *Grua*, Les contrats de base de la pratique bancaire, Rz. 259.

[453] Z.B. Conditions générales de banque der Crédit Agricole Nord Midi-Pyrénées oder der COVEFI.

[454] *Cabrillac*, Le chèque et le virement, Rz. 372.

[455] *Cabrillac / Rive-Lange*, Encyclopédie Juridique, Commercial V, virement, Rz. 37.

1. Im deutschen Recht

a) Die Kündigung des überweisenden Kreditinstituts

Die Voraussetzungen für eine mögliche Kündigung des Instituts unterscheiden sich gemäß § 676 a Abs. 3 S. 1 BGB je nachdem, ob die Kündigung vor oder nach Beginn der Ausführungsfrist erfolgt.

Vor Beginn der Ausführungsfrist kann das Institut nach dem Wortlaut § 676 a Abs. 3 S. 1 BGB den Überweisungsvertrag ohne Angabe von Gründen kündigen. Nach dem Willen des Gesetzgebers sollten die Institute bis zum Beginn der Ausführungsfrist in der Entscheidung über den Abschluss eines Überweisungsvertrags völlig frei sein[456]. Wie bereits angedeutet, ist dieses Kündigungsrecht jedoch zu weit geraten und daher im Wege richtlinienkonformer Auslegung dahingehend zu reduzieren, dass eine Kündigung nur bei Vorliegen eines wichtigen Grundes im Sinne des § 313 Abs. 1, 2 BGB möglich ist. Dies ergibt sich daraus, dass die aus richtlinienkonformer Auslegung ergebende Verpflichtung des Kreditinstituts, Überweisungsverträge im Rahmen eines Girovertrags anzunehmen, weitgehend ihrer Wirkung beraubt wäre, wenn es das Institut in der Hand hätte, den Vertrag ohne Grund zu kündigen. Das Kreditinstitut kann daher, wenn zwischen den Parteien ein Girovertrag besteht, nur dann eine Kündigung aussprechen, wenn Gründe vorliegen, die es dazu berechtigt hätten, ein Angebot auf Abschluss eines Überweisungsvertrags abzulehnen[457].

Praktisch wird es schon deshalb nur selten zu einer Kündigung der Bank vor Beginn der Ausführungsfrist kommen, weil die ganz überwiegende Zahl der Überweisungsverträge nach § 362 HGB zustande kommt. Bei einem Vertragsschluss nach § 362 HGB fällt aber in der Regel die Annahme des Vertrages zeitlich mit dem Beginn der Ausführungsfrist zusammen.

Nach Beginn der Ausführungsfrist ist eine Kündigung nach § 676 a Abs. 3 S. 1 BGB nur noch möglich, wenn über das Vermögen des Überweisenden ein Insolvenzverfahren eröffnet oder ein zur Durchführung der Überweisung notwendiger Kredit gekündigt worden ist. Die Kündigungsmöglichkeit bei Eröffnung eines Insolvenzverfahrens wurde vorgesehen, weil nach § 116 S. 3 InsO in Umsetzung von Art. 3 Abs. 1 der Zahlungssicherungsrichtlinie Überweisungsverträge durch die Eröffnung eines Insolvenzverfahrens nicht erlöschen.

---

[456] Siehe dazu oben: 4. Kapitel § 2 II 1 d) aa).

[457] *Langenbucher,* Zahlungsverkehr, § 1 Rz. 50; im Ergebnis ebenso: *Becher,* DStR 1999, 1360, 1364; *Nobbe,* WM 2001, Sonderbeilage Nr. 4, S. 5; *Gößmann / van Look,* WM 2000, Sonderbeilage Nr. 1, S. 34.

b) Die Kündigung des Überweisenden

Auch der Überweisende hat die Möglichkeit, den Überweisungsvertrag zu kündigen. Vor Einführung des Überweisungsgesetzes war ein Widerruf durch den Überweisenden bis zur endgültigen Gutschrift des Überweisungsbetrags auf dem Konto des Empfängers möglich. Dieses Kündigungsrecht wurde jedoch bei Schaffung des Überweisungsgesetzes bewusst durch § 676 a Abs. 4 BGB zeitlich dahingehend beschränkt, dass eine Kündigung vor Beginn der Ausführungsfrist jederzeit, danach jedoch nur noch dann möglich ist, wenn sie dem Kreditinstitut des Begünstigten mitgeteilt wird, bevor der Überweisungsbetrag dort eingeht[458]. Ist der Überweisungsbetrag dem Institut des Empfängers erst einmal zugeflossen, so hat das überweisende Institut seine Pflichten erfüllt[459]. Von diesem Zeitpunkt an ist das Institut des Empfängers verpflichtet, den eingegangenen Betrag so schnell wie möglich dem Empfänger gutzuschreiben. Eine wirksame Kündigung ist nicht mehr möglich.

Nach dem ersten Entwurf des Überweisungsgesetzes galt das Erfordernis einer vorherigen Mitteilung einheitlich „bis zum Ablauf der Ausführungsfrist“[460]. Später wurde vorgesehen, dass vor dem Beginn der Ausführungsfrist eine Kündigung des Überweisenden ohne jede Einschränkung möglich sein sollte. Begründet wurde dies damit, dass „nicht einzusehen“ sei, „dass vor dem Beginn der Ausführungsfrist nur das überweisende Kreditinstitut, nicht (aber) der Überweisende den Überweisungsvertrag soll kündigen können“. Es bestehe kein Bedürfnis, den Überweisenden an dem Überweisungsvertrag festzuhalten, solange die Ausführungsfrist nicht zu laufen begonnen habe[461]. Der Gesetzgeber ging dabei offenbar davon aus, dass die Überweisung vor Beginn der Ausführungsfrist den Machtbereich des überweisenden Instituts nicht verlässt[462].

Dabei wurde jedoch übersehen, dass es, gerade im Hinblick darauf, dass Überweisungen baldmöglichst durchzuführen sind, durchaus möglich ist, dass der Überweisungsbetrag dem Konto des Instituts des Empfängers noch am selben Tag gutgeschrieben wird, also bevor die Ausführungsfrist zu laufen beginnt. Ist der Betrag dem Institut des Empfängers aber zugeflossen, ohne dass dieses vorher eine Mitteilung über die Kündigung erreicht hat, so soll nach der

---

[458] BT-Drucks. 15/745, S. 20; vgl. hierzu auch die der gesetzliche Regelung entsprechenden Zif. II 5.1, III. 7.1, IV.7.1 der Überweisungsbedingungen, abgedruckt in ZBB 2002, 60, 61, 65.

[459] *Gößmann / van Look*, WM 2000, Sonderbeilage 1, S. 35.

[460] BT-Drucks. 15/745, S. 20.

[461] BT-Drucks. 14/1067, S. 4.

[462] *Casper*, MünchKomm BGB, § 676 a, Rz. 41.

neuen Konzeption eine wirksame Kündigung ausgeschlossen sein[463]. Dies muss unabhängig davon gelten, ob die Ausführungsfrist zu diesem Zeitpunkt bereits begonnen hat oder noch nicht[464]. Das überweisende Institut hat mit dem Eingang des Überweisungsbetrags auf dem Konto des Empfängerinstituts seine Pflicht aus dem Überweisungsvertrag erfüllt, der Vertrag ist vollständig abgewickelt. Eine Kündigung darf daher in Einschränkung des Wortlauts des § 676 a Abs. 4 BGB nicht mehr möglich sein. Erfolgt auf der anderen Seite die Kündigung durch den Kunden nach Beginn der Ausführungsfrist, aber bevor das überweisende Institut mit der Ausführung der Überweisung begonnen hat und kann es die Ausführung der Überweisung daher einfach unterlassen, so ist eine Mitteilung an das Institut des Empfängers unsinnig.

Die Differenzierung zwischen einer Kündigung vor und nach Beginn der Ausführungsfrist ist daher wenig geglückt. Richtig ist es, danach zu differenzieren, ob das Institut den Überweisungsauftrag bereits weitergeleitet hat[465]. Dafür spricht nicht zuletzt, dass andernfalls gerade bei grenzüberschreitenden Überweisungen die Gefahr bestünde, dass das Institut die Überweisung erst kurz vor Ablauf der Ausführungsfrist bewirkt, um Rückabwicklungsschwierigkeiten mit ausländischen Kreditinstituten bei einer Kündigung durch den Kunden zu vermeiden[466].

Im Hinblick darauf, dass der Gesetzgeber das vor Einführung des Überweisungsgesetzes geltende Widerrufsrecht einschränken wollte, ist unbestritten, dass nach Gutschrift des Überweisungsbetrages auf dem Konto des Empfängers eine Kündigung nicht mehr möglich ist und zwar auch dann nicht, wenn der

---

463 *Schimansky,* Bankrechts-Handbuch, Band I, § 49, Rz. 9d; *Casper,* MünchKomm BGB, § 676 a, Rz. 41; a.A. *Nobbe,* WM 2001 Sonderbeilage Nr. 4 S. 5; *Oechsler,* Handbuch zum deutschen und europäischen Bankrecht, § 37, Rz. 27.

464 Die Regelung der Zif. II.2.2 und III.3.2, jeweils letzter Absatz der Überweisungsbedingungen, abgedruckt ZBB 2002, 60, 61, 63, sieht allerdings vor, dass die Ausführungsfrist schon an dem Tag zu laufen beginnt, an dem die erforderlichen Angaben vorliegen und Deckung gegeben ist, wenn die Bank die Überweisung bereits an diesem Tag ausführt. Dank dieser Regelung kann es zu der genannten Fallkonstellation nur kommen, wenn die Ausführungsfrist beispielsweise mangels Deckung nicht begonnen hat zu laufen, die Überweisung aber dennoch ausgeführt wurde.

465 Eine dementsprechende Regelung findet sich denn auch in Zif. IV Nr. 7.2 der Überweisungsbedingungen für grenzüberschreitende Überweisungen außerhalb der EU und des EWR. Danach kann der Kunde den Überweisungsvertrag kündigen, solang die Überweisung von der Bank noch nicht ausgeführt wurde. Wurde der Betrag dagegen bereits weitergeleite, so ist eine Kündigung nur möglich, wenn sie beim Institut des Begünstigten noch beachtet werden kann.

466 *Schimansky,* Bankrechts-Handbuch, Band I, § 49, Rz. 9d. Dies gilt gerade im Bezug auf Frankreich, das die in der Richtlinie vorgesehenen Ausgleichsansprüche zwischen den Instituten nicht gesetzlich normiert hat.

Überweisungsbetrag dem Konto des Instituts des Empfängers zu diesem Zeitpunkt noch nicht gutgeschrieben wurde. Auch insofern ist die Regelung des § 676 a Abs. 4 S. 1 BGB einschränkend auszulegen. Zu dieser Konstellation kommt es gerade bei grenzüberschreitenden Überweisungen häufig dann, wenn der Überweisungsauftrag über das verwendete Informationssystem (z.B. S.W.I.F.T.) schneller übermittelt wird, als der Überweisungsbetrag im Rahmen des Zahlungsverkehrssystems dem Institut des Empfängers gutgeschrieben wird. Schreibt in diesen Fällen die Empfängerbank den Überweisungsbetrag dem Empfänger gut, obwohl ihr selbst der Überweisungsbetrag noch nicht zugeflossen ist, so ist eine wirksame Kündigung von diesem Zeitpunkt an nicht mehr möglich[467].

In § 676 a Abs. 4 S. 1 BGB nicht geregelt ist der Fall der Kündigung hausinterner Überweisungen. Da diese in der Regel durch eine einfache Umbuchung ausgeführt werden, fallen Belastungsbuchung und Gutschrift in der Regel zusammen. Eine Kündigung ist demnach unabhängig vom Beginn der Ausführungsfrist bis zu diesem Buchungsvorgang möglich.

Die Kündigungserklärung des Kunden ist an das überweisende Kreditinstitut zu richten. Dieses ist gemäß § 676 a Abs. 4 S. 3 BGB verpflichtet, die Mitteilung von der Kündigung an das Institut des Empfängers unverzüglich zu veranlassen. Daneben ist jedoch auch der Überweisende selbst berechtigt, das Empfängerinstitut von der Kündigung zu unterrichten[468]. Das überweisende Institut ist bei Inlandszahlungen verpflichtet, die Kündigung unmittelbar dem Institut des Empfängers mitzuteilen (sog. Direktrückruf)[469].Bei grenzüberschreitenden Überweisungen ist dagegen fraglich, ob es dem überweisenden Institut zugemutet werden kann, die kontoführende Filiale des Empfängers ausfindig zu machen

---

[467] *Schimansky,* Bankrechts-Handbuch, Band I, § 49, Rz. 9d; *Gößmann / van Look,* WM 2000, Sonderbeilage 1, S. 35; *Nobbe,* WM 2001 Sonderbeilage Nr. 4 S. 5.

[468] A.A., mit Verweis auf den Wortlaut des § 676 d Abs. 2 S. 1 BGB: *Becher,* DStR 1999, 1360, 1364; *Gößmann / van Look,* WM 2000, Sonderbeilage 1, S. 36; *Schimansky,* Bankrechts-Handbuch, Band. I, § 49, Rz. 9c; *v. Westphalen,* Erman, § 676 a, Rz. 38; für ein Mitteilungsrecht des Kunden dagegen: *Langenbucher,* Zahlungsverkehr, § 1, Rz. 55; *Ehmann / Hadding,* WM 1999, Sonderbeilage Nr. 3, S. 26. für letztere Ansicht spricht, dass die Regelung des § 676 a Abs. 4 S. 3 BGB eingefügt wurde, weil man es dem Institut eher zutraute, die Mitteilung rechtzeitig zu übermitteln. So argumentierte der Bundesrat in seiner Stellungnahme: „Bliebe die Unterrichtung dem Überweisenden überlassen, würde die Kündigung in der Praxis häufig an der verspäteten Mitteilung scheitern" (BT- Drucksache 14/1067 S. 5 und 17). Die Position des Kunden sollte durch die Mitteilungspflicht lediglich gestärkt werden. Daher ist nicht einzusehen, warum der Überweisende nicht berechtigt sein sollte, das Institut des Empfängers selbst zu informieren.

[469] Vgl. Nr. 4 des Abkommens zum Überweisungsverkehr.

und unmittelbar zu informieren[470]. Das Institut des Empfängers ist nach § 676 d Abs. 2 S. 1 BGB verpflichtet, den Überweisungsbetrag an das überweisende Institut zurückzuleiten, wenn ihm vor dessen Eingang eine entsprechende Mitteilung zugegangen ist.

Kommt es zu einer wirksamen Kündigung, so kann das überweisende Institut analog § 649 BGB für seine bis zur Kündigung erbrachten Leistungen eine angemessene Teilvergütung verlangen[471].

c) Einschränkung des Kündigungsrechts im Rahmen von Zahlungsverkehrssystemen

Die Abs. 3 und 4 des § 676 a sehen jeweils in ihrem Satz 2 vor, dass eine Überweisung im Rahmen von Zahlungsverkehrssystemen bereits von dem in diesem System festgelegten Zeitpunkt an nicht mehr gekündigt werden kann. Diese Regelung dient der Umsetzung des Art. 5 der Richtlinie 97/26/EG über die Wirksamkeit von Abrechnungen in Zahlungs- sowie Wertpapierliefer- und abrechnunssystemen[472]. Wird also eine Überweisung mit Hilfe eines Zahlungsverkehrssystems weitergeleitet und sieht dieses System keine Kündigungsmöglichkeit vor, so erlischt das Kündigungsrecht sowohl des Kreditinstituts als auch des Überweisenden in dem Moment, in dem die Überweisung unwiderruflich in das System eingestellt wurde[473].

2. Im französischen Recht

a) Die *révocation* des Überweisenden

Wie jedes *mandat* kann auch der Überweisungsauftrag vom Überweisenden grundsätzlich frei widerrufen werden (Art. 2003 ff C.c.). Umstritten ist allerdings bis zu welchem Zeitpunkt ein Widerruf erfolgen kann. Die *Cour de cassation* hat dazu entschieden, dass ein Widerruf grundsätzlich nur bis zu dem Zeitpunkt möglich ist, zu dem das Konto des Überweisenden belastet wird, weil der Überweisende nur bis zu diesem Zeitpunkt über den zu überweisenden Geldbetrag verfügen kann[474]. In der Literatur wird dagegen unter anderem vertreten, dass bei institutsübergreifenden Überweisungen die Möglichkeit des

---

[470] *Schmalenbach,* Bamberger / Roth, § 676 a, Rz. 41.

[471] *Gößmann / van Look,* WM 2000, Sonderbeilage 1, S. 36; *Einsele,* JZ 2000, 9, 13; *Casper,* MünchKomm BGB § 676 a, Rz. 46.

[472] Richtlinie 98/26/EG, Abl. 1998, L. 166/45.

[473] *Schimansky,* Bankrechts-Handbuch, Band I, § 48, Rz. 9; *Langenbucher,* Zahlungsverkehr, § 1 Rz. 56.

[474] Cass. com. 26 janvier 1983, D. 1983, IR, S. 469 obs. *Vasseur;* RTD com. 1984, 129 obs. *Cabrillac / Teyssié*; dem folgend: *Pérochon / Bonhomme,* Entreprises en difficulté, Instrument de crédit et de paiement, S. 755, Rz. 863; *Bonneau,* Droit bancaire, Rz. 437; Lamy, Droit du financement, Rz. 2460; *Ripert / Roblot,* Droit commercial, tome 2, Rz. 2310.

Widerrufs erst erlischt, wenn das überweisende Institut den Überweisungsbetrag an eine zwischengeschaltete Bank weitergeleitet hat[475] oder sogar erst dann, wenn der Überweisungsbetrag bei dem Institut des Empfängers eingegangen ist[476]. Bei institutsinternen Überweisungen wird davon ausgegangen, dass der Überweisungsbetrag dem Empfänger von dem Moment an zur Verfügung steht, in dem das Konto des Überweisenden belastet wird. Das gilt selbst dann, wenn die Gutschrift nicht gleichzeitig erfolgt[477]. Daher endet hier die Widerrufsmöglichkeit des Überweisenden nach einhelliger Meinung mit der Belastung seines Kontos[478].

Im französischen Recht ist keine der Regelung des § 676 d Abs. 2 S. 1 BGB entsprechende Rückleitungspflicht des Kreditinstituts des Begünstigten normiert. Die Regelung einer eventuell notwendigen Rückabwicklung im Interbankenverhältnis bleibt im französischen Recht den Interbankenabkommen vorbehalten.

b) Die *renonciation* des überweisenden Instituts

Nach Art. 2103 und 2007 Abs. 1 C.c. kann grundsätzlich auch der Beauftragte den Auftrag durch eine entsprechende Erklärung gegenüber dem Auftraggeber einseitig beenden. In der Literatur zur Überweisung wird diese Möglichkeit jedoch nirgends erwähnt. Offenbar wird eine Beendigung des Auftragsverhältnisses durch das überweisende Institut nicht in Betracht gezogen. Dies lässt sich zunächst im Hinblick auf den aus der *convention de compte* resultierenden Kontrahierungszwang erklären. Geht man davon aus, dass das Kreditinstitut durch die *convention de compte* verpflichtet ist, den Überweisungsauftrag anzunehmen[479], so muss man folgerichtig annehmen, dass es sich dieser Verpflichtung jedenfalls nicht ohne wichtigen Grund durch einseitige Erklärung wieder entziehen kann. Hinzu kommt, dass die Annahmeerklärung des Instituts, die für das Zustandekommen eines Überweisungsauftrags verlangt wird, erst mit Ausführung der Überweisung als abgegeben gilt[480]. Das Auftragsverhältnis kommt demnach erst zustande, wenn das Institut mit der Ausführung des Auftrags beginnt, so dass es zu einer Kündigung vor Beginn der Ausführungsfrist in der Regel nicht kommen kann. Erweist sich die Ausführung des Auftrags während der Durchführung als nicht möglich oder nicht zumutbar, so muss es allerdings auch dem Institut erlaubt sein, das Auftragsverhältnis aus wichtigem Grund zu beenden[481].

---

475 *Gavalda / Stoufflet,* Instruments de paiement et de crédit, Rz. 474, 480.
476 *Cabrillac / Rive-Lange,* Encyclopédie Juridique, Commercial V, virement, Rz. 105.
477 *Gavalda / Stoufflet,* Instrument de paiement et de crédit, Rz. 480.
478 *Cabrillac / Rive-Lange,* Encyclopédie Juridique, Commercial V, virement, Rz. 55.
479 Siehe dazu oben: 4. Kapitel § 2 II 2.
480 S.o.: 4. Kapitel § 2 II 2.
481 *Tourneau,* Encyclopédie Juridique, Civil VII, mandat, Rz. 418.

c) Eingeschränkte Widerrufsmöglichkeiten im Rahmen von Zahlungsverkehrssystemen

Art. 5 der Richtlinie 97/26/EG wurde im französischen Recht in Art. 330-1 Abs. 3 C. mon. fin. umgesetzt, dessen Abs. 3 bestimmt, dass Überweisungen, die im Rahmen eines Zahlungsverkehrssystems erbracht werden, nur bis zu dem in dessen Regeln vorgesehenen Zeitpunkt widerrufen werden können[482]. Zwar handelt es sich bei den Vereinbarungen im Rahmen von Zahlungsverkehrssystemen um Interbankenabkommen, deren Regelungen können insoweit jedoch auch den Kunden entgegengehalten werden[483].

3. Zwischenergebnis

Die einseitige Beendigung des Überweisungsauftrags ist im französischen Recht, anders als im deutschen, nicht spezialgesetzlich geregelt. Eine Kündigungsmöglichkeit des überweisenden Instituts wird in der französischen Literatur nicht diskutiert. Der Überweisende kann jedoch nach herrschender Meinung den Überweisungsauftrag widerrufen. Die Frage, wie lange die Möglichkeit des Widerrufs besteht, ist jedoch umstritten. Nach der wohl herrschenden Meinung erlischt sie bereits mit der Belastungsbuchung.

Im deutschen Recht hat das Kündigungsrecht sowohl des Überweisenden als auch des überweisenden Instituts dagegen eine ausdrückliche spezialgesetzliche Regelung erfahren, die allerdings auf der einen wie auf der anderen Seite einiger Nachbesserungen bedarf. Im Vergleich zum französischen Recht ist die deutsche Regelung zwar kundenfreundlicher, da eine Kündigung auch nach erfolgter Belastungsbuchung noch möglich ist, wenn sie dem Institut des Empfängers mitgeteilt wird, bevor diesem der Überweisungsbetrag zugeht. Im Vergleich zu der vor Einführung der §§ 676 a ff BGB geltenden Rechtslage ist der Kunde jedoch heute zum einen durch die Einschränkung seines Kündigungsrechts und zum anderen durch die Kündigungsmöglichkeit des überweisenden Instituts schlechter gestellt.

---

[482] *Ripert / Roblot,* Droit commercial, tome 2, Rz. 2312; Cass. com. 14 décembre 1999, RTD com. S. 423 f., obs. *Cabrillac*; *Gavalda / Stoufflet,* Instrument de paiement et de crédit, Rz. 480.

[483] *Jeantin / Le Cannu,* Instruments de paiement et de crédit, Rz. 175-2; *Gavalda / Stoufflet,* Instrument de paiement et de crédit, Rz. 503.

§ 3. Die Ansprüche des Überweisenden gegen die überweisende Bank bei nicht oder fehlerhaft ausgeführten Überweisungen

I. Die Haftung des überweisenden Instituts im deutschen Recht

Zwar wird die Ausführung ge- oder verfälschter Überweisungen im deutschen Recht grundsätzlich als ein Problem des wirksamen Vertragsschlusses eingeordnet. Da es sich dabei nach der Systematik des französischen Rechts aber vorrangig um eine Frage der Haftung für eine Pflichtverletzung handelt, soll zur besseren Vergleichbarkeit auch die deutsche Lösung dieses Sachproblems hier vorab dargestellt werden. Sodann ist auf die Haftung des überweisenden Instituts bei nicht, nicht vollständig oder zu spät ausgeführten Überweisungen einzugehen, die im deutschen Recht in den §§ 676 b und c BGB geregelt ist. Während in § 676 b BGB die Regelungen zur verschuldensunabhängigen Haftung des überweisenden Kreditinstituts zusammengefasst sind, stellt § 676 c Abs. 1 BGB klar, dass die verschuldensabhängige Haftung nach allgemeinem Leistungsstörungsrecht neben § 676 b BGB anwendbar bleibt.

1. Die Fälle ge- oder verfälschter Überweisungen

Handelt es sich bei dem Angebot auf Abschluss eines Überweisungsvertrags um eine Fälschung, so hängt die Wirksamkeit des Überweisungsvertrags nach § 177 BGB grundsätzlich von der Genehmigung des Überweisenden ab. Dies gilt gleichermaßen für gefälschte wie auch für inhaltlich verfälschte Überweisungsaufträge. Im deutschen Recht trägt folglich die Bank das Fälschungs- wie auch das Verfälschungsrisiko[484]. Etwas anderes gilt nach den in Analogie zu § 172 Abs. 2 BGB entwickelten Grundsätzen des Blankettmissbrauchs dann, wenn der Kunde einen Antrag auf Abschluss eines Überweisungsvertrags blanko ausstellt. In diesem Fall muss er den Inhalt der mit der Ausfüllung des Blanketts geschaffenen Urkunde auch dann als eigene Willenserklärung gelten lassen, wenn die Ausfüllung nicht seinem Willen entspricht[485]. Der Kunde muss sich die durch Fälschung oder Verfälschung geschaffene Willenserklärung außerdem zurechnen lassen, wenn er in sonstiger Weise durch sein Verhalten einen zurechenbaren Rechtsschein geschaffen hat, auf den das Kreditinstitut vertrauen durfte[486]. Dafür reicht es jedoch nicht aus, dass der Kontoinhaber die Fälschung durch einen Umstand ermöglichte, der in seiner Sphäre lag und die Bank die Fälschung nicht

---

[484] S.o.: 4. Kapitel § 2 II 1 a).

[485] St. Rspr. BGH, WM 2001, 1712, 1713; *Langenbucher*, Zahlungsverkehr, § 1, Rz. 13; *Nobbe*, WM 2001, Sonderbeilage 5, S. 6.

[486] BGH WM 2001, 1712 = NJW 2001, 2968; *Langenbucher*, Zahlungsverkehr, § 1 Rz. *13; Schmalenbach*, Bamberger / Roth, § 676 a Rz. 20.

erkennen konnte[487]. Der Überweisende muss vielmehr in zurechenbarer Weise einen Rechtsschein geschaffen haben, der sich gerade auf die Echtheit des Überweisungsauftrags bezieht[488]. Muss sich der Kunde das ge- oder verfälschte Angebot nicht zurechnen lassen, so darf das überweisende Institut das Konto des Überweisenden nicht belasten. Ist die Belastung bereits erfolgt, so hat es diese durch Rückbuchung mit Wirkung ex tunc rückgängig zu machen[489].

2. Die verschuldensunabhängige Haftung nach § 676 b BGB bei zu spät, nicht vollständig oder nicht ausgeführten Überweisungen

Die Vorschrift des § 676 b sieht, entsprechend den Vorgaben der Überweisungsrichtlinie, eine verschuldensunabhängige Haftung des überweisenden Kreditinstituts vor, wenn die Überweisung erst nach dem Ablauf der Ausführungsfrist bewirkt wird (§ 676 b Abs. 1 BGB), wenn entgegen der vertraglichen Vereinbarung Teile des Überweisungsbetrags einbehalten werden (§ 676 b Abs. 2 BGB) oder wenn die Überweisung gar nicht ausgeführt wird (§ 676 b Abs. 3 BGB).

a) Die Verzinsungspflicht gemäß § 676 b Abs. 1 BGB

Wird eine Überweisung verspätet ausgeführt, so hat das überweisende Institut gemäß § 676 b Abs. 1 BGB den Überweisungsbetrag für die Dauer der Verspätung mit fünf Prozentpunkten über dem Basiszinssatz zu verzinsen[490]. Der Anspruch setzt lediglich voraus, dass der Überweisungsbetrag nicht innerhalb der Ausführungsfrist bewirkt wird, ohne dass es auf ein Verschulden des überweisenden Kreditinstitutes ankommt. Bewirkt ist die Überweisung im Falle einer institutsinternen Überweisung mit Gutschrift auf dem Konto des Empfängers, im Falle einer institutsübergreifenden Überweisung mit Gutschrift auf dem Konto des Instituts des Empfängers[491]. Der zu verzinsende Zeitraum beginnt nach § 676 b Abs. 1 S. 1 BGB mit Ablauf der vereinbarten oder, wenn keine Vereinbarung getroffen wurde, der gesetzlichen Ausführungsfrist[492] und endet mit Eingang der Überweisungsbetrags auf dem Konto des Instituts des Begünstigten

---

[487] BGH WM 2001, 1712, 1713: dort hatte die Kontoinhaberin einer Bekannten vertrauensselig genaue Einblicke in ihre persönlichen und wirtschaftlichen Verhältnisse gewährt und dieser damit die Möglichkeit geschaffen, Überweisungsaufträge der Kontoinhaberin gegenüber deren Bank erfolgreich vorzutäuschen.

[488] BGH WM 2001, 1712, 1713.

[489] *Langebucher*, Zahlungsverkehr, § 1 Rz. 16; s.o.: 3. Kapitel §1 I.

[490] Vgl. auch Zif. 4.3 (1) 1. Spiegelstrich und 5.3 (1) 1. Spiegelstrich, der Überweisungsbedingungen abgedruckt in ZBB 2002, 60, 61,63.

[491] *Schmalenbach*, Bamberger / Roth, § 676 b Rz. 2, mit Verweis auf § 676 a Rz. 21; *Gößmann / van Look*, WM 2000, Sonderbeilage 1, S. 36.

[492] *Gößmann / van Look*, WM 2000, Sonderbeilage Nr. 1, S. 36; *Langenbucher*, Zahlungsverkehr, § 1 Rz. 61; a.A. *Schulz*, ZBB 1999, 287, 294; *Sprau*, Palandt, § 676 b Rz. 3; *Casper*, MünchKomm BGB, § 676 b, Rz. 5, die bei Fehlen einer Vereinbarung eine Verspätung bereits dann annehmen, wenn die Überweisung nicht baldmöglichst bewirkt worden ist.

bzw. bei institutsinternen Überweisungen mit Gutschrift auf dem Konto des Empfängers[493]. Beginn und Ablauf der Ausführungsfrist regelt § 676 a Abs. 2 BGB[494]. Der Anspruch ist nach § 676 b Abs. 1 S. 1 a.E. lediglich dann ausgeschlossen, wenn der Überweisende oder der Begünstigte die Verspätung nach § 276 BGB selbst zu vertreten hat[495].

b) Die Erstattung einbehaltener Beträge nach § 676 b Abs. 2 BGB

Die Verteilung von anfallenden Gebühren für Überweisungen wird zwischen dem Überweisenden und dem überweisenden Kreditinstitut typischerweise durch Klauseln vereinbart. Dabei steht das Kürzel „OUR" für eine Kostentragung durch den Überweisenden, ist „BEN" vereinbart, so trägt der Empfänger die Kosten und erhält daher nur einen um die angefallenen Gebühren gekürzten Betrag, während bei „SHARE" die Gebühren zwischen dem Überweisenden und dem Empfänger aufgeteilt werden. Werden entgegen der getroffenen Vereinbarung Gebühren vom Überweisungsbetrag abgezogen und vom überweisenden oder einem zwischengeschalteten Kreditinstitut einbehalten, so sind diese durch die überweisende Bank nach Wahl (§§ 262 ff BGB) des Überweisendem ihm selbst zu erstatten oder dem Begünstigten zu überweisen. Kürzungen durch das Institut des Begünstigten werden dagegen nicht von § 676 b Abs. 2 BGB, sondern von § 676 g Abs. 2 BGB erfasst.

c) Die Haftung für nicht ausgeführte Überweisungen nach § 676 b Abs. 3 BGB

Der in § 676 b Abs. 3 BGB vorgesehene Erstattungsanspruch des Überweisenden entsteht, wenn die nach § 676 a Abs. 2 BGB zu ermittelnde Ausführungsfrist abgelaufen ist, ohne dass die Überweisung bewirkt wurde, der Überweisende nach Ablauf der Ausführungsfrist die Erstattung des Überweisungsbetrags verlangt hat und schließlich auch die durch das Erstattungsverlangen in Lauf gesetzte 14tägige Nachfrist erfolglos verstrichen ist. Liegen diese drei Voraus-

---

[493] BT-Drucks. 14/745, S. 21; *Gößmann / van Look*, WM 2000, Sonderbeilage 1, S. 36.

[494] S.o.: 4. Kapitel § 2 III 1 b).

[495] *Gößmann / van Look*, WM 2000, Sonderbeilage 1, S. 37; *Langenbucher*, Zahlungsverkehr, § 1, Rz. 62; a.A. *Casper*, MünchKomm BGB, § 676 b, Rz. 6, und *Schmalenbach*, Bamberger / Roth, § 676 b Rz. 5 die eine Abgrenzung nach Risikosphären vorsehen. Eine Notwendigkeit, dem Empfänger eine durch dessen Institut verspätet vorgenommene Gutschrift nach § 278 S. 1 BGB zuzurechnen, um in diesem Fall den Anspruch aus § 676 b Abs. 1 BGB gegen das überweisende Institut auszuschließen, besteht nicht (so aber *Langenbucher*, Zahlungsverkehr, § 1, Rz. 63). In diesem Fall scheitert ein Anspruch des Überweisenden nach § 676 b Abs. 1 BGB schon daran, dass keine Verspätung vorliegt, da das überweisende Institut seine Pflicht erfüllt hat, sobald der Überweisungsbetrag auf dem Konto des Instituts des Empfängers eingegangen ist. Führt das Institut des Empfängers die Gutschrift nicht fristgerecht aus, so hat vielmehr dieses dem Empfänger den Zeitraum der Verspätung nach § 676 g Abs. 1 S. 2 BGB zu verzinsen.

setzungen vor, so gilt der Vertrag gemäß § 676 b Abs. 3 S. 2 BGB als gekündigt. Anstelle des Erfüllungsanspruchs kann der Überweisende die Erstattung des Überweisungsbetrags bis zu einem Höchstbetrag von 12 500 € verlangen, zuzüglich bereits entrichteter Entgelte und Auslagen. Wird ein über 12 500 € liegender Überweisungsbetrag auf zwei oder mehrere jeweils unter dieser Summe liegende Überweisungen aufgeteilt, so ist der zu erstattende Betrag unter Heranziehung von § 242 BGB auf insgesamt 12 500 € beschränkt, wenn die jeweiligen Überweisungen auf einem einheitlichen Rechtsgrund beruhen und ein besonderer Grund für die Aufteilung nicht gegeben ist[496]. Dies ist insbesondere der Fall, wenn der Gesamtbetrag der Erfüllung einer Verbindlichkeit dient. Der Überweisende kann in einem solchen Fall die Haftungssumme nicht durch eine ansonsten nicht begründete Stückelung erhöhen. Neben der Pflicht zur Erstattung hat das überweisende Institut außerdem den vollen Überweisungsbetrag vom Beginn der Ausführungsfrist an bis zur Gutschrift des Überweisungsbetrags auf dem Konto des Überweisenden mit fünf Prozentpunkten über dem Basiszinssatz zu verzinsen.

Die Haftung nach § 676 b Abs. 3 BGB ist nach § 676 b Abs. 3 S. 6 ausgeschlossen, wenn der Überweisende eine fehlerhafte oder unvollständige Weisung erteilt hat oder ein vom Überweisenden ausdrücklich bestimmtes zwischengeschaltetes Institut die Überweisung nicht ausgeführt hat. In diesem Fall muss sich der Kunde an das von ihm bestimmte zwischengeschaltete Institut halten, das dann gemäß § 676 b Abs. 3 S. 7 anstelle des überweisenden Instituts haftet[497]. Die Zif. II 4.3 (1) 2. Spiegelstrich a.E. und III 5.3 (1) 2. Spiegelstrich a.E. der Überweisungsbedingungen sehen darüber hinaus einen Haftungsausschluss auch dann vor, wenn ein vom Kreditinstitut des Begünstigten mit der Entgegennahme der Überweisung beauftragtes Institut die Überweisung nicht ausgeführt hat. Diese Haftungsbeschränkung verstößt nicht gegen § 676 c Abs. 3 BGB, da sie lediglich die logische Konsequenz der in § 676 g Abs. 3 BGB angeordneten Haftungsregelung und daher keinen Nachteil für den Überweisenden darstellt. Beauftragt die Bank des Empfängers ein anderes Kreditinstitut mit der Entgegennahme des Überweisungsbetrags und leitet das beauftragte Institut den Überweisungsbetrag nicht weiter, so hat dafür nach § 676 g Abs. 3 BGB das Institut des Empfängers diesem bis zu einem Betrag von 12 500 € einzustehen. Kann aber der Empfänger den Garantiebetrag von seinem Institut verlangen, so muss der Anspruch des Überweisenden gegen sein Institut entfallen[498]. In diesem Fall hat das überweisende Institut seine Pflicht vollständig erfüllt, wenn

---

[496] So *Casper,* MünchKomm BGB, § 676 b RZ. 15 a.E.; *Gößmann / van Look,* WM 2000, Sonderbeilage 1, S. 39; a.A. *Schmalenbach,* Bamberger / Roth, § 676 b Rz. 21.

[497] Zur praktischen Relevanz der Haftung des ausdrücklich vorgegebenen zwischengeschalteten Instituts s.u.: 4. Kapitel § 3 I 3.

[498] BT-Drucks. 14/745, S. 27.

der Überweisungsbetrag bei dem durch das Institut des Empfängers mit dem Empfang der Überweisung beauftragten Instituts eingegangen ist[499].

Ist die Ausführungsfrist abgelaufen und hat der Überweisende die Erstattung des Garantiebetrags verlangt, so ist das überweisende Institut nach § 676 b Abs. 3 S. 4 BGB berechtigt, den Überweisungsvertrag zu kündigen, wenn die Fortsetzung des Vertrags unter Abwägung der beiderseitigen Interessen für das Institut nicht mehr zumutbar ist und es den Garantiebetrag entrichtet hat oder gleichzeitig entrichtet. An das Erfordernis der Unzumutbarkeit sind strenge Anforderungen zu stellen. Unzumutbarkeit ist beispielsweise dann gegeben, wenn die Überweisung nicht mehr durchführbar ist oder aber bei Zuwarten bis zum Ablauf der Nachfrist Folgeschäden drohen, für die das überweisende Institut über § 676 c Abs. 1 S. 2 BGB haften würde, die durch eine erneute Überweisung über ein anderes Institut jedoch vermieden werden könnten[500].

d) Der Haftungsausschluss nach § 676 b Abs. 4 BGB

Die verschuldensunabhängige Haftung ist nach § 676 b Abs. 4 BGB ausgeschlossen, wenn der Fehler in der Abwicklung der Überweisung durch höhere Gewalt verursacht wurde. Der Begriff der höheren Gewalt ist in Art. 9 der Überweisungsrichtlinie als ungewöhnliches und unvorhersehbares Ereignis definiert, auf das die Bank keinen Einfluss hat und das sie nicht hätte vermeiden können. Kann eine Überweisung aufgrund einer Naturkatastrophe oder eines Kriegs im Staat des Empfängers nicht ausgeführt werden, so ist § 676 b Abs. 4 BGB ohne weiteres erfüllt[501]. Die Insolvenz einer zwischengeschalteten Bank ist dagegen nur dann als höhere Gewalt einzustufen, wenn die Insolvenz für die an der Überweisung beteiligten Institute nicht vorhersehbar und der Verlust des Überweisungsbetrags nicht vermeidbar war[502].

3. Die verschuldensabhängige Haftung

§ 676 c Abs. 1 S. 2 BGB stellt klar, dass verschuldensabhängige Ansprüche nach allgemeinem Leistungsstörungsrecht neben den verschuldensunabhängigen Ansprüchen des § 676 b BGB anwendbar bleiben. Gemäß § 676 c Abs. 1 S. 3

---

[499] *Schulz,* ZBB 1999, 287, 300; *Schmalenbach,* Bamberger / Roth, § 676 a Rz. 21; *Casper,* MünchKomm BGB, § 676 g Rz. 9; *Sprau,* Palandt, § 676 g Rz. 6; a.A. *Hoffmann,* der zwar einen Wegfall der Haftung aus § 676 b Abs. 3 BGB annimmt, aber es für kaum vertretbar hält, dass die Überweisung mit dem Eingang des Überweisungsbetrags auf dem Konto des beauftragten Instituts bewirkt sein sollte.

[500] *Casper,* MünchKomm BGB, § 676 b, Rz. 17.

[501] *Bydlinski,* ÖBA 1998, 833, 845.

[502] *Bydlinski,* ÖBA 1998, 833, 845; *Langenbucher,* Zahlungsverkehr, § 1, Rz. 79; *Schmalenbach,* Bamberger / Roth, § 676 b Rz. 7; a.A. aber *Einsele,* JZ 2000, 9, 15, nach deren Ansicht die Insolvenz einer Zwischenbank generell nicht als höheren Gewalt anzusehen ist.

BGB muss das überweisende Institut dabei auch für das Verschulden zwischengeschalteter Banken einstehen[503]. Die Haftung für zwischengeschaltete Institute entfällt jedoch nach § 676 c Abs. 1 S. 3 a.E., wenn die wesentliche Ursache bei einem zwischengeschalteten Institut liegt, das der Überweisende vorgegeben hat. Das Verschulden eines Instituts, das der Überweisende selbst vorgegeben hat, soll nicht zu Lasten der überweisenden Bank gehen, die in diesem Fall noch nicht einmal die Auswahlentscheidung treffen konnte. Im Zweifel ist im Rahmen einer Abwägung, wie sie bisher von § 254 BGB bekannt ist, festzustellen, ob das Fehlverhalten der Zwischenbank die entscheidende Ursache für das Scheitern der Überweisung darstellt. Ist dies der Fall, so kann der Kunde anstelle des Anspruchs gegen das überweisende Institut gemäß § 676 c Abs. 2 BGB einen entsprechenden Anspruch gegen das von ihm bestimmte zwischengeschaltete Institut geltend machen.

Die praktische Relevanz dieser Regelung ist allerdings durch die fortschreitende Technisierung weitgehend eingeschränkt[504]. Die ausdrückliche Bestimmung eines zwischengeschalteten Kreditinstituts durch den Kunden ist dann sinnvoll, wenn die überweisende Bank selbst nicht ohne weiteres herausfinden kann, mittels welcher Korrespondenzbanken die Überweisung am schnellsten und sichersten zum Kreditinstitut des Empfängers geleitet werden kann. Gibt der Kunde in einem solchen Fall ein zur Weiterleitung geeignetes Kreditinstitut vor, so wird sich die Bank an diese Vorgabe halten. Da im Überweisungsverkehr im Inland wie auch im grenzüberschreitenden Überweisungsverkehr innerhalb der EU und des EWR-Raumes aber jedes Konto durch IBAN und BIC unmittelbar ansprechbar ist und die Leitwegentscheidung automatisiert getroffen wird, ergibt innerhalb dieses Raumes eine Bestimmung einer Zwischenbank durch den Kunden keinen Sinn. Eine solche Entscheidung würde im Zweifel eher zu einer Verlängerung denn zu einer Verkürzung der Laufzeit der Überweisung führen.

Sinnvoll und praktisch relevant ist die Bestimmung einer Zwischenbank dagegen bei Überweisungen auf Konten von Kreditinstituten in Drittstaaten. Hier ist aber in der Regel die Haftung nach § 676 b Abs. 3 BGB sowie nach § 676 c Abs. 1 S. 3 BGB und damit auch nach § 676 c Abs. 2 BGB in nach § 676 c Abs. 3 Nr. 3 BGB zulässiger Weise ausgeschlossen (Nummer 5.3 und 5.2 der Überweisungsbedingungen).

a) Schadensersatz wegen Verzögerung der Leistung §§ 280 Abs. 1, 2 Abs. 2, 286 BGB

Liegen die Voraussetzungen der §§ 280 Abs. 1, 2 i.V.m. 286 BGB vor, so kann der Überweisende Schadensersatz wegen Verzögerung der Leistung verlangen.

---

[503] S.o.: 4. Kapitel § 2 III 1 a).

[504] Gleiches gilt für die entsprechenden Regelungen in § 676 b Abs. 3 S. 6 und 7 BGB.

Typisches Beispiel für einen möglichen Verzögerungsschaden ist der Verlust eines Skontos aufgrund der verspäteten Ausführung einer Überweisung. Ist eine Ausführungsfrist vereinbart worden, so wird der Anspruch auf Durchführung der Überweisung mit Ablauf der Ausführungsfrist fällig. Gilt die gesetzliche Regelung des § 676 a Abs. 2 BGB, so ist im Hinblick auf die Pflicht des Instituts, die Überweisung baldmöglichst auszuführen, bei inländischen Überweisungen von sofortiger Fälligkeit auszugehen[505]. Die in § 676 a Abs. 2 S. 2 Nr. 1 BGB vorgesehene Ausführungsfrist für grenzüberschreitende Überweisungen innerhalb des EU bzw. des EWR darf das überweisende Institut dagegen, wie vertraglich vereinbarte Fristen, voll ausschöpfen. Eine Mahnung ist nach § 286 Abs. 2 Nr. 4 BGB entbehrlich, da der Kunde, für das Institut ersichtlich, grundsätzlich bei jeder Überweisung Interesse daran hat, dass diese zügig abgewickelt wird[506]. Das Vertretenmüssen der Bank wird nach § 286 Abs. 4 BGB vermutet.

Die Regelung des § 288 BGB hat neben § 676 b Abs. 1 BGB praktisch keine eigene Bedeutung, da kaum Fälle denkbar sind, in denen die Voraussetzungen des § 288 BGB gegeben sind, ohne dass nicht schon die verschuldensunabhängige Haftung des § 676 b Abs. 1 S. 1 BGB greift[507].

b) Schadensersatz statt der Leistung § 280 Abs. 1, 3 i.V.m. § 281 Abs. 1 BGB

Hat der Überweisende einen über den Verzögerungsschaden hinausgehenden Schaden erlitten, so kann er nach §§ 280 Abs.1, 3 i.V.m. 281 Abs. 1 BGB Schadensersatz statt der Leistung verlangen, wenn er der überweisenden Bank erfolglos eine angemessene Frist zur Bewirkung der Leistung gesetzt hat und der Überweisungsvertrag nicht nach § 676 b Abs. 3 S. 3 oder 4 BGB gekündigt ist. Das Kreditinstitut muss auch hier sowohl für eigenes wie auch für das Verschulden zwischengeschalteter Institute einstehen. Aus der Wertung des § 676 b Abs. 3 S. 1 BGB ist ersichtlich, dass die zu setzende Nachfrist mindestens 14 Bankgeschäftstage betragen muss[508]. Das Setzen einer Nachfrist kann allerdings entbehrlich sein, wenn eine besondere Eilbedürftigkeit vereinbart ist[509]. Bei ei-

---

505 *Langenbucher,* Zahlungsverkehr, § 1 Rz. 82; a.A. *Gößmann / van Look,* WM 2000, Sonderbeilage Nr. 1 S. 40, der davon ausgeht, dass der Anspruch nicht vor Ablauf der gesetzlichen Ausführungsfrist fällig ist.

506 *Canaris,* Bankvertragsrecht, Rz. 326; *Kümpel,* Bank- und Kapitalmarktrecht, S. 236; *Langenbucher,* Zahlungsverkehr, § 1 Rz. 83; *Schmalenbach,* Bamberger / Roth, § 676 c Rz. 3.

507 *Feldhahn,* Die Bankenhaftung des neuen Überweisungsrechts, S. 103.

508 *Gößmann / van Look,* WM 2000, Sonderbeilage Nr. 1 S. 41; *Casper,* MünchKomm BGB, § 676 c Rz. 4; *Schmalenbach,* Bamberger / Roth, § 676 c Rz. 4; a.A. *Risse / Lindner,* BB 1999, 2201, 2205; *Langenbucher,* Zahlungsverkehr, § 1 Rz. 85, die auch eine kürzere Frist für möglich halten.

509 So beispielsweise beim Blitzgiro oder nach Nr. 11 Abs. 3 AGB-Banken i.V.m. Zif. II, III und IV Nr. 1 Abs. 2 S. 2; *Casper,* MünchKomm BGB, § 676 c Rz. 4.

ner Teilüberweisung ist ein Anspruch nach § 281 Abs. 1 S. 2 BGB denkbar, beispielsweise wenn eine Nachüberweisung des Restbetrags nicht mehr zur Erfüllung im Valutaverhältnis zu führen vermag. Liegen alle Voraussetzungen vor, so hat das überweisende Institut nach § 281 Abs. 1 BGB auch einen über den Garantiebetrag hinausgehenden Schaden zu ersetzen.

c) Sonstige verschuldensabhängige Ansprüche

Grundsätzlich bleiben nach § 676 c Abs. 1 S. 2 BGB auch Ansprüche aus § 283 BGB unberührt. Allerdings sind kaum Fälle vorstellbar, in denen eine Überweisung unmöglich wird. Eher können in Einzelfällen Ansprüche nach § 280 Abs. 1 BGB wegen Verletzung von Nebenleistungspflichten relevant werden, so beispielsweise wenn gegen die Pflicht zur Mitteilung der Person des Überweisenden und des Verwendungszwecks verstoßen wird (§ 676 a Abs. 1 BGB). Ob werkvertragliche Gewährleistungsansprüche greifen ist umstritten[510], praktisch aber nicht relevant, da eine mangelhafte Ausführung einer Überweisung nicht vorstellbar ist. Überweisungen können nur entweder gar nicht, zu spät oder nicht vollständig erfüllt werden. All diese Fallgruppen sind jedoch von den Regelungen der §§ 676 b und c ff BGB erfasst[511].

Der verschuldensunabhängige Herausgabeanspruch nach § 667 BGB ist dagegen durch § 676 c Abs. 1 S. 2 BGB ausgeschlossen, da danach nur Ansprüche, die ein Verschulden voraussetzen sowie Ansprüche aus Bereicherungsrecht neben § 676 b BGB bestehen bleiben[512]. Bis zur Höhe des Garantiebetrages von 12 500 € ist, sofern der Anspruch nach § 676 b Abs. 3 BGB greift, für § 667 BGB auch kein Bedarf. Übersteigt der Überweisungsbetrag jedoch 12 500 € und stellt sich heraus, dass sich der restliche Betrag nach einer gemäß § 676 b Abs. 3 BGB erfolgten Rückabwicklung noch im Vermögen des überweisenden Instituts befindet, so kann der Überweisende den Restbetrag lediglich nach § 812 Abs. 1 S. 2 Fall 1 BGB herausverlangen[513].

---

[510] Gegen eine Anwendbarkeit: *Hadding*, WM 2000, 2465, 2469; *Sprau*, Palandt, § 676 b BGB, Rz.1; *Casper*, MünchKomm BGB § 676 c BGB Rz. 6; für eine grundsätzliche Anwendbarkeit: *Gößmann / van Look*, WM 2000, Sonderbeilage 1, S. 41; *Schmalenbach*, Bamberger / Roth, § 676 c Rz. 8; *Heermann*, Geld und Geldgeschäfte, § 12 I 5 Rz. 27.

[511] *Langenbucher*, Zahlungsverkehr, § 1, Rz. 86; *Casper*, MünchKomm BGB, § 676 c, Rz. 6.

[512] Vgl. BT-Drucks. 14/745, S. 23.

[513] *Gößmann / van Look*, WM 2000, Sonderbeilage 1, S. 39; *Hoffmann*, WM 2001, 882, 882; *Schmalenbach*, Bamberger / Roth, § 676 c BGB, Rz. 13; für eine Anwendbarkeit von § 667 BGB, wenn der Überweisungsbetrag den Garantiebetrag übersteigt und bei dem überweisenden Kreditinstitut noch vorhanden ist, dagegen: *Langenbucher*, Zahlungsverkehr, § 1, Rz. 76; *Schulz*, ZBB 1999, 287, 299.

4. Vertraglicher Haftungsausschluss

a) Der Haftungsausschluss nach § 676 c Abs. 1 S. 4 und 5 BGB

Gemäß § 676 c Abs. 1 S. 4 kann die in § 676 c Abs. 1 S. 3 BGB vorgesehene Haftung für Zwischenbanken bei Überweisungen auf ein Konto im Ausland auf 25 000 € begrenzt werden. Ziffer III 5.2 Abs. 1 der Überweisungsbedingungen enthält denn auch eine entsprechende Regelung. Hintergrund dieser Vorschrift ist der Gedanke, dass eine Haftung der überweisenden Bank für zwischengeschaltete Institute nur dann gerechtfertigt ist, wenn Erstere bei Letzteren Rückgriff nehmen kann. Während dies im Inlandszahlungsverkehr durch § 676 e Abs. 3 S. 4 BGB wie auch durch die Interbankenabkommen gewährleistet ist, besteht im Verhältnis zu Kreditinstituten mit Sitz im Ausland die Gefahr, dass ein Rückgriff mangels entsprechender Vereinbarung und mangels entsprechender gesetzlicher Regelungen im Land des zwischengeschalteten Instituts nicht möglich ist.

Um dieses Risiko zu beschränken, hat der Gesetzgeber die Möglichkeit einer Begrenzung der Haftung auf 25 000 € vorgesehen[514]. Die Regelung des § 676 c Abs. 1 S. 4 BGB ist jedoch jedenfalls dahingehend teleologisch zu reduzieren, dass die vorgesehene Beschränkung der Haftung nur dann möglich ist, wenn nicht nur die kontoführende Stelle des Begünstigten, sondern auch die Zweigstelle, die den Fehler verschuldet hat, ihren Sitz im Ausland hat[515]. Hat nämlich bei einer grenzüberschreitenden Überweisung ein zwischengeschaltetes Institut mit Sitz in Deutschland den Fehler zu vertreten, so ist die Beschränkung der Haftung aus der Begründung des Gesetzgebers heraus nicht gerechtfertigt, da der Rückgriff nach deutschem Recht erfolgte und gegebenenfalls in Deutschland zu vollstrecken wäre. Die Vereinbarung der Haftungsbeschränkung wäre grundsätzlich auch im Rahmen von AGB und dort insbesondere auch für vorsätzliches oder grob fahrlässiges Verhalten des zwischengeschalteten Institutes möglich, da § 309 Nr. 7 b BGB insoweit durch die spezielle Reglung des § 676 c Abs. 1 S. 4 BGB verdrängt wird.

Problematisch ist diese Regelung insofern, als die Möglichkeit der Haftungsbeschränkung nur für grenzüberschreitende Überweisungen ins europäische Ausland gilt und diese damit gegenüber inländischen Überweisungen schlechter gestellt werden. Die Regelung führt daher zu einer indirekten Beschränkung des grenzüberschreitenden Zahlungsverkehrs im Sinne Art. 56 Abs. 2 EGV[516]. Das

---

[514] BT-Drucks. 14/745, S. 23.

[515] *Göβmann / van Look*, WM 2000, Sonderbeilage Nr. 1, S. 42; ihm folgend: *Langenbucher*, Zahlungsverkehr, S. 31, Rz. 87.

[516] *Langenbucher*, Zahlungsverkehr, § 1, Rz. 88.

Verbot der Beschränkung des Zahlungsverkehrs umfasst unmittelbare und mittelbare, tatsächliche und potentielle Beschränkungen[517]. Eine Beschränkung liegt daher bereits dann vor, wenn die Attraktivität eines Geschäfts verringert wird[518], was der Fall ist, wenn für grenzüberschreitende Überweisungen Haftungsbeschränkungen möglich sind, die für inländische Überweisungen nicht vereinbart werden können. Zwar ist zuzugeben, dass die Erwägungen des Gesetzgebers durchaus berechtigt sind. So sind beispielsweise in Frankreich Ausgleichsansprüche im Interbankenverhältnis nur äußerst lückenhaft normiert. Derartige Erwägungen vermögen jedoch eine Beschränkung der Zahlungsverkehrsfreiheit nicht zu rechtfertigen[519]. Es ist vielmehr Aufgabe der einzelnen Staaten, die durch die Richtlinie vorgesehenen Haftungsvorschriften im Interbankenverhältnis ordnungsgemäß in nationales Recht umzusetzen.

§ 676 c Abs. 1 S. 5 BGB eröffnet dem überweisenden Institut die Möglichkeit, seine Haftung für durch Verzögerung und Nichtausführung entstandene Folgeschäden auf 12 500 € zu begrenzen. Ein solcher Folgeschaden kann z.B. entstehen, wenn die Weiterleitung eines ersten Versicherungsbeitrags verzögert wird, der Versicherungsfall eintritt und die Versicherung nicht zahlt, weil der erste Beitrag nicht termingerecht überwiesen wurde[520]. Im Hinblick auf derartige Haftungsrisiken soll dem überweisenden Institut, das den Zweck der Überweisung nicht kennt, die Möglichkeit gegeben werden, seine Haftung der Höhe nach zu begrenzen. Nach § 676 Abs. 1 S. 5 2. HS, gilt dies allerdings nicht für Vorsatz und grobe Fahrlässigkeit, den Zinsschaden und für Gefahren, die das Kreditinstitut besonders übernommen hat. Dementsprechende Klauseln finden sich in Zif. II 4.1 Abs. 2 und III 5.1 Abs. 2 der Überweisungsbedingungen.

b) Der Haftungsausschluss nach § 676 c Abs. 3 BGB

Die in den §§ 676 b und 676 c Abs. 1 BGB vorgesehene Haftung kann durch Vereinbarungen eingeschränkt oder abbedungen werden, wenn der Überweisende selbst ein Kreditinstitut ist, der Überweisungsbetrag 75 000 € übersteigt oder einem Konto eines Kreditinstituts mit Sitz außerhalb der EU und des EWR gutgeschrieben werden soll. Eine derartige Haftungsfreizeichnung ist nicht nur individualvertraglich, sondern auch in AGB möglich[521] und entsprechend in den Zif. II 4.2 und 4.3. und III 5.2 und 5.3 Überweisungsbedingungen der Banken vorgesehen. Danach ist in den genannten Fällen die verschuldensunabhängige Haftung vollständig ausgeschlossen und die Haftung für Zwischenbanken auf

---

[517] *Glaesner,* Schwarze, EU-Kommentar Art. 56, Rz. 25.
[518] *Ohler,* Europäische Kapital- und Zahlungsverkehrsfreiheit, Art. 56 EGV, Rz. 343, 245, mit Verweis auf EuGH, Rs. C-222/97, Trummer und Mayer, Slg. 1999, I-1661 Rz. 26.
[519] *Ohler,* Europäische Kapital- und Zahlungsverkehrsfreiheit, Art. 56 EGV, Rz. 289.
[520] BT-Drucks. 14/745, S. 23.
[521] *Casper,* MünchKomm BGB, § 676 c, Rz. 16.

die sorgfältige Auswahl und Unterweisung des ersten zwischengeschalteten Instituts beschränkt.

5. Zwischenergebnis

Das Haftungssystem der §§ 676 b ff BGB sieht vor, dass sich der Kunde bei nicht, zu spät oder nicht vollständig ausgeführten Überweisungen in der Regel ausschließlich an sein mit der Überweisung beauftragtes Institut halten kann. Dieses haftet zum einen verschuldensunabhängig nach § 676 b BGB und muss überdies im Rahmen der verschuldensabhängigen Ansprüche für das Verhalten zwischengeschalteter Banken einstehen. Die Position des Kunden hat sich damit bei inländischen und grenzüberschreitenden Überweisungen innerhalb der EU und des EWR gegenüber der vor Umsetzung der Richtlinie geltenden Rechtslage erheblich verbessert. Nach altem Recht war der Überweisende bei Fehlern eines der zwischengeschalteten Institute darauf angewiesen, dass es ihm gelang, herauszufinden, welches der Institute für den Schaden verantwortlich war, um unmittelbar von diesem Institut den Ersatz seines Schadens zu verlangen. Dabei war umstritten, ob dieser Anspruch im Wege einer Drittschadensliquidation oder aus einem Vertrag mit Schutzwirkung zugunsten Dritter geltend zu machen war[522]. Heute ist der Überweisende auf diese Ansprüche nur noch angewiesen, wenn gemäß § 676 c Abs. 3 BGB vereinbarter Haftungsausschluss bzw. eine gemäß § 676 c Abs. 1 S. 4 BGB vereinbarte Haftungsbeschränkung greift. Ist der Fehler durch ein vom Überweisenden bestimmtes zwischengeschaltetes Institut zu verantworten, so ist es Sache des überweisenden Instituts, darzulegen und zu beweisen, dass die Überweisung von dem durch den Überweisenden ausdrücklich bestimmten Kreditinstitut nicht ausgeführt wurde [523]. Gelingt ihm das, so wird es von der Haftung frei, die jedoch gemäß § 676 b Abs. 3 S. 7 BGB inhaltsgleich auf das ausdrücklich bestimmte zwischengeschaltete Institut übergeht. Auch in diesem Fall obliegt es folglich nicht dem Überweisenden, zu ermitteln, welches Institut den maßgeblichen Fehler verursacht hat.

II. Die Haftung des überweisenden Instituts im französischen Recht

Zwar wurden mit Art. L. 133-1 C. mon. fin. und dem dazugehörigen *règlement* n° 99-09 spezialgesetzliche Regelungen für die Haftung des überweisenden Kreditinstituts geschaffen. Da diese jedoch nicht abschließend sind, richtet sich die Haftung nach wie vor grundsätzlich nach dem allgemeinen Zivilrecht[524]. Die Haftung ist gegenüber den Kunden des Instituts ausschließlich eine vertragli-

---

[522] *Langenbucher*, Zahlungsverkehr, § 1 Rz. 100.
[523] *Casper*, MünchKomm BGB, § 676 b, Rz. 21.
[524] S.u.: 4. Kapitel § 3 II 5.

che[525]. Eine deliktische Haftung ist im französischen Recht bei Bestehen eines Vertragsverhältnisses ausgeschlossen und kommt daher nur gegenüber Dritten in Betracht[526]. Im Hinblick auf die Haftung des überweisenden Instituts ergibt sich folgende Besonderheit: Das mit der Überweisung beauftragte Kreditinstitut hat gegenüber dem überweisenden Kunden eine Doppelstellung. Zum einen ist es Auftragnehmer des Überweisungsauftrags, gleichzeitig aber auch Verwahrer *(dépositaire)* der Einlagen des Kunden[527]. Mit der Überweisung führt es daher zum einen den Überweisungsauftrag aus, zum anderen erfüllt es seine Rückzahlungspflicht aus dem Einlagenvertrag[528]. Es stellt sich daher in allen Fällen einer möglichen Haftung die grundsätzliche Frage, welche der beiden Eigenschaften die für die Haftung ausschlaggebende sein soll, da der Haftungsmaßstab jeweils ein unterschiedlicher ist[529].

1. Die gefälschte Überweisung

Während die Ausführung ge- oder verfälschter Überweisungen im deutschen Recht über die Regelung des § 177 BGB gelöst wird, also eine Frage des wirksamen Vertragsschlusses darstellt, handelt es sich im französischen Recht dabei in erster Linie um eine Frage der Haftung des überweisenden Instituts aufgrund einer Verletzung der ihm obliegenden Kontrollpflichten[530].

a) Pflichtverletzung der Bank

Das überweisende Institut ist verpflichtet, den Überweisungsauftrag wie auch die äußeren Umstände seiner Erteilung auf mögliche Unregelmäßigkeiten zu überprüfen[531]. Verletzt die ausführende Bank diese Kontrollpflicht und führt deshalb einen gefälschten Überweisungsauftrag aus, so hat sie dem Kontoinhaber nach den allgemeinen Vorschriften der Art. 1149 ff C.c. den Überweisungsbetrag sowie darüber hinausgehende Schäden zu ersetzen. Diesen Anspruch kann der Überweisende allerdings nur dann wirksam geltend machen, wenn es

---

525 *Ripert / Roblot,* Droit commercial, tome 2, Rz. 2279.

526 *Bonnau,* Droit bancaire, Rz. 454; *Bauerreis/Neumann,* Derleder/Knops/Bamberger, § 64 Rz. 11; *principe de non-cumul de responsabilité contractuelle et délictuelle* (*Légier,* Encyclopédie Juridique, Civil IX, responsabilité contractuelle, Rz. 5.)

527 *Pérochon / Bonhomme,* Entreprises en difficulté, Instruments de crédit et de paiement, Rz. 859, 861; *Cabrillac,* Le chèque et le virement, Rz. 411; *Cabrillac / Legeais,* Anmerk. zu Cass. com. 03 novembre 2004, RTD com. 2005, chron, 150, 151.

528 *Bonneau,* Droit bancaire, Rz. 457, und 432; *Avena-Robardet,* Anm. zu Cass. com. 3 novembre 2004, D. 2004 jur. 3063.

529 *Cabrillac,* Le chèque et le virement, Rz. 411; *Thunis,* Mélange Mouly, S. 417, 422 : *« La matière est assez confuse et obscurcie par les qualités diverses, du dépositaire et du mandataire, attribuées au banquier dans les tranferts de fonds scripturaux. »*

530 *Cabrillac,* Le chèque et le virement, Rz. 410.

531 S.o.: 4. Kapitel § 2 III 2 c). *Cabrillac,* Le chèque et le virement, Rz. 414; *Schmidt,* Risikostrukturen des Überweisungsverkehrs im französischen Recht, S. 69.

ihm gelingt, eine Pflichtverletzung *(„faute")* [532] der Bank nachzuweisen. Dazu muss er darlegen, dass die Fälschung als solche erkennbar war[533]. Der Überweisende kann in diesem Fall nicht nur die Rückbuchung des Überweisungsvertrags, sondern gegebenenfalls auch Ersatz eines durch die Ausführung der Überweisung entstandenen über den Überweisungsbetrag hinausgehenden Schadens verlangen.

b) Pflichtverletzung des Kunden

Hat gleichzeitig der Kontoinhaber seinerseits ihm obliegende Sorgfaltspflichten verletzt, beispielsweise dergestalt, dass er vorgedruckte Überweisungsträger nicht sorgfältig aufbewahrt oder den Verlust seiner Überweisungsvordrucke seiner Bank nicht mitgeteilt hat, so mindert sich sein Anspruch auf Schadensersatz dem Anteil seines Mitverschuldens entsprechend. Bei einem überwiegenden Verschulden des Überweisenden wird das überweisende Institut von seiner Haftung vollständig befreit[534].

c) Weder von der Bank noch vom Kunden zu vertretende Fälschung

Umstritten war lange Zeit, wer das Risiko eines gefälschten Überweisungsauftrags tragen muss, wenn weder die Bank noch der Kontoinhaber die Fälschung zu vertreten haben[535]. In diesem Fall wird die Doppelstellung des überweisenden Instituts als Auftragnehmer auf der einen und als Verwahrer auf der anderen Seite relevant. In ihrer Eigenschaft als Auftragnehmerin hat die überweisende Bank unstreitig nur dann Schadensersatz zu leisten, wenn dem Überweisenden der Nachweis einer Pflichtverletzung *(„faute")*, eines Schadens sowie eines Kausalzusammenhangs zwischen Schaden und Pflichtverletzung gelingt[536]. Als Verwahrer muss das Institut jedoch nach Art. 1937 C.c. die ihr anvertraute Sache demjenigen, der sie in Verwahrung gegeben hat oder einem von diesem be-

---

532 Da schon die objektive Verletzung einer vertraglichen Verhaltenspflicht „*faute*" begründen kann, ist dieser Begriff eher mit Pflichtwidrigkeit, als mit Verschulden zu übersetzen (*Sonnenberger / Autexier*, Einführung ins französische Recht, Rz. 85).

533 *Jeantin / Le Cannu*, Instruments de paiement et de crédit, Rz. 168.

534 Paris, 04 janvier 1968, JCP 1968, II, 15572 note *Gavalda*; *Cabrillac / Rive-Lange*, Encyclopédie Juridique, Commercial V, virement, Rz. 67; *Gavalda / Stoufflet*, Instrument de paiement et de crédit, Rz. 473; *Bonneau*, Droit bancaire, 459 f.

535 *Cabrillac / Rive-Lange*, Encyclopédie Juridique, Commercial V, virement, Rz. 70: teilweise wurde eine Übertragung der scheckrechtlichen Regelungen auf die Überweisung vorgeschlagen, teilweise – mit dem gleichen Ergebnis - auch eine Art Rechtsscheinhaftung vertreten, vgl. *Gavalda*, Anmerkung zu Paris, 29 avril 1964, JCP 1964, II, 13877: nach beiden Vorschlägen trägt die Bank das Risiko einer gefälschten Überweisung, der Kontoinhaber jedoch das Risiko einer verfälschten Überweisung.

536 Versailles, 07 décembre 1990, D. 1992, somm. comm. 25; *Bonneau*, Droit bancaire, Rz. 454; *Favre-Bulle*, in Das Recht der grenzüberschreitenden Überweisung, S. 37, 69; *Guimezanes*, Introduction au droit français, S. 210.

zeichneten Dritten zurückgeben. Gemäß Art. 1239 C.c. führt eine Leistung nur zur Erfüllung der Verbindlichkeit, wenn sie an den Gläubiger oder einen empfangsberechtigten Dritten bewirkt wird. Von ihrer Rückzahlungspflicht aus dem Einlagenvertrag wird die Bank daher nur frei, wenn sie den Überweisungsbetrag an den Überweisenden selbst oder an eine durch den Überweisungsauftrag wirksam bestimmte Person auszahlt[537]. Führt sie eine Überweisung dagegen ohne eine vom Kontoinhaber wirksam vorgenommene Bezeichnung des Dritten aus, so hat sie ihre Rückzahlungsverpflichtung nicht erfüllt und ist daher verpflichtet, den Überweisungsbetrag an den Überweisenden zu erstatten und zwar auch dann, wenn ihr kein Verschulden zur Last fällt[538]. Bei der Rückzahlungsverpflichtung handelt es sich um eine sogenannte *„obligation de résultat"*[539]. Umstritten war nun, ob der überweisenden Bank im Hinblick auf ihre Stellung als Verwahrer das Risiko der Ausführung eines gefälschten Überweisung zuzuweisen ist[540] oder ob die Eigenschaft der Bank als Auftragnehmerin vorherrscht und sie daher nur im Falle einer Pflichtverletzung haftet, das Risiko einer nicht erkennbaren Fälschung also vom Überweisenden zu tragen ist[541].

---

537 Paris, 15e ch. A, 18 mars 1992, D 1993, 56; *Thunis,* Mélange Mouly, S. 417, 422.

538 Cass. com. 03 décembre 2004, RTD com 2005, S. 150. 151, obs. *Cabrillac / Legeais; Thunis,* Mélange Mouly, S. 417, 423; *Favre-Bulle,* in Das Recht der grenzüberschreitenden Überweisung, S. 37, 69.

539 *Cabrillac,* Anm. zu CA Paris, 15e ch. A, 19 novembre 97, RTD com. 1998, 185; *Pérochon / Bonhomme,* Entreprises en difficulté, Instruments de crédit et de paiement, Rz. 861; *Légier,* Encyclopédie Juridique, Civil IX, responsabilité contractuelle, Rz. 114; Das französische Recht unterscheidet zwei Arten von Verbindlichkeiten: *obligations de résultat* und *obligations de moyens.* Bei Ersterer wird im Falle der nur teilweisen, mangelhaften oder gar nicht erfolgten Erfüllung (*„inexécution"*) das Vorliegen einer Pflichtverletzung (*„faute"*) vermutet. Der Schuldner kann sich gemäß Art. 1147 und 1148 C.c. von seiner Haftung nur befreien, wenn er nachweist, dass die ordnungsgemäße Ausführung durch höhere Gewalt oder durch eine *cause étrangère* (darunter fällt insbesondere das Verhalten Dritter) verhindert wurde. Im Falle der *obligations de moyens* hat dagegen der Gläubiger nachzuweisen, dass eine Pflichtverletzung (*„faute"*) des Schuldners vorlag (*Sonnenberger / Autexier,* Einführung in das französische Recht, Rz. 85; *Guimezanes,* Introduction au droit français, S. 120).

540 so *Cabrillac / Rive-Lange,* Encyclopédie Juridique, Commercial V, virement, Rz. 71; *Pérochon / Bonhomme,* Entreprises en difficulté, Instruments de crédit et de paiement, Rz. 861; *Piedelièvre,* Instruments de crédit et de paiement, Rz. 370; *Gavalda / Stoufflet,* Instrument de paiement et de crédit, Rz. 473; Paris, 15e ch. A, 18 mars 1992, D. 1993, somm. comm. 57.

541 So *Grua,* Les contrats de base de la pratique bancaire, Rz. 263, nach dem grundsätzlich der Inhaber des Kontos das Risiko einer ge- oder verfälschten Überweisung trägt sowie *Bonneau,* Droit bancaire, Rz. 457, die zwar anerkennt, dass sich die herrschende Lehre aus einer Anwendung der Art. 1239 und 1937 C.c. rechtfertigt, aber dennoch eine Haftung der Bank nur bei Vorliegen einer Pflichtverletzung für sachgerecht hält; ebenso *Tchotourian,* Anm. zu Cass. com. 29 janvier 2002, D, 2002, com. 1336; Civ. 1re, 3 avril 1990, D 1992, somm. comm. 21, obs. *Vasseur.*

In ihrem Urteil vom 03.11.2004[542] hat die *Cour de Cassation (chambre commerciale)* zum ersten Mal in deutlicher Form zu dieser Problematik Stellung genommen. In dem der *Cour de Cassation* vorliegenden Fall waren die Aufträge für die streitigen Überweisungen von einer zur Verfügung über die Konten der klagenden Gesellschaft nicht berechtigten Person unterzeichnet worden. Das Gericht entschied, dass die überweisende Bank mangels wirksamer Überweisungsaufträge mit der Ausführung der Überweisungen ihre gemäß Art. 1134 und 1937 C.c. bestehenden Rückzahlungspflicht aus dem Einlagenvertrag nicht erfüllen konnte. Dies gelte unabhängig davon, dass der beklagten Bank keinerlei Pflichtverletzung *(„faute")* vorzuwerfen sei. Die überweisende Bank war daher verpflichtet, die ohne wirksamen Auftrag überwiesenen Summen der klagenden Gesellschaft zu erstatten. Das Risiko eines von keiner der beiden Parteien verschuldeten Fehlschlags wurde damit der Bank in ihrer Eigenschaft als *dépositaire* zugewiesen. *Cabrillac* und *Legeais* sahen in dieser Entscheidung eine Bestätigung ihrer Auffassung, nach der die Eigenschaften der Bank als Verwahrer vorherrsche und begrüßten sie insbesondere auch deshalb, weil die dort vorgenommene Risikoverteilung der in Art. L. 133-1 C. mon. fin. getroffenen Regelung entspreche, die dem Kunden im Falle nicht ausgeführter Überweisungen ein verschuldensunabhängiges Recht auf Erstattung des Überweisungsbetrags gegen die überweisende Bank einräume[543].

Fraglich ist jedoch, ob sich die beiden Ansprüche tatsächlich ausschließen. Vieles spricht gerade im Hinblick auf die Doppelstellung der überweisenden Bank dafür, dass sich die Ansprüche nach Ziel und Inhalt keine Konkurrenz machen. Möchte der Überweisende Schadensersatz gelten machen, weil die Bank den ihr erteilten Auftrag nicht ausgeführt oder sonstige vertragliche Pflichten nicht erfüllt hat, so muss er die genannten Haftungsvoraussetzungen nachweisen. Gelingt ihm das, kann er gegebenenfalls auch den Ersatz eines über den Überweisungsbetrag hinausgehenden Schadens verlangen. Führt die Bank dagegen eine Überweisung ohne wirksamen Überweisungsauftrag aus, so wird sie von ihrer Rückzahlungspflicht aus dem Einlagenvertrag nicht frei. In diesem Falle hat sie keinen Schadensersatz zu leisten, sondern lediglich den Überweisungsbetrag zu erstatten[544]. Die Pflicht zur Erstattung des Überweisungsbetrags entfällt, wenn

---

[542] Cass. com. 3 novembre 2004, JCP 2004, IV, 3415.

[543] *Cabrillac / Legeais*, Anm. zu Cass. com. 03 novembre 04, RTD com. 04, chron. 150.

[544] Diese Lösung ist auch in früherer Rechtsprechung schon angedeutet worden: in den Urteilen, in denen die Gerichte eine Haftung der überweisenden Bank mangels Nachweis einer *„faute"* durch den Überweisenden abgelehnt haben, wurde betont, dass der Überweisende nicht die Erstattung des Überweisungsbetrags, sondern Schadensersatz wegen nicht ordnungsgemäßer Ausführung der Überweisung verlangt hatte (*Cabrillac*, Le chèque et le virement, Rz. 412). So z.B. Douai, 2e ch. civ., 28 juin 1990, D. 1992, somm. comm. 25, hier hat das Gericht einen Anspruch des Überweisenden in Höhe des Überweisungsbetrags *„à titre de dommages et intérêts"* mangels *faute* abgelehnt. Nach Ansicht *Vasseurs* wäre einem

die Fälschung der Überweisung auf einer Pflichtverletzung des Überweisenden beruht[545].

2. Die verfälschte Überweisung

Ob die für die gefälschten Überweisung geltenden Grundsätze auch anzuwenden sind, wenn eine Überweisung im Nachhinein verfälscht wird, ist wohl auch nach dem soeben vorgestellten Urteil des Kassationshofs noch nicht geklärt[546]. Hat entweder der Überweisende oder die überweisende Bank die Verfälschung zu vertreten, so bleibt es bei der oben dargestellten Haftung für *„faute"*[547]. Fraglich ist aber, wer das Risiko einer von beiden Seiten nicht zu vertretenden Verfälschung trägt. Im Bereich des Scheckrechts gilt für den Fall des gefälschten Schecks das Gleiche wie für die gefälschte Überweisung, nämlich, dass die Bank von ihrer Pflicht zur Rückzahlung der Einlagenforderung nach Art. 1239 C.c. nicht frei wird, wenn die Unterschrift auf dem Scheck gefälscht war. Wurde der Scheck allerdings im Nachhinein verfälscht, so greift Art. 35 I D.-L. 30.10.1935 (= Art. L. 131-38 C. mon. fin.), wonach die Bank von ihrer Rückzahlungsverpflichtung mit der Zahlung auf den Scheck frei wird[548]. Teilweise wird nun erwogen, diese Lösung auf das Recht der Überweisung zu übertragen[549]. In der Rechtsprechung findet sich bislang keine Entscheidung zu einem solchen Fall. Der Grund dafür ist, dass Fälle einer weder vom Überweisenden noch vom Kreditinstitut zu vertretenden verfälschten Überweisung anders als beim Scheck kaum vorkommen, da die Überweisung vom Überweisenden in der Regel unmittelbar an die ausführende Bank geleitet und nicht wie der Scheck einem Dritten übergeben wird. Eine Verfälschung kann damit nur entweder im

---

Anspruch auf *restitution* gegen den *banquier dépositaire* jedoch stattgegeben worden, Anm. *Vasseur* zu Dounai, 28 juin 1990, D. 1992, somm. comm. 25; mit einem etwas anderen Ansatz, im Ergebnis aber ebenso: *Romnicianu,* Rev. de droit bancaire et de la bourse 1997, 8, 9, nach seiner Ansicht entzieht die Bank, die eine Überweisung ohne wirksamen Überweisungsauftrag ausführt, dem Kontoinhaber Gelder und verletzt damit eine ihrer Hauptvertragspflichten als Verwahrer (Art. 1937 C.c.). Sie hat daher den Überweisungsbetrag als Schadensersatz an den Überweisenden zu erstatten.

545 *Cabrillac,* Anm. zu CA Paris, 15e ch A, 19 novembre 1997, RTD com. 1998, 185; *Gavalda / Stoufflet,* Instrument de paiement et de crédit, Rz. 473; *Romnicianu,* Rev. de droit bancaire et de la bourse 1997, 8, 9.

546 So *Avena-Robardet,* Anm. zu Cass. com. 3 novembre 2004, D. 2004 jur. 3063, nach deren Ansicht aus dieser Entscheidung nicht hervorgehe, was für nachträglich verfälschte Aufträge gelte.

547 *Cabrillac / Rive-Lange,* Encyclopédie Juridique, Commercial V, virement, Rz. 66, 68; *Romnicianu,* Rev. de droit bancaire et de la bourse 1997, 8, 9.

548 *Cabrillac / Rive-Lange,* Encyclopédie Juridique, Commercial V, virement, Rz. 70.

549 Vgl. Nachweise bei *Cabrillac / Rive-Lange,* Encyclopédie Juridique, Commercial V, Virement, Rz. 70, die jedoch selbst, eine entsprechende Anwendung der Vorschriften des Scheckrechts auf die Überweisung ablehnen.

Machtbereich des Kreditinstituts vorgenommen oder durch eine Unachtsamkeit des Überweisenden ermöglicht werden. In beiden Fällen greift dann jedoch schon von die Haftung für „*faute*“[550].

3. Ansprüche bei fehlendem Überweisungsauftrag

Wird eine Überweisung ausgeführt, ohne dass ein Überweisungsauftrag vorlag, so ist das überweisende Institut aus dem Einlagenvertrag verpflichtet, den Überweisungsbetrag auf das Konto seines Kunden zurückzubuchen. Insoweit wird grundsätzlich auf die Eigenschaft der Bank als *dépositaire* abgestellt. Die Beweislast für das Vorliegen eines Überweisungsauftrags obliegt, wenn dessen Existenz streitig ist, dem überweisenden Kreditinstitut. Schweigt der Überweisende allerdings nach Zusendung der Kontoauszüge, in denen die Ausführung der Überweisung mitgeteilt wird, so entsteht daraus eine Vermutung für die Erteilung eines entsprechenden Überweisungsauftrags[551]. Die meisten AGB der Banken enthalten dementsprechend Angaben über die Länge der Frist, in der für die Kunden die Möglichkeit besteht, der Richtigkeit der im Kontoauszug aufgeführten Buchungen zu widersprechen[552]. Mit Ablauf dieser Frist entsteht die Vermutung, dass der Kunde mit den angegebenen Buchungen einverstanden ist. Der Kunde hat jedoch auch nach Ablauf dieser Frist bis zum Ende der Verjährung die Möglichkeit, diese Vermutung zu entkräften[553]. Kann das überweisende Institut das Vorliegen eines Überweisungsauftrags nicht nachweisen, so hat es seine Rückzahlungsverpflichtung aus Art. 1937 C.c. i.V.m. 1239 Abs. 1 C.c. nicht erfüllt, da es den Betrag weder an den Überweisenden noch an einen von ihm wirksam bezeichneten Dritten ausgezahlt hat[554].

Nur wenn die Zahlung an den Dritten ausnahmsweise für den Kunden vorteilhaft war oder von ihm genehmigt wurde, so kommt ihr gemäß Art. 1239 Abs. 2 C.c Erfüllungswirkung zu. Gleiches gilt für die Fälle der Überweisung einer höheren als der im Überweisungsauftrag angegebenen Summe oder der versehentlich doppelt ausgeführten Überweisung, da in beiden Fällen für den jeweils zu viel überwiesenen Betrag kein Überweisungsauftrag vorlag.

Ist dem Kontoinhaber aus der ohne wirksamen Überweisungsauftrag ausgeführten Überweisung ein über den Überweisungsbetrag hinausreichender Schaden entstanden, so hat er einen Anspruch auf Ersatz dieses Schadens gegen die überweisende Bank, wenn er eine schuldhafte Pflichtverletzung der Bank nach-

---

[550] *Romnicianu,* Rev. de droit bancaire et de la bourse 1997, 8, 9.

[551] Cass. com. 03 novembre 04, D. 2004, jur. 3063, obs. *Avena-Robardet.*

[552] Zif. I. 8. der *conditions générales* der BNP PARIBAS sieht beispielsweise eine Frist von zwei Monaten vor.

[553] Cass. com. 03 novembre 04, D. 2004, jur. 3063 3064, obs. *Avena-Robardet.*

[554] *Cabrillac / Rive-Lange,* Encyclopédie Juridique, Commercial V, virement, Rz. 71.

weisen kann. In Frage kommt hier insbesondere eine Verletzung der Pflicht zur Überprüfung der Echtheit und Richtigkeit des Überweisungsauftrags[555].

4. Die verschuldensunabhängige Haftung nach Art. L. 133-1 C. mon. fin.

Die auf den Vorgaben der Überweisungsrichtlinie basierenden verschuldensunabhängigen Ansprüche des Überweisenden gegen das beauftragte Institut finden sich im französischen Recht in der Regelung des Art. L 133-1 C. mon. fin. und dem dazugehörigen *règlement* n° 99-09 vom 09.07.1999.

a) Die verspätet ausgeführte Überweisung

Seit Einführung des Art. 133-1 C. mon. fin. i.V.m. Art. 9 des *règlement* n° 99-09 ist das überweisende Institut im Falle einer verspäteten Überweisung innerhalb der EU und des EWR bis zu einem Betrag von 50 000 € verpflichtet, den Überweisungsbetrag für die Dauer der Verspätung zu verzinsen, ohne dass der Überweisende den Nachweis einer *„faute"* zu erbringen hat[556].

Der Zeitraum, für den der Überweisende Zinsen verlangen kann, beginnt nach Art. 9 Abs. 1 des *règlement* n° 99-09 mit dem Ende der nach Art. 3 des *règlement* n° 99-09 vereinbarten Ausführungsfrist oder, wenn eine Frist nicht vereinbart wurde, mit Ablauf des fünften Bankgeschäftstags, der dem Tag der Annahme folgt. Als Tag der Annahme definiert Art. 2 des *règlement* n° 99-09 entsprechend den Vorgaben der Richtlinie den Tag, an dem alle vom überweisenden Institut für die Ausführung der Überweisung geforderten Voraussetzungen erfüllt sind. Dazu gehören insbesondere eine ausreichende und verfügbare Deckung und die zur Ausführung notwendigen Informationen[557]. Der Zeitraum, den das überweisende Institut im Falle des Verzugs zu verzinsen hat, endet mit dem Tag, an dem der Überweisungsbetrag dem Institut des Empfängers gutgeschrieben wurde[558].

Die überweisende Bank hat damit auch für mögliche Verzögerungen der Zwischenbanken verschuldensunabhängig einzustehen. Zu zahlen ist der gesetzlich festgelegte Zinssatz. Eine der Regelung des Art. 6 Abs. 3 der Überweisungsrichtlinie entsprechende Vorschrift, nach der die Pflicht zur Verzinsung des Überweisungsbetrags entfällt, wenn das überweisende Institut nachweisen kann, dass der Überweisende oder der Begünstigte die eingetretene

---

555 *Schmidt,* Risikostrukturen des Überweisungsverkehrs im französischen Recht, S. 67.

556 *Gavalda / Stoufflet,* Les instruments de paiement et de crédit, Rz. 475.

557 *Thunis,* Mélange Mouly, S. 417, 424.

558 Wird der Überweisungsbetrag nach Eingang auf dem Konto des Instituts des Empfängers diesem nicht rechtzeitig gutgeschrieben, so hat dies auf das Verhältnis des Überweisenden zu seinem Institut keinen Einfluss mehr. Vielmehr kann nach Art. 9 Abs. 2 des *règlement* 99-09 der Empfänger von seinem Institut Zinsen für den Zeitraum der Verspätung verlangen.

Verspätung zu vertreten haben, ist in der französischen Regelung nicht vorgesehen. Möglicherweise kann hier jedoch Art. 1147 C.c. angewandt werden, der vorsieht, dass der Schuldner sich von seiner Pflicht zur Zahlung von Zinsen befreien kann, wenn er nachweisen kann, dass die Verspätung auf einer *cause étrangère* beruht, die ihm nicht vorgeworfen werden kann. Wie auch im Falle der gefälschten Überweisung kann diese *cause étrangère* insbesondere in einer Pflichtverletzung des Überweisenden oder aber des Begünstigten liegen[559].

b) Die nicht ausgeführte Überweisung

Die Ansprüche des Überweisenden bei nicht ausgeführten Überweisungen richten sich für inländische wie grenzüberschreitende innereuropäische Überweisungen bis zu einem Betrag von 50 000 € nach der Regelung des Art. 133-1 Abs. 2 C. mon. fin. in Verbindung mit Art. 10 des *règlement* n° 99-09. Der Überweisende hat danach einen verschuldensunabhängigen Anspruch auf Erstattung des Überweisungsbetrags. Der zu erstattende Betrag umfasst nach Art. 10 Abs. 1 des *règlement* n° 99-09 neben dem Überweisungsbetrag auch eventuell angefallene Gebühren sowie Zinsen für den Zeitraum zwischen dem Tag der Annahme der Überweisung und der Rückerstattung des Betrags.

Der Erstattungsbetrag ist jedoch gemäß Art. 10 Abs. 2 des *règlement* n° 99-09 insgesamt auf 12 500 € beschränkt. Das entspricht nicht der in Art. 8 Abs. 1 der Überweisungsrichtlinie vorgesehenen Regelung, nach der lediglich die Erstattung des Überweisungsbetrags auf 12 500 € begrenzt sein soll, während die Zinsen für den Überweisungsbetrag sowie eventuell entrichtete Gebühren zusätzlich in voller Höhe zu erstatten sind. Der Überweisungsbetrag ist gemäß Art. L. 133-1 Abs. 2 C. mon. fin. innerhalb einer Frist von 14 Banköffnungstagen nach Eingang einer entsprechenden Forderung dem Überweisenden von der beauftragten Bank zu erstatten. Die Erstattungspflicht entfällt jedoch gemäß Art. 10 Abs. 3 *règlement* n° 99-09, wenn die Überweisung noch vor Ablauf dieser Zahlungsfrist ausgeführt wird. Der Anspruch des Überweisenden auf Verzinsung bleibt jedoch bestehen.

Die verschuldensunabhängige Haftung der Bank entfällt nach Art. L. 133-1 Abs. 3 C. mon. fin., wenn die fehlende Ausführung auf einer irrtümlichen oder fehlerhaften Anweisung des Überweisenden beruht oder auf einer Handlung eines von dem Überweisenden ausgewählten zwischengeschalteten Instituts. Gleiches gilt nach Art. L. 133-1 Abs. 4 C. mon fin., wenn das Institut des Empfängers oder ein von diesem bestimmtes zwischengeschaltetes Institut die Überweisung nicht ausführt.

---

[559] S.o. zur gefälschten Überweisung: 4. Kapitel § 3 II 1 b).

c) Die nicht vollständig ausgeführte Überweisung

Zwar sieht Art. 8 des *règlement* n° 99-09 vor, dass die an der Überweisung beteiligten Institute den Überweisungsbetrag vollständig zu überweisen haben, wenn nicht der Überweisende angeordnet hat, dass die Gebühren ganz oder teilweise vom Empfänger zu tragen sind. Die in Art. 7 Abs. 2 der Überweisungsrichtlinie vorgesehene Pflicht des überweisenden Instituts, etwa einbehaltene Gebühren nach Wahl des Überweisenden diesem zu erstatten oder dem Überweisungsempfänger verschuldensunabhängig zu überweisen, wurde im französischen Recht jedoch nicht normiert. Die Umsetzung der Richtlinie ist insoweit lückenhaft geblieben.

d) Kein ausdrücklich angeordneter Haftungsausschluss bei höherer Gewalt

Der in Art. 9 der Überweisungsrichtlinie vorgesehene Haftungsausschluss bei höherer Gewalt wurde bei der Umsetzung weder in Art. 133-1 C. mon. fin. nicht in das *règlement* n° 99-09 aufgenommen. Dies wird jedoch damit aufgefangen, dass die allgemeine Regelung des Art. 1148 C.c. angewandt werden kann, nach welcher der Schuldner von seiner Verpflichtung frei wird, wenn er aufgrund höherer Gewalt gehindert war, die geschuldete Leistung zu erbringen.

5. Die verschuldensabhängigen Ansprüche des Überweisenden bei nicht oder nicht rechtzeitig ausgeführten Überweisungen

Die in Art. L. 133-12 C. mon. fin. vorgesehenen verschuldensunabhängigen Ansprüche lassen mögliche Ansprüche nach dem allgemeinen Zivilrecht ausdrücklich unberührt[560].

a) Im Falle der verspätet ausgeführten Überweisung

Schon nach der Rechtslage vor Umsetzung der Richtlinie 97/5/EG waren Überweisungen grundsätzlich unverzüglich auszuführen[561]. Eine einheitliche Regelung dazu, ab wann die Ausführung der Überweisung als verspätet und damit als *„fautif“* anzusehen war, gab es jedoch nicht. Auch der Rechtsprechung war eine einheitliche Linie nicht zu entnehmen, die Frage des *„retard fautif“* wurde

---

[560] Art. L. 133-1 Nr. 1 C. mon. fin.: « (…)…*sans préjudice des recours de droit commun,(…)* » und Art. L. 133-1 Nr. 2 C. mon. fin: « *Cette restitution est faite sans préjudice des recours de droit commun en matière de responsabilité.* »

[561] *Cabrillac,* Le chèque et le virement, Rz. 398; *Gavalda / Stoufflet,* Les instruments de paiement et de crédit, Rz. 475; *Gavalda,* Anm. zu Paris, 3e ch. 29 avril 1964, JCP 1064, II, 13877 ; *Favre-Bulle,* in Das Recht der grenzüberschreitenden Überweisung, S. 37, 69; Gleiches gilt auch nach Umsetzung der Richtlinie für Ansprüche, die nicht unter den Anwendungsbereich der Richtlinie fallen: *Affaki / Stoufflet,* Anmerkung zu Paris, 15 octobre 2004, Banque et Droit 2005, S. 81, 82.

vielmehr nach den Umständen des jeweiligen Einzelfalls beurteilt[562]. Hatte der Überweisende durch eine nicht gerechtfertigte Verzögerung der Überweisung durch die Bank einen Schaden erlitten, so konnte er dafür Ersatz verlangen[563]. War die Überweisung als verspätet anzusehen, so oblag es der Bank, sich zu entlasten. Welche Gründe dafür in Betracht kamen, ist nicht eindeutig zu ermitteln[564]. Naheliegend ist jedoch eine Anwendung der allgemeinen Regeln der Art. 1147 und 1148 C.c., wonach sich die Bank von ihrer Verpflichtung zum Schadensersatz durch den Nachweis einer *cause étrangère* oder höherer Gewalt entlasten kann[565]. Der zu ersetzende Schaden umfasste gemäß Art. 1149 ff C.c. grundsätzlich alle vorhersehbaren Schäden des Überweisenden, die unmittelbar auf dem Verzug beruhten, wie zum Beispiel die Verwirkung einer Vertragsstrafe aufgrund verspäteter Zahlung, aber auch ein Wechselkursverlust[566]. Da die überweisende Bank den Eingang des Überweisungsbetrags auf dem Konto des Instituts des Empfängers schuldete, hatte sie grundsätzlich auch für Verzögerungen der von ihr eingeschalteten Zwischenbanken einzustehen[567].

Auch nach Umsetzung der Richtlinie bleibt nach Art. L. 133-1 Abs. 1 C. mon. fin. der Anspruch nach Art. 1146 ff C.c. bestehen und kann unabhängig und gegebenenfalls auch gleichzeitig mit dem Anspruch aus Art. L. 133-1 C. mon. fin. geltend gemacht werden[568]. Dies ist insofern von Bedeutung, als nach Art. L. 133-1 C. mon. fin. lediglich Verzugszinsen zu zahlen sind. Abzuwarten ist allerdings, ob die in Art. 9 *règlement* n°99-09 des enthaltene Regelung der Verspätung auch für Ansprüche nach Art. 1149 C.c. übernommen wird. Dagegen spricht, dass Regelungen der Überweisungsrichtlinie lediglich einen die Kundenposition stärkenden Mindeststandard einführen sollten. Es ist daher davon

---

[562] *Cabrillac / Rive-Lange,* Encyclopédie Juridique, Commercial V, virement, Rz. 78; *Favre-Bulle,* in Das Recht der grenzüberschreitenden Überweisung, S. 37, 69.

[563] *Grua,* Les contrats de base de la pratique bancaire, Rz. 256.

[564] Nach dem Urteil der Cour d'appel de Paris, 3e Ch., 10 novembre 1962, JCP 1963, II, 13016 oblag es der überweisenden Bank, darzutun, dass eine schnellere Ausführung der Überweisung unmöglich war oder dass der Schaden auch bei einer unverzüglichen Ausführung der Überweisung eingetreten wäre. Ähnlich *Crédot / Gérard,* Anm. zu Paris, 15e Ch., sect. A., 5 octobre 1999, Rev. d. droit banc. et finan. 2000, 159, wonach es der Bank oblag nachzuweisen, dass die Ausführung rechtlich oder tatsächlich unmöglich war.

[565] Art. 1147 C.c.: *Le débiteur est condamné, s'il y a lieu, au paiement de dommages et intérêts, soit à raison de l'inexécution de l'obligation, soit à raison du retard dans l'exécution, toutes les fois qu'il ne justifie pas que l'exécution provient d'une cause étrangère, qui ne peut lui être imputée, encore qu'il n'y ait aucune mauvaise foi de sa part.*

[566] *Cabrillac / Rive-Lange,* Encyclopédie Juridique, Commercial V, virement, Rz. 79; *Grua,* Les contrats de base de la pratique bancaire, Rz. 256; *Thunis,* Mélange Mouly, S. 417, 423 CA Paris, 15e ch., sect a, 5 octobre1999, RD bancaire et financier, 2000, S.159, 160: Schadensersatz für Geldentwertung bei verspäteter Ausführung der Überweisung.

[567] S.o. : 4. Kapitel § 2 III 2 a).

[568] Paris, 15 octobre 2004, Banque et Droit 2005, S. 81, obs. *Affaki / Stoufflet.*

auszugehen, dass auch zukünftig Überweisungen entsprechend der bisherigen Rechtslage grundsätzlich unverzüglich auszuführen sind. So sind denn auch die nach Art. 3 i.V.m. Art. 7 *règlement* n°99-09 verbindlich zuzusagenden Ausführungsfristen nach dem klaren Wortlaut Höchstfristen *(délai maximum)*[569]. Zwar werden Verzugszinsen nach Art. L 133-1 Abs. 1 i.V.m. Art. Art. 9 Abs. 1 erst nach Ablauf der vereinbarten Frist und mangels Vereinbarung nach Ablauf von fünf Tagen geschuldet, im übrigen bleibt es aber bei der Pflicht zur unverzüglichen Ausführung der Überweisung. Allerdings ist davon auszugehen, dass jedenfalls spätestens nach Ablauf der vereinbarten Frist bzw. nach fünf Bankgeschäftstagen eine zum Schadensersatz verpflichtende Verspätung vorliegt.

b) Im Falle der nicht ausgeführten Überweisung

Führt das überweisende Institut einen erteilten Überweisungsauftrag nicht aus, so liegt eine *inexécution* vor. Stuft man die Verpflichtung zur Durchführung der Überweisung im Hinblick auf die Eigenschaft der Bank als Auftragnehmerin als *obligation de moyens* ein, so obliegt es dem Überweisenden eine *„faute"* der Bank nachzuweisen[570]. Geht man jedoch davon aus, dass die Bank mit der Durchführung der Überweisung ihre Rückzahlungsverpflichtung aus dem Einlagenvertrag erfüllt, die als *obligation de résultat* einzustufen ist[571], so haftet die Bank grundsätzlich für jede *inexécution* und kann sich nur durch den Nachweis einer *cause étrangère* befreien[572].

Weder der Rechtsprechung noch der Literatur lässt sich in dieser Frage eine einheitliche Richtung entnehmen. Die meisten Autoren, darunter auch diejenigen, die im Falle gefälschter Überweisungen eine Risikoverteilung nach Art. 1937 und 1239 C.c. annehmen, gehen in Fällen fehlerhaft oder nicht ausgeführter Überweisungen wohl von einer *obligation de moyens* aus[573]. Denkt man das für die gefälschten Überweisungen entwickelte Modell jedoch konsequent zu Ende, so ergibt sich, dass ein Institut, das einen Überweisungsauftrag nicht ausführt, von seiner Rückzahlungspflicht aus dem Einlagenvertrag nicht

---

569 So auch die *Convention de compte de dépôt, conditions générales* der BNP PARIBAS S. 29: « *Nous créditons l'établissement du bénéficiaire dans un délai maximum de trois jours ouvrés bancaires après la date d'acceptation du virement.* ».

570 Die Verpflichtung des Auftragnehmers ist gemäß Art. 1992 C.c. ausdrücklich eine *obligation de moyens*, *Légier*, Encyclopédie Juridique, Civil IX, responsabilité contractuelle, Rz. 61.

571 *Légier*, Encyclopédie Juridique, Civil IX, responsabilité contractuelle, Rz. 114: *l'obligation de restituter (...) est généralement considérée comme de résultat;* a.A. allerdings Cass. civ. 1er ch., 03 avril 1990, D 1992, somm. comm. 21, obs. *Vasseur*.

572 S.o.: 4. Kapitel § 3 II 1 c), Fn. 539.

573 *Thunis*, Mélange Mouly, S. 417, 423, der diese Lösung selbst jedoch als unlogisch empfindet.

frei wird und daher den Überweisungsbetrag an den Überweisenden erstatten muss, ohne dass der Überweisende eine Pflichtverletzung der Bank nachweisen müsste. Möglicherweise bietet die neue Regelung des Art. L. 133-1 C. mon. fin. den entscheidenden Anstoß dafür, die Verpflichtung zur Ausführung der Überweisung künftig generell als *obligation de résultat* einzuordnen. *Le banquier qui paie mal, paie deux fois*[574].

Für eine derartige Einordnung spricht nicht zuletzt die bereits dargestellte Haftung der überweisenden Bank für zwischengeschaltete Institute. Zwar sind diese nach herrschender Ansicht *mandataires substitués* des überweisenden Kreditinstituts[575], dieses hat jedoch über den Wortlaut des Art. 1994 C.c. hinaus für das Verhalten zwischengeschalteter Banken einzustehen[576]. Diese Haftung ergibt sich ohne weiteres, wenn man davon ausgeht, dass das überweisende Institut den Eingang des Überweisungsbetrags auf dem Konto des Instituts des Empfängers im Sinne einer *obligation de résultat* schuldet[577].

6. Haftungsbeschränkung

Die Banken haben grundsätzlich die Möglichkeit, ihre Haftung durch vertragliche Vereinbarung, auch im Rahmen von AGB, einzuschränken. Die Haftung der Bank, auch für zwischengeschaltete Institute, kann auf diese Weise auf Arglist bzw. Vorsatz und *„faute lourde"*[578] beschränkt werden[579]. In den *conditions générales* der Banken ist allerdings teilweise keinerlei Haftungsausschluss vor-

---

574 *Favre-Bulle*, in Das Recht der grenzüberschreitenden Überweisung, S. 37, 69; *Thunis*, Mélange Mouly, S. 417, 423.

575 *Favre-Bulle*, in Das Recht der grenzüberschreitenden Überweisung, S. 37, 69.

576 Paris, 3e ch. B. 22 septembre 1988, D. 1991, somm. comm. 30, obs. *Vasseur*. s.o.: 4. Kapitel § 2 III 2 a).

577 so *Gavalda / Stoufflet*, Instrument de paiement et de crédit, Rz. 476: « *La banque s'est obligée envers le donneur d'ordre à effectuer le transfert et il lui appartient de faire en sorte que le résultat promis soit atteint.* »; *Vasseur*, Anm. zu Paris, 3e ch. B. 22 septembre 1988, D. 1991, somm. comm. 30: « *C'est là pour la banque du client, qui n'a pas commis de faute, un risque d'entreprise, ayant pour contrepartie la rémunération reçue. On pourrait également faire état de ce que, en acceptant de faire le nécessaire en vue d'exécuter le virement international, la banque a assumé une obligation de résultat, tout comme elle promet un résultat lorsqu'elle conclut avec un client le contrat de coffre-fort.* »

578 Der Begriff *faute lourde* umfasst zum einen grobe Fahrlässigkeit. *Faute lourde* wird teilweise aber auch bei einer Verletzung wesentlicher Vertragspflichten mit schwerwiegenden Folgen für den Vertragspartner bejaht (*Légier*, Encyclopédie Juridique, Civil IX, responsabilité contractuelle, Rz. 254).

579 *Gavalda / Stoufflet*, Instrument de paiement et de crédit, Rz. 476 ; *Ripert / Roblot*, Droit commercial, tome 2, Rz. 2279-1 ; *Cabrillac / Rive-Lange*, Encyclopédie Juridique, Commercial V, virement, Rz. 66; *Cabrillac*, le chèque et le virement, Rz. 414; *Bonneau*, Droit bancaire, Rz. 458; *Thunis*, Mélange Mouly, S. 417, 420; *Sonnenberger / Autexier*, Einführung in das französische Recht, Rz. 85.

gesehen[580]. In Verbraucherverträgen sind nach Art. L 132-1 *annexe* 1 b C. consom. haftungsausschließende Klauseln allerdings unwirksam, wenn sie die gesetzlichen Rechte der Verbraucher im Falle einer vollständigen oder teilweisen Nicht-Erfüllung oder einer Schlecht-Erfüllung in unangemessener Weise beschränken.

Die in Umsetzung der Richtlinie geschaffene verschuldensunabhängige Haftung kann durch haftungsbeschränkende Klauseln nicht eingeschränkt werden. Dies ergibt sich zum einen aus ihrer Eigenschaft als gesetzlich angeordnete Garantiehaftung. Zum anderen spricht dafür der Wortlaut des Art. L. 133-1; *les établissements de crédit (...) respectent les dispositions suivantes (...),* der den zwingenden Charakter der Vorschriften betont.

7. Zwischenergebnis

Auch im französischen Recht wurde die Position des Kunden gegenüber dem überweisenden Institut durch die Umsetzung der in der Überweisungsrichtlinie vorgesehenen Haftungsregelungen verbessert. Zwar war die Stellung des Kunden vor Umsetzung der Richtlinie in Frankreich im Vergleich zur deutschen Rechtslage vorteilhafter. So gingen die Rechtsprechung und die herrschende Literatur jedenfalls in jüngerer Zeit davon aus, dass das überweisende Institut für das Verhalten zwischengeschalteter Banken einstehen muss, sodass der Kunde sich bei Fehlern in der Ausführung einer Überweisung grundsätzlich an seine Bank halten kann. Auch wurde die Haftung des überweisenden Instituts schon vor Umsetzung der Richtlinie jedenfalls in den Fällen gefälschter Überweisungen als eine *obligation de résultat* eingestuft, aus der sich die überweisende Bank nur durch den Nachweis einer *cause étrangère* befreien konnte. Im Hinblick auf die Haftung des überweisenden Instituts für nicht ausgeführte Überweisungen lässt sich jedoch weder der Rechtsprechung noch der Literatur eine klare Linie entnehmen. Diese Rechtsunsicherheit ist nun jedenfalls innerhalb des Anwendungsbereichs des Art. L. 133-1 C. mon. fin. beseitigt.

In Anbetracht der bestehenden Unsicherheiten wäre die Umsetzung der Richtlinie 97/5 möglicherweise eine günstige Gelegenheit gewesen, um das Recht der Überweisung jedenfalls im Hinblick auf die Haftung einheitlich zu regeln. Der Gesetzgeber beschränkte sich jedoch darauf, nur die in der Richtlinie vorgesehenen Regelungen (lückenhaft) umzusetzen[581].

---

[580] So in den *conditions générales* der BNP Paris; anders aber in den *conditions générales du compte de dépôt* COVEFI A II.

[581] *Bonneau,* Droit bancaire, Rz. 481 a.E.

III. Zusammenfassung

1. Die Fälschung

Im Ergebnis unterscheidet sich die Lösung für gefälschte Aufträge im französischen Recht nicht von der des deutschen Rechts, auch wenn die Einordnung eine andere ist. Letztlich trägt in beiden Rechtsordnungen die Bank das Risiko einer gefälschten Überweisung. Hat jedoch der Kunde die Fälschung ermöglicht, so muss er sie sich im deutschen Recht unter Rechtsscheinsgesichtspunkten zurechnen lassen. Im französischen Recht begründet die Verursachung der Fälschung eine Pflichtverletzung des Kunden, welche die Haftung der Bank entfallen lässt.

2. Die verschuldensunabhängige Haftung

Im Hinblick auf die verschuldensunabhängige Haftung wurde, da beide Länder die Vorgaben der Überweisungsrichtlinie sowohl für inländische wie auch für grenzüberschreitende Überweisungen innerhalb der EU bzw. des EWR umgesetzt haben, eine weitgehend identische Rechtslage geschaffen, wenn diese auch in Deutschland für Überweisungen bis 75 000 € gilt, in Frankreich dagegen, entsprechend den Vorgaben der Richtlinie, nur bis 50 000 €. Allerdings lässt die französische Regelung einen verschuldensunabhängigen Ersatzanspruch des Kunden für abgezogene Gebühren vermissen. Auch die Beschränkung des Erstattungsbetrags auf insgesamt 12 500 € entspricht nicht den Vorgaben der Richtlinie.

Für den Kunden nicht von unmittelbarer Relevanz, für das Kreditinstitut jedoch bei grenzüberschreitenden Überweisungen umso erheblicher, ist die fehlende Normierung von Rückabwicklungsansprüchen im Interbankenverhältnis im französischen Recht.

Ist das überweisende Institut im deutschen Recht nach § 676 b Abs. 3 BGB verpflichtet, den Überweisungsbetrag zu erstatten, so kann es seinerseits von dem ersten zwischengeschalteten Institut die Erstattung des Überweisungsbetrags verlangen. Ebenso kann jedes zwischengeschaltete Institut nach § 676 e Abs. 3 S. 2 BGB von dem von ihm eingeschalteten Institut die Erstattung des Überweisungsbetrags verlangen, außer es hat eine fehlerhafte oder unvollständige Weisung erteilt. Die tatsächliche Haftung für den Garantiebetrag soll so bis zu dem Institut „durchgereicht“ werden, das den Fehler im Überweisungsablauf verursacht hat. Fällt die Verspätung einer Überweisung in den Verantwortungsbereich eines zwischengeschalteten Instituts oder hat ein zwischengeschaltetes Institut einen Teil des Überweisungsbetrags einbehalten, so kann nach Abs. 1 und 2 des § 676 e BGB das überweisende Institut unmittelbar von dem zwischengeschalteten Institut Ausgleich verlangen. Das zwischengeschaltete Institut, das die fehlende Ausführung einer Überweisung zu vertreten hat, hat dem überweisenden Institut außerdem nach § 676 e Abs. 3 S. 4 BGB den ihm aus der Erfüllung seiner Verpflichtung nach § 676 c Abs. 1 BGB entstehenden Schaden zu ersetzen.

Im französischen Recht findet sich die einzige normierte Regelung zur Rückabwicklung im Interbankenverhältnis in Art. L 133-1 Abs. 3 S. 2 C. mon. fin. Danach haben sich, für den Fall, dass die Garantiehaftung des überweisenden Instituts ausgeschlossen ist, weil der Überweisende fehlerhafte Anweisungen erteilt hat oder weil die Überweisung von einem zwischengeschalteten Institut nicht ausgeführt wurde, das der Überweisende ausdrücklich bestimmt hat, die betroffenen Institute darum zu bemühen, die Erstattung der Beträge an den Überweisenden zu erleichtern[582]. Diese Regelung entspricht Art. 8 Abs. 3 der Überweisungsrichtlinie und ist letztlich eher eine Aufforderung an die beteiligten Institute, die Erstattung des Überweisungsbetrags an den Überweisenden zu ermöglichen, als ein Rückabwicklungsanspruch im Interbankenverhältnis. Die in Art. 6 Abs. 1 S. 4, 7 Abs. 2 S. 2 der Überweisungsrichtlinie vorgesehenen direkten gesetzlichen Ansprüche des überweisenden Instituts gegen die zwischengeschaltete Bank, welcher der Fehler in der Abwicklung der Überweisung unterlaufen ist, ebenso wie der in Art. 8 Abs. 1 S. 3 der Überweisungsrichtlinie vorgesehene verschuldensunabhängige Anspruch des beauftragenden gegen das jeweils beauftragte Institut wurden im französischen Recht dagegen nicht normiert. Rückabwicklungsansprüche können sich daher nur aus Vereinbarungen im Interbankenverhältnis oder aus allgemeinem Zivilrecht ergeben.

Dabei ist jedoch zu beachten, dass die überweisende Bank nur mit der unmittelbar von ihr selbst eingeschalteten zwischengeschalteten Bank durch ein Auftragsverhältnis verbunden ist[583]. Führt die zwischengeschaltete Bank den ihr erteilten Auftrag nicht oder fehlerhaft aus, so haftet sie bei Vorliegen einer Pflichtwidrigkeit *(„faute“)*, eines Schaden und eines kausalen Zusammenhangs zwischen der Pflichtverletzung und dem Schaden[584]. Letzterer kann selbstverständlich auch darin liegen, dass die überweisende Bank aufgrund des Fehlschlagens der Überweisung gegenüber dem Überweisenden zur Erstattung des Überweisungsbetrags oder zum Schadensersatz verpflichtet ist. Die zwischengeschaltete Bank haftet jedoch nur im Falle einer Pflichtverletzung. Die in Art. 8 Abs. 1 S. 3 der Überweisungsrichtlinie vorgesehene Möglichkeit, den Schaden in der Kette der eingeschalteten Banken bis zu dem Institut „durchzureichen“,

---

[582] Der für die zweite Fallvariante im deutschen Recht in § 676 b Abs. 3 S. 7 BGB vorgesehene Direktanspruch gegen das zwischengeschaltete Institut ist eine, auch in der Richtlinie so nicht vorgesehene, Besonderheit des deutschen Rechts.

[583] S.o.: 4. Kapitel § 2 III 2 a).

[584] Paris, 31.01.1986, Gaz. Pal 1er-3 juin 1986. somm; *Cabrillac / Teyssié* Anm. zu Paris, 31.01.1986, RTD com. 1986, 418.

das für die Nicht-Ausführung der Überweisung verantwortlich ist, ist nach dieser Konzeption dagegen nicht möglich. Gegenüber nicht von ihr selbst eingeschalteten Banken bestehen in der Regel keine vertraglichen Beziehungen. Insoweit kommt lediglich eine deliktische Haftung in Betracht. Weitere Haftungsregelungen können sich nur aus Interbankenabkommen oder Handelsbräuchen ergeben[585].

3. Verschuldensabhängige Haftung

Die in Deutschland vorgesehene Haftung für Verzug entspricht weitgehend der in Frankreich vorgesehenen Regelung. In beiden Ländern ist grundsätzlich auch nach Umsetzung der Überweisungsrichtlinie davon auszugehen, dass mangels abweichender Vereinbarung der Anspruch auf Ausführung der Überweisung sofort fällig ist. In Frankreich ist eine Mahnung grundsätzlich nicht vorgesehen, in Deutschland ist sie im Fall der Überweisung entbehrlich. In beiden Länder haftet die Bank für Schäden, die aus der Verzögerung entstanden sind. Gegebenenfalls obliegt es der Bank sich zu entlasten.

Hat die überweisende Bank in Deutschland die Nichtausführung einer Überweisung zu vertreten, so hat sie den daraus entstehenden Schaden zu ersetzen. Dabei muss sich die überweisende Bank, seit der Einführung des Überweisungsgesetzes, das Verschulden eines zwischengeschalteten Instituts grundsätzlich zurechnen lassen. Die Frage der Haftung der überweisenden Bank für nicht ausgeführte Überweisungen ist in Frankreich dagegen ungeklärt, da insofern weder eindeutige Regelungen noch eine konsequente Rechtsprechung existieren. Die überweisende Bank ist jedenfalls dann zu Schadensersatz verpflichtet, wenn die fehlende Ausführung der Überweisung auf der Verletzung einer ihr obliegenden Pflicht beruht. Aus der Literatur und Rechtsprechung lässt sich außerdem eine gewisse Tendenz ablesen, nach der die überweisende Bank auch für das Verhalten eingeschalteter Zwischenbanken einstehen muss.

Die Haftung für Folgeschäden kann in Deutschland auf 12 500 €, die Haftung für zwischengeschaltete Institute mit Sitz im Ausland auf 25 000 € beschränkt werden. In Frankreich besteht diese Möglichkeit nicht. Jedoch kann die Haftung generell auf Vorsatz und grobe Fahrlässigkeit beschränkt werden. Davon machen die Banken jedoch nur teilweise Gebrauch.

---

[585] *Bonneau,* Droit bancaire, Rz. 10, 12; zu den Begriffen der *convention-cadre de place* und der *convention type* in Art. 330-1 C. mon. fin. vgl. *Bonneau,* in Mélanges AEDBF-France, S. 83, 95.

§ 4. Ergebnis

Während der Gesetzgeber in Deutschland die Umsetzung der Richtlinie zum Anlass genommen hat, das Recht der Überweisung spezialgesetzlich zu regeln, wurden in Frankreich lediglich die Vorgaben der Richtlinie umgesetzt, ohne diesen einen weitergehenden legislativen Rahmen zu geben. Das Recht der Überweisung richtet sich in Frankreich daher, wie vor Umsetzung der Richtlinie, grundsätzlich nach allgemeinem Zivilrecht. Lediglich bestimmte, durch die Richtlinie vorgegebene Ansprüche des Kunden sind nun spezialgesetzlich normiert. Ganz anders dagegen im deutschen Recht, wo nun für Überweisungen Spezialnormen gelten, die überdies die bisherige Rechtskonstruktion des Instituts der Überweisung völlig verändert haben.

Während in Deutschland sämtliche Vorgaben der Richtlinie normiert wurden und teilweise sogar über diese hinausgegangen wurde, ist die Umsetzung in Frankreich lückenhaft geblieben. Dies ist insbesondere deshalb problematisch, weil damit bei grenzüberschreitenden Überweisungen Rückabwicklungsprobleme entstehen können, die durch die Vorgaben der Richtlinie gerade vermieden werden sollten.

Im Ergebnis bleibt festzuhalten, dass die Richtlinie in beiden Ländern zu einer Verbesserung der Position des Kunden gegenüber der überweisenden Bank geführt hat. Der von der Richtlinie angestrebte Mindeststandard wurde, mit Ausnahme geringer Abweichungen, erreicht. Dabei ist auch hervorzuheben, dass sich die Kreditinstitute in der Ausgestaltung ihrer AGB in hohem Maße an die neuen gesetzlichen Vorgaben halten. Durch die Umsetzung der Vorgaben der Richtlinie wurde außerdem eine Angleichung der in beiden Ländern bestehenden Haftungsregelungen bewirkt. Allerdings ist der Umsetzungsprozess jeweils nicht ohne Fehler und Lücken geblieben, so dass auch in den von der Richtlinie vorgegebenen Regelungsbereichen Unterschiede bestehen bleiben.

Die bewusste Stärkung der Position des Kunden durch die Überweisungsrichtlinie hat dazu geführt, dass auch außerhalb ihres Anwendungsbereichs, insbesondere im Rahmen der verschuldensabhängigen Haftung, eine weitergehende Haftung der überweisenden Bank angenommen wird. Insofern hatten die Vorgaben der Richtlinie eine gewisse Ausstrahlung auch über ihren eigentlichen Anwendungsbereich hinaus. Besonders zu begrüßen ist schließlich, dass beide Länder die Vorgaben der Richtlinie überschießend auch für inländische Überweisungen umgesetzt haben, was wesentlich zu einer Vereinheitlichung des Überweisungsrechts beigetragen hat.

Literaturverzeichnis

Audit, Mathias	Le crédit à la consommation face aux conventions internationales, Anmerkung zu Cass. com. 1er civ. 19.10.1999, Le Dalloz 2000, jurisprudence commentaires, 765.
Avena-Robardet, Valérie	Anmerkung zu Cour de cassation, com. 3.11.2004, Recueil Dalloz, 2004 Actualité jurisprudentielle 3063.
dies.	MURCEF et autres : nouveautés dans les relations banque-client, Le Dalloz 2002, 186.
Bamberger / Roth	Kommentar zum Bürgerlichen Gesetzbuch, Band II, 2003; zit.: *Bearbeiter*, Bamberger / Roth.
Baumbach / Hopt	Handelsgesetzbuch, 31. Auflage, 2003, zit.: *Bearbeiter*, Baumbach/Hopt, 31. Auflage.
Becher, Johann	Das Überweisungsgesetz – Eine Übersicht, DStG 1999, 1360.
Belot, Jacques	Compte de dépôt et compte courant en matière bancaire, Revue de jurisprudence commercial 1985, 41.
Böckmann, Julius; Kluth, Peter	Direktkondiktion bei irrtümlicher Doppelausführung eines Überweisungsauftrags? ZIP 2003, 656.
Bonneau, Thierry	Droit bancaire, 5e édition 2003.
dies.	Da la notion de place dans les textes législatifs contemporains, in Mélanges AEDBF-France II, S. 83.
Boujeka, Augustin	Rémanence de la controverse et constance de la jurisprudence en matière de dates de valeur, zugleich Anmerkung zu T. Paris, 18.05.2004; Recueil Dalloz, 2004, Commentaires, 2288.

Boyer, Louis Clause de substitution et promesse unilatérale de vente, JCP – La Semaine Juridique Édition Générale 1987, I, 3310.

Brand, Oliver Grundfragen der Rechtsvergleichung – ein Leitfaden für die Wahlfachprüfung, JuS 2003, 1082.

Brechmann, Winfried Die richtlinienkonforme Auslegung, zugleich ein Beitrag zur Dogmatik der EG-Richtlinie, 1994.

Bydlinski, Franz Über die Lex-lata-Grenze der Rechtsfindung, in: Einheit und Folgerichtigkeit im Juristischen Denken, Koller/Hager/Junker/Singer/Neuner (Hrsg.), 1998.

Bydlinski, Peter Pflichten und Haftung der Banken im internationalen Überweisungsverkehr, Die EG-Richtlinie vom 27.1.1997 über grenzüberschreitende Überweisungen, ÖBA 1998, 833.

ders. Bemerkung zum Regierungsentwurf eines Überweisungsgesetzes, Pflichten – Bankenhaftung – Grenzen vertraglicher Abweichung, WM 1999, 1047.

Cabrillac, Michel Le chèque et le virement, 5e édition, 1980.

Cabrillac, Michel
Legeais, Dominique Anmerkung zu Cass. com. 03.11.04, Revue trimestrielle de droit commercial 2005, Chroniques, 150.

Cabrillac, Michel
Rives-Lange, Jean-Louis Encyclopédie Juridique, Répertoire de droit commercial, tome V, Virement, Dalloz 1999.

Cabrillac, Michel
Teyssié, Bernard Anmerkung zu Paris, 31.01.1986, Revue trimestrielle de droit commercial, 1986, Chroniques 418.

Canaris, Claus-Wilhelm Die richtlinienkonforme Auslegung und Rechtsfortbildung im System juristischer Methodenlehre, in Festschrift für Franz Bydlinski, 2002, S. 47 ff; zit.: *Canaris,* FS Bydlinski.

ders. Bankvertragsrecht, 3. Auflage, 1988.

Claussen, Carsten Peter Bank und Börsenrecht, 3. Auflage, 2003.

Coquelet, Marie-Laure Entreprises en difficulté, Instruments de paiement et de crédit, 2003.

Crédot, Francis
Gérard, Yves Actualité, Droit et techniques bancaires, Revue de droit bancaire et de la bourse, septembre / octobre 1999, 183.

dies. Anmerkung zu Paris, 15 e ch., sect. A, 5.10.1999, Revue de Droit Bancaire et Financier, mai /juin 2000, 159.

dies. Anmerkung zu Cass. com. 27.02.1996, Revue de droit bancaire et de la bourse, 1997, 25.

Cuniberti, Gilles L'incidence du lieu d'exécution sur la loi applicable au contrat, JCP – La Semaine Juridique Édition Générale 2003, I, 153.

Daigre, Jean, Jaques Loi « MURCEF » et droit bancaire, JCP – La Semaine Juridique Édition Générale 2002, I, 117.

Derleder / Knops / Bamberger Handbuch zum deutschen und europäischen Bankrecht, 2004; zit.: *Bearbeiter*, Handbuch zum deutschen und europäischen Bankrecht.

Di Fabio, Udo Richtlinienkonformität als ranghöchstes Normauslegungsprinzip? NJW 1990, 947.

Ehmann, Horst
Hadding, Walther EG-Überweisungs-Richtlinie und Umsetzung, - Regierungsentwurf und Gegenentwurf – WM 1999, Beil.3.

Einsele, Dorothee Haftung der Kreditinstitute bei nationalen und grenzüberschreitenden Banküberweisungen, AcP 199 (1999), S. 145

dies. Der bargeldlose Zahlungsverkehr – Anwendungsfall des Garantievertrags oder des abstrakten Schuldversprechens? WM 1999, 1801.

dies. Das neue Recht der Banküberweisung, JZ 2000, 9ff.

Erman Handkommentar zum BGB, 11. Auflage, 2004; zit.: *Bearbeiter,* Erman.

Favre-Bulle, Xavier
Blaurock, Uwe (Hrsg.) Le virement transfrontière en droit suisse (avec un aperçu de droit français et belge) in: Das Recht der grenzüberschreitenden Überweisung, 1. Auflage, 2000.

Feldhahn, Peer Die Bankenhaftung des neuen Überweisungsrechts, 2003.

Flume, Werner Allgemeiner Teil des Bürgerlichen Rechts, 3. Auflage, 1979, unveränderter Nachdruck 1992.

François, Jérôme Anmerkung zu Cass. com. 03.06.1997, Recueil Dalloz, 1998, Jurisprudence, 61.

Gavalda, Christian Anmerkung zu Paris, 3e ch. 29.04.1964, JCP – La Semaine Juridique Édition Générale 1964 II, 13877.

Gesmann- Nuissl Das neue Überweisungsrecht im Bürgerlichen Gesetzbuch, JA 2000, 465.

Giuliano, Mario
Lagarde, Paul Rapport concernant la convention sur la loi applicable aux obligations contracuelles, Amtsblatt der EG C 282/1, 31.10.1980.

Göbel, Karin Überblick zum erweiterten Pflichtenkreis der Kreditinstitute aufgrund der EU-Richtlinie über grenzüberschreitende Überweisungen, WM 1997, 1832.

Gößmann, Wolfgang
van Look, Frank Die Banküberweisung nach dem Überweisungsgesetz, WM 2000, Sonderbeilage Nr. 1.

Grua, François Les contrats de base de la pratique bancaire, 2000.

ders. Sur les ordres de paiement en général, Recueil Dalloz Sirey, 1996, Chronique, 172.

ders. Le dépôt de monnaie en banque, Recueil Dalloz Sirey, 1998, Chronique, 259.

Grundmann, Stefan Grundsatz- und Praxisprobleme des neuen deutschen Überweisungsrechts, WM 2000, 2269.

Guimezanes, Nicole Introduction au droit français, 1995.

Haase, Florian Einführung in die Methodik der Rechtsvergleichung, JA 2005, 232.

Hadding, Walther Entwicklungslinien im Recht des Zahlungsverkehrs und Bundesgerichtshof, in 50 Jahre Bundesgerichtshof, Festgabe aus der Wissenschaft, Band II, 2000, hrsg.: Canaris / Heldrich / Hopt / Roxin / Schmidt / Widmaier; zit.: *Hadding,* 50 Jahre Bundesgerichtshof, Band II.

ders.
Schneider, Uwe (Hrsg.) Rechtsprobleme der Auslandsüberweisung, 1992; zit.: *Bearbeiter,* Rechtsprobleme der Auslandsüberweisung.

Häuser, Franz Zur Umsetzung der Richtlinie über grenzüberschreitende Überweisungen (97/5/EG) in deutsches Recht, WM 1999, 1037.

ders. Anmerkung zu OLG Hamm, WuB I D1. – 6.97.

Heermann, Peter Handbuch des Schuldrechts Band 10, Geld und Geldgeschäfte, 2003; zit.: *Heermann,* Geld und Geldgeschäfte.

Hellner / Steuer Bankrecht und Bankpraxis, Loseblatt Stand 2003; zit.: *Bearbeiter,* BuB.

Hoffmann, Jochen Kollisionsrechtliche Aspekte des Überweisungsgesetzes, ZBB 2000, 391.

ders. Grundfragen des Überweisungsgesetzes, WM 2001, 881.

ders. Inhalt und Rechtsfolgen der Verordnung über grenzüberschreitende Zahlungen in Euro, WM 2002, 1517.

v. Hoffmann, Bernd
Thorn, Karsten Internationales Privatrecht, 8. Auflage, 2005.

Jakobs, Heinrich Gesetzgebung im Banküberweisungsrecht, JZ 2000, 641.

Jeantin, Michel
Le Cannu, Paul Droit commercial, instruments de paiement et de crédit, entreprises en difficultés, 6e édition, 2003; zit.: *Jeantin / Le Cannu,* Droit commercial.

Kegel, Gerhard
Schurig, Klaus Internationales Privatrecht, 9. Auflage, 2004.

Kienle, Florian Die fehlerhafte Banküberweisung im internationalen Rechtsverkehr, 2004.

Koch, Harald
Magnus, Ulrich
Winkler v Mohrenfels, Peter IPR und Rechtsvergleichung, 3. Auflage, 2004.

Koziol, Tina Der Überweisungsvertrag, eine rechtliche Analyse unter besonderer Berücksichtigung der Rechte und Pflichten aus dem Verhältnis zwischen Überweisendem und überweisendem Kreditinstitut, 2004.

Kronke, Herbert Electronic Commerce und Europäisches Verbrauchervertrags-IPR, RIW 1996, 985.

Kropholler, Jan Internationales Privatrecht, 5. Auflage, 2004.

Kümpel, Siegfried Bank- und Kapitalmarktrecht, 3. Auflage, 2004.

ders. Zur Bankenhaftung nach dem neuen Überweisungsrecht, WM 2000, 797.

Lamy
Devèze, Jean
Couret, Alain
Hirigoyen, Gérad
Droit du financement, 2002, zit.: Lamy, Droit du financement.

Langenbucher, Katja
Die Risikozuordnung im bargeldlosen Zahlungsverkehr, 2001.

Langenbucher, Katja
Gößmann, Wolfgang
Werner, Stefan
Zahlungsverkehr, Handbuch zum Recht der Überweisung, Lastschrift, Kreditkarte und der elektronischen Zahlungsformen, 2004; zit.: *Bearbeiter*, Zahlungsverkehr.

Langenbucher, Katja
Europarechtliche Bezüge des Privatrechts, 2005; zit.: *Bearbeiter*, Europarechtliche Bezüge des Privatrechts.

Larenz, Karl
Wolf, Manfred
Allgemeiner Teil des Bürgerlichen Rechts, 9. Auflage, 2004; zit.: *Larenz / Wolf.*

Le Tourneau, Philippe
Encyclopédie Juridique, Répertoire du droit civil, tome VII, Mandat, Dalloz, 2000.

Légier, Gérard
Encyclopédie Juridique, Répertoire de droit civil, tome IX, Responsabilité contractuelle, Dalloz, 1989.

Looschelders, Dirk
Internationales Privatrecht – Art. 3-46 EGBGB, 2004.

Lorenz, Werner
Kollisionsrecht des Verbraucherschutzes: Anwendbares Recht und internationale Zuständigkeit, IPRax 1994, 429.

Loussouarn, Yvon
Bourel, Pierre
de Vareilles-Sommières, Pascal
Droit international privé, 8e édition, 2004.

Martin, Didier
Aspects juridiques du virement, Revue de droit bancaire et de la bourse, septembre / octobre 1989, p. 149.

ders. Anmerkung zu Cass. 1re civ., 30.03.1999, Le Dalloz, 2000, sommaire commenté, 457.

Mäsch, Gerald Rechtswahlfreiheit und Verbraucherschutz – Eine Untersuchung zu den Art. 29 I, 27 III und 34 EGBGB, 1993.

Mattout, Jean-Pierre Droit bancaire international, 3e édition, 2004.

Meder, Stephan Annahme durch Schweigen bei Überweisungsvertrag und Gutschrift, JZ 2003, 443.

Medicus, Dieter Allgemeiner Teil des BGB, 8. Auflage, 2002.

Mehrings, Josef Verbraucherschutz im Cyberlaw: Zur Einbeziehung von AGB im Internet, BB 1998, 2373.

Mestre, Jacques
Pancrazi, Marie-Eva Droit Commercial, 26e édition, 2003.

Monéger, Françoise Droit international privé, 3e édition, 2005.

Möschel, Wernhard Dogmatische Strukturen des bargeldlosen Zahlungsverkehrs, AcP 186 (1986), 187.

Münchener Kommentar Handelsgesetzbuch §§ 343-372, Recht des Zahlungsverkehrs, Effektengeschäft, Depotgeschäft, Ottawa Übereinkommen über Internationales Factoring, Band 5, 2001; zit.: *Bearbeiter,* MünchKomm HGB.

Münchner Kommentar Bürgerliches Gesetzbuch Internationales Privatrecht, Band 10, 3. Auflage 1998; zit.: *Bearbeiter,* MünchKomm BGB.

Schuldrecht Besonderer Teil II, Band 4, 4. Auflage, 2005; zit.: *Bearbeiter,* MünchKomm BGB.

Allgemeiner Teil, Band 1, 4. Auflage, 2001; zit.: *Bearbeiter,* MünchKomm BGB.

Neuner, Jörg Die Rechtsfindung contra legem, 1992.

Nobbe, Gerd — Die Rechtsprechung des Bundesgerichtshofs zum Überweisungsverkehr, WM 2001, Sonderbeilage Nr. 4.

Ohler, Christoph — Europäische Kapital- und Zahlungsverkehrsfreiheit, Kommentar zu den Artikeln 56 bis 60 EGV, der Geldwäscherichtlinie und Überweisungsrichtlinie.

Palandt — Bürgerliches Gesetzbuch, 62. Auflage, 2003; zit.: *Bearbeiter,* Palandt, 62. Auflage.

Pérochon, Françoise
Bonhomme, Régine — Entreprises en difficulté, Instruments de crédit et de paiement, 6e édition, 2003.

Pfeiffer, Thomas — Die Entwicklung des Internationalen Vertrags-, Schuld- und Sachenrechts in den Jahren 1995/96, NJW 1997, 1207.

Piedelièvre, Stéphane — Instruments de crédit et de paiement, 3e édition, 2003.

Prüm, André — De la distinction entre compte de dépôt et compte courant, Revue de Droit Bancaire et Financier, mai /juin 2003, 153.

Rauscher, Thomas — Internationales Privatrecht, 2. Auflage, 2002.

Rein, Christian
Pfeiffer, Gero — Eltern-Kind-Geschäft durch Banküberweisung – Ein Betrag zur Dogmatik des § 181 BGB – Zugleich Anm. zu BGH, Urt. v. 15.6.2004,

Rémey, Jean-Pierre — Anmerkung zu. Cass com. 14.10.1997, Recueil Dalloz Sirey 1998, jurisprudence 115.

G. Ripert / R. Roblot
Delebecque, Philippe
Germain, Michel — Traité de droit commercial, tome 2, 17e édition, 2004 ; zit. : *Ripert / Roblot,* Droit commercial, tome 2.

Risse, Jörg
Lindern, Nicola — Haftung der Banken nach dem neuen Überweisungsrecht, BB, 1999, 2201.

†Rodière, René
Delebeque, Philippe
Encyclopédie Juridique, Répertoire de droit civil, tome IV, Dépôt, Dalloz, 1994.

Rohe, Mathias
Netzverträge, Rechtsprobleme komplexer Vertragsverbindungen, 1998.

Romnicianu, Michel
La libération du banquier dépositaire de fonds qui s'en dessaisit sur un ordre de paiement n'émanant pas de son client, Revue de droit bancaire et de la bourse, janvier / février 1997, 8.

Schäfer, Carsten
Vertragsschluss unter Einbeziehung von Allgemeinen Geschäftsbedingungen gegenüber Fremdmuttersprachlern, JZ 2003, 879.

Schimansky / Bunte /Lwowski
Bankrechts-Handbuch Band I, 2. Auflage, 2001; zit.: *Bearbeiter,* Bankrechts-Handbuch, Band I.
Bankrechts-Handbuch Band III, 2. Auflage, 2001; zit.: *Bearbeiter,* Bankrechts-Handbuch, Band III.

Schmidt, Christine
Risikostrukturen des Überweisungsverkehrs im französischen Recht: zugleich ein Ausblick auf das neue deutsche Überweisungsrecht, 2001.zit.: *Schmidt.*

Schneider, Uwe
Die Angleichung des Rechts der grenzüberschreitenden Überweisungen, EuZW 1997, 589.

ders.
Pflichten und Haftung der erstbeauftragten Kreditinstitute bei grenzüberschreitenden Überweisungen, WM 1999, 2189.

Schodermeier, Marie-Danielle
Le droit de l'émetteur d'un virement international manqué par la faute d'une banque intermédiaire, Revue de droit bancaire et de la bourse, mai / juin 1994, 101.

Schönle, Herbert
Bank- und Börsenrecht, 2. Auflage, 1976.

Schulz, Carsten
Das neue Recht der Banküberweisung, ZBB 1999, 287.

Schwarze, Jürgen — EU-Kommentar; zit.: *Bearbeiter,* Schwarze, EU-Kommentar.

Schwintowski / Schäfer — Bankrecht, 2. Auflage, 2004, zit.: *Bearbeiter,* Bankrecht.

Schwolow, Ulf — Internationale Entwicklungslinien im Recht der Auslandsüberweisung, 1999.

Siehr, Kurt — Internationales Privatrecht, 2001.

Soergel — Bürgerliches Gesetzbuch, 12. Auflage, zitiert, *Bearbeiter,* Soergel.

Sonnenberger, Jürgen
Autexier, Christian — Einführung in das französische Recht, 3. Auflage, 2000.

Sousi-Roubi, Blanche — La Convention de Rome et la loi applicable aux contrats bancaires, Recueil Dalloz Sirey 1993, Chronique LI, 26.

Stouffelt, Jean — Droit bancaire, Institutions, Comptes, Opération, Services, 6e édition, 2005; zit.: *Stoufflet,* Droit bancaire.

Stoufflet, Jean
Gavalda, Christian — Instruments de paiement et de crédit, 2003.

Stoufflet, Jean — Nouvelles interventions législatives dans les relations entre les établissements de crédit et leurs clients, Revue de Droit Bancaire et Financier, janvier / février 2002, S. 36.

ders. — Anmerkung zu Cass. com. 06.04.1993, JCP - La Semaine Juridique Édition Générale 1993, II, 22062.

Streinz, Rudolf — Europarecht, 5. Auflage, 2001.

Synvet, Hervé — Anmerkung zu Cour d'appel de Pau, 2e ch. 2, 01.03.2001, Le Dalloz 2002, sommaires commentés, 639.

Tchotourian, Ivan Anmerkung zu Cass. com. 29.01.2002, Le Dalloz 2002, Commentaires, 1336.

Vasseur, Michel Recht und Praxis der Auslandsüberweisung in Frankreich, in Rechtsprobleme der Auslandsüberweisung, Bd. 82/I, 1992, S. 252.

ders. Anmerkung zu Dounai, 28.06.1990, Recueil Dalloz Sirey 1992, sommaires commentés, 24.

von der Seipen, Christoph Das anwendbare Recht beim grenzüberschreitenden Überweisungsverkehr aus deutscher Sicht, in Rechtsprobleme der Auslandsüberweisung, Bd. 82/I, 1992, S. 79.

Weber, Beatrix Recht des Zahlungsverkehrs, 4. Auflage, 2004.

Wilkens, Jochen Das Überweisungsgesetz, MDR 1999, 1237.

Zweigert, Konrad
Kötz, Hein Einführung in die Rechtsvergleichung, 3. Auflage, 1996.

Schriften zum Unternehmensrecht

Herausgegeben von Katja Langenbucher

Band 1 Isabella Bernt: Der Überweisungsvertrag im deutschen und im französischen Recht. Eine Untersuchung zur Stellung des Kunden gegenüber der überweisenden Bank nach Umsetzung der Richtlinie 97/5/EG. 2007.

www.peterlang.de

Kolibri 360 GmbH
Ferdinand-Jühlke-Straße 7
99095 Erfurt, Deutschland
produktsicherheit@kolibri360.de

Druck:
CPI Druckdienstleistungen GmbH
im Auftrag der
Kolibri 360 GmbH
Ferdinand-Jühlke-Str. 7
99095 Erfurt